위대한 사람은
평소에 준비됩니다

SAMUEL

| 김영주 지음 |

쿰란출판사

추천의 글_

담임 목사님의 사무엘상 설교집 《위대한 사람은 평소에 준비됩니다》 출간을 진심으로 축하드립니다. 담임 목사님과의 첫 만남은 지금으로부터 20년 전으로 거슬러 올라갑니다. 군 제대 후 복학을 하고 찾아간 교회에서 목사님의 설교를 처음 들었습니다. 그때 목사님의 설교를 듣고 마음이 뜨거워져 나도 모르게 눈물을 흘렸던 기억이 지금도 또렷이 남아 있습니다. 그때부터 지금까지 목사님의 설교를 들을 수 있다는 것은 제게 큰 축복입니다.

제가 목사님의 설교를 20년 넘게 들으면서 발견한 세 가지 특징을 말씀 드리겠습니다.

첫째, 목사님의 설교는 성경적입니다. 목사님은 철저히 본문을 중심으로 강해 설교를 하십니다. 목사님의 설교는 성경 본문이 전달하고자 하는 말씀을 듣게 해주는 힘이 있습니다. 그래서 매주 듣는 말씀이지만 늘 기대감을 갖게 됩니다. 사람의 말이 아니라 하나님의 말씀으로 들리는 은혜가 있기 때문입니다. 이런 말씀의 힘은 매일 3시간씩 기도하는 기도의 영성에서 나오지 않나 싶습니다.

둘째, 목사님의 설교는 쉽습니다. 단순한 설교가 좋은 설교인 것을 시간이 흐를수록 확신하게 됩니다. 특별히 주일 예배 때 비신자와 새신자가 많은 우리 교회에서 쉬운 설교는 굉장히 중요합니다. 말씀이 들려야 하기 때문입니다. 청소년들도 쉽게 이해하는 쉬운 단어 선택과 삶의 체험에서 나오는 구체적이고 적절한 예화는 눈을 번쩍 뜨게 합니다. 그래서 그런지 처음 교회에 나오는 분들도 목사님의 설교를 듣다가 자기도 모르게 눈물을 흘렸다는 간증을 심심치 않게 듣게 됩니다.

셋째, 목사님의 설교는 적용 중심입니다. 영국의 유명한 설교학자인 존 스토트는, 참된 설교는 성경의 세계와 오늘의 세계 사이에 다리를 놓는 작업이라고 했습니다. 그런데 두 세계 중에 한쪽 세계만 치우친 설교가 많습니다. 그런데 목사님의 설교는 성경 본문을 바탕으로 해서 구체적인 적용에 대한 비중이 굉장히 높습니다. 이런 구체적인 적용은 말씀을 듣는 이로 하여금 삶의 변화를 향해 나아가게 합니다. 그래서 목사님의 설교는 감동을 넘어 삶을 변화시키는 힘이 있습니다.

사무엘상 설교집 《위대한 사람은 평소에 준비됩니다》를 통해 우리 교회 성도들만 누렸던 말씀의 능력과 감동을 더 많은 분들이 누리게 되리라 믿어 의심치 않습니다.

2013년 12월 10일
부목사 지원근

추천의 글_

전주 하면 음식의 고장입니다. 외지에서 오신 분들은 전주의 평범한 식당에 들어가서도 풍성한 반찬 가짓수에 놀라고 가격을 들으면 더 놀란다고 합니다.

그 전주 백반의 힘은 시장에 있습니다. 새벽마다 상인, 농부들이 가져오는 다양한 푸성귀와 너른 들판의 곡식이 있기에 전주의 한정식 상차림이 가능한 것입니다.

올해로 김영주 목사님의 설교를 들은 지 15년째가 됩니다. 목사님의 말씀은 전주 백반과 같은 힘이 있습니다. 풍성하면서도 정갈하게 잘 차려진 밥상에 앉으면 즐겁고, 먹고 나면 힘이 나며, 매일 먹어도 질리지 않음이 참 많이 닮았습니다.

또한 성경으로 성경을 풀어 설명하시는 설교는 농부보다 더한 부지런함으로, 늘 성경을 묵상하며 연구하고 기도하며 성실함으로 준비하시기 때문일 것입니다.

지난번의 설교집 《살아서 천국을 본 사람들》에 수록된 마가복음 설교를 들을 때가 생각납니다. 저의 온 몸이 마른 스폰지가 되어 말씀을 빨아들였던 기억이 새롭습니다. 말씀은 절대 과식이 없어서 몸으로 받아들인 말씀이 몸의 구석구석 DNA 속에 녹아 흡수되는 것 같았습니다.

이 책을 보시는 많은 분들도 저와 같이 말씀의 꼴이 몸과 마음과 영혼에 켜켜이 쌓이기를 바라며, 우리가 같이 "마라나타! 예수여 오시옵소서!"라고 외치는 믿음까지 성장하기를 바랍니다.

2013년 12월 10일
정소현 장로

추천의 글_

　오래 전에 김영주 목사님을 처음 만났을 때 목사님은 나보다 훨씬 젊었습니다. 그래서 인생의 경륜으로 볼 때 '내가 목사님보다 어른스럽지 않나?' 하는 어리석은 생각까지 했습니다. 그러나 목사님을 통해 나는 제자훈련을 받았고 그때 많은 것을 배웠습니다. 그당시 나는 목사님을 많이 괴롭혔던 몹쓸 제자였습니다. 오죽하면 목사님의 기도제목이 나를 제자훈련에 나오지 않게 해달라는 것이었겠습니까? 하지만 그렇게라도 해서 배웠던 지식들이 먼 훗날 나의 신앙생활에 엄청난 도움이 되었다는 사실에 감사하지 않을 수 없습니다.

　과거에 나는 술과 담배를 무척 즐겨했습니다. 너무 지나쳐서 끊으려고 결심도 해보았지만 이루어지지 않았습니다. 작심삼일이란 말도 있지만 나는 하루를 견디지 못했습니다. 그러던 어느 날 제자훈련 시간에 받은 인쇄물에 적혀 있는 한 줄의 글 "술? 담배? 하나님의 성전에서……"를 읽는 순간 나는 뒤통수를 뭔가에 "쾅!" 하고 얻어맞는 큰 충격을 받았습니다. 그러니까 내 몸은 성령님께서 계시는 성전인데, 여기에 술을 퍼붓고 담배를 피워댔으니 내가 이렇게 고생을 하는 것이 어쩌면 당연하다는 생각이 들었습니다. 나는 곧바로 술과 담배를 끊기로 결심했고 실행에 옮길 수 있었습니다. 목사님의 한 줄의 글이 내 일생일대에 커다란 변화를 가져다 준 것입니다.

　하나님께서 목사님을 통해 주시는 말씀은 살아 있음이 틀림없습니다. 목사님이 주일예배 시간에 주시는 말씀은 듣는 성도들에게 꼭 맞아 마치 한 사람 한 사람에게 직접 전해 주는 것처럼 들립니다. 이것은 목사님 말씀을 통해 하나님께서 우리를 만나 주시기 때문입니다. 말씀은 우리의 잘못을 깨닫게 하고, 회개하게 합니다. 또 우리를 위로하고 격려하며 힘을 줍니다.

　사람은 경험을 통해서 성숙해집니다. 경험에는 직접적인 경험과 간접적인 경험이 있습니다. 직접적인 경험을 하기에는 우리에게 시간이 그렇게 많지 않습니다. 그러기에 우리는 간접적인 경험을 통해 성숙해져야 합니다. 간접적인 경험을 얻는데 가장 대표적인 것이 책이고, 그 중에서도 최고가 성경입니다.

　성경은 우리에게 삶의 진정한 가치가 무엇이고, 또 추구해야 할 목표가 무엇인지를 가르쳐 줍니다. 그러나 하나님께서 성경을 통해 우리에게 주시는 메시지를 우리가 제대로 깨닫지 못할 때가 많습니다. 그렇지만 목사님의 강해설교는 우리에게 쉽게 다가옵니다. 아쉬운 것은 한 번 들으면 그 말씀을 깊이 간직하면서 우리의 삶 속에서 적용하며 살아야 하는데, 그렇지 못하고 또 시간이 흐르면 모두 잊어버린다는 것입니다.

이번에 목사님께서 바쁘신 중에도 귀한 시간을 내어 그동안 말씀으로 전해 주셨던 사무엘상 설교를 정리하여 발간하였습니다. 이 책을 통해 말씀에 갈급하고 또 말씀을 잘 잊고 사는 우리에게 다시 한 번 말씀을 상기할 수 있게 해주고 또 언제든지 다시 읽어 볼 수 있는 기회를 주심에 감사를 드립니다.

　목사님의 말씀은 우리의 생활 속에 스며들고, 삶의 현장에서 다시 살아나 힘들고 지친 우리를 위로하고 격려해 주며 능력과 지혜를 얻게 해줍니다. 따라서 이 책을 통하여 우리 모두가 생동감과 역동성을 가지고 당당하고 힘차게 나아가게 될 것을 확신합니다.

2013년 12월 10일
백석원 장로

서문_

　지금까지 설교를 준비하면서 나중에 이것을 모아 설교집으로 엮어 보겠다는 생각을 해본 적은 없습니다. 그저 매주일 열심히 전하고, 주중에 성실하게 준비하려고 했을 뿐입니다. 더구나 다른 사람의 설교를 읽어 보면 그 설교의 깊이와 적용, 전달에 대한 열정이 너무 대단하게 느껴져 상대적으로 초라한 제 모습을 보기 때문에 엄두를 내지 못했습니다. 혹시 주변에서 누가 설교집이라도 한 번 내보라고 하면 펄쩍 뛰며 '나 같은 사람이 무슨?' 하는 반응을 보였습니다. 솔직히 '지금 같은 설교 홍수 시대에 우리 교인들 외에 누가 내 설교를 듣겠나?' 하는 마음도 컸습니다.

　저는 설교 준비를 마친 후에도 새로운 깨달음이 오거나 영감이 떠오르면 바로 일어나 수정하는 일을 자주 하는 편입니다. 잘하지는 못해도 할 수 있는 데까지 최선을 다하자는 마음이 있기 때문입니다. 금요일까지 준비를 마친 설교를 토요일에 다시 보면서 수정하고, 주일 1부 예배 전에 보면서 수정하고, 1부 예배 후 또 수정하고, 2부 예배 후 다시 한 번 더 수정해서 메일로 보내기도 합니다. 설교 한 편에 여러 번 손을 대는 것은 그만큼 맘에 들지 않고, 깔끔하지 않다는 것을 말해 줍니다.

　그런데 신기한 것은 이런 설교인데도 은혜 받았다는 분, 삶이 변했다는 분들이 여럿 있다는 것입니다. 이는 성령께서 도와주신 것이 분명합니다. 제 자신이 봐도 50점도 안 되어 보이는 설교가 강단에만 서면 성도들이 은혜 받는 설교로 둔갑하는 것은 사람이 한 일이 아니라 하나님께서 하신 것입니다.

그렇다면 그 하나님의 은혜를 더 알리기 위해, 그동안의 설교를 모아 책으로 만들어 보는 것도 의미 있는 일이라는 생각이 들어서 주위의 권고에 따라 이렇게 사무엘상 설교집을 내게 되었습니다. 사무엘상 설교를 하면서 제 개인적으로는 진정한 영성과 리더십이 무엇인지 배우는 시간이 되었고, 우리 공동체에게는 개척 초기에 어떤 모습으로 교회생활, 신앙생활, 사회생활을 해야 하는지 배우는 계기가 되었습니다. 한편, 사무엘상 1장부터 6장까지의 원고가 분실되어 게재되지 못함을 안타깝게 생각합니다.

이 책이 나오기까지 많이 수고한 지원근 목사님, 부족한 사람의 설교를 듣고 '아멘'으로 응답해 준 성도들과 동역자들, 그리고 늘 조언과 기도로 코치해 주는 사랑하는 아내 김숙희 사모와 하나님께서 주신 자녀 하영, 하은, 현도에게 감사드립니다.

2013년 12월 10일
김영주 목사

차례

002 | 추천의 글_ 기쁨넘치는교회 지원근 부목사
004 | 추천의 글_ 기쁨넘치는교회 정소현 장로
006 | 추천의 글_ 기쁨넘치는교회 백석원 장로
009 | 서문

015 | 예배에는 방해도 있지만 승리도 있습니다 • 삼상 7:3-10
029 | 하나님은 어디까지 도우시는가? • 삼상 7:12-17
043 | 하나님 대신 왕을 요구하는 백성들 • 삼상 8:1-10
057 | 사람이 왕이 될 때 • 삼상 8:10-22
072 | 작은 순종이 큰 역사의 물꼬를 트다 • 삼상 9:1-17
085 | 우리의 만남 가운데 하나님의 인도하심이 있습니다 • 삼상 9:11-17
097 | 가장 작고 미약한 사람을 쓰시는 하나님 • 삼상 9:18-27

110 | 기름 부음 받는 사울 • 삼상 10:1-13

123 | 행구 사이에 숨은 사울 • 삼상 10:14-27

136 | 드디어 기회가 오다! • 삼상 11:1-15

149 | 사람은 답이 아닙니다 • 삼상 12:1-18

161 | 구경꾼이 될 것인가? 주역이 될 것인가? • 삼상 14:16-23

175 | 맹세가 아니라 태도입니다 • 삼상 14:24-35

188 | 자기 생각을 버려야 신앙생활이 됩니다 • 삼상 14:36-46

200 | 그럼에도 불구하고 은혜 주시는 하나님 • 삼상 14:47-52

213 | 또 한 번의 기회를 주시는 하나님 • 삼상 15:1-6

226 | 백성 앞에만 서면 약해지는 사울 • 삼상 15:7-16

242 | 하나님이 원하시는 두 가지 • 삼상 15:12-23

255 | 사람도 환경도 두려워질 때 • 삼상 15:24-35

267 | 하나님이 보시는 것은 사람이 보는 것과 다릅니다 • 삼상 16:1-13

281 | 하나님의 신에 감동된 사람은 • 삼상 16:14-23

293 | 위대한 사람은 평소에 준비됩니다 • 삼상 17:20-40

306 | 승리하는 삶 - 약점에 집중하지 마십시오 • 삼상 17:41-49

319 | 자기 손에는 칼이 없었더라 • 삼상 17:50-58

예배에는 방해도 있지만 승리도 있습니다

삼상 7:3-10

　다른 종교를 가졌거나 다른 신을 섬겼던 사람들이 하나님을 믿기 시작하면서 제일 힘들어하는 일 중 하나는 그동안 믿었던 신을 버리고 하나님만 믿는 것입니다. 그들에겐 '혹시라도 버림받은 신이 화가 나서 재앙을 내리면 어떡하나?' 하는 심적 부담감이 있습니다. 그래서 이중적인 신앙생활을 하기도 합니다. '하나님도 믿고, 이방 신도 믿고, 신이라는 게 다 나 잘되라고 있는 것 아닌가? 그렇다면 내게 도움이 되는 신을 하나라도 더 믿는 것이 좋지 않겠나?' 하는 마음을 갖는 것입니다. '하나님도 믿고, 잡신도 믿으면 양쪽에서 다 복을 받으니 더 좋을 것이다' 라고 생각하는 것입니다.
　사람이 그렇습니다. 없던 신을 믿는 것은 비교적 쉽지만 믿던 신을 버리는 것은 쉽지 않습니다. 아마 우리 교회 나오신 지 얼마 안 되는 초신자나 불신자 중에서도 이런 고민을 하는 분이 있을 것입니다. 그런데 이것은 축복의 장애물입니다. 하나님은 이렇게 양다리 걸치는 사람에게는 은혜를 주시지 않습니다. 혹시 여러분 중에 교회 나가고 나서 일이 잘 안 되고 어려움이 있다면, 이는 사탄이 질투하는 것입니다. 방해하는 것입니다. 이런 일이 생기면 두려워할 것이 전혀 없습니다. 기도하면 없어집니다. 그리고 설령 이런 일을 당한다 해도 걱정할 것이 없습니다. 하나님이 다 도와주시기 때문입니다.

본문 3절 하반절을 보십시오. 사무엘 선지자가 이스라엘 백성에게 뭐라고 약속했습니까? "그만 (하나님만) 섬기라 너희를 블레셋 사람의 손에서 건져내시리라!" 재앙이 없게 해주신다는 말씀입니다. 보호해 주시겠다는 말씀입니다. 잡신들을 믿을 때보다 더 풍성케 해주시겠다는 말씀입니다. 하나님만 섬기면 하나님이 모든 것을 책임져 주십니다. '이 신도 믿고 저 신도 믿고 하면서 하나님도 믿겠다?' 하는 것이 아닙니다. 하나님은 이런 잡신들하고는 다르기 때문입니다. 하나님은 모든 신 중에서 뛰어난 신입니다. 만왕의 왕이요, 만주의 주이십니다. 하나님을 대적하여 이길 신은 없습니다.

사무엘상 2장을 보면 일찍이 하나님의 살아 계심을 체험했던 한나는 하나님에 대해서 이렇게 묘사했습니다.

"여호와는 죽이기도 하시고 살리기도 하시며 음부에 내리게도 하시고 올리기도 하시는도다 여호와는 가난하게도 하시고 부하게도 하시며 낮추기도 하시고 높이기도 하시는도다 가난한 자를 진토에서 일으키시며 빈핍한 자를 거름더미에서 드사 귀족들과 함께 앉게 하시며 영광의 위를 차지하게 하시는도다 땅의 기둥들은 여호와의 것이라 여호와께서 세계를 그 위에 세우셨도다 그가 그 거룩한 자들의 발을 지키실 것이요 악인으로 흑암 중에서 잠잠케 하시리니 힘으로는 이길 사람이 없음이로다 여호와를 대적하는 자는 산산이 깨어질 것이라 하늘 우레로 그들을 치시리로다 여호와께서 땅 끝까지 심판을 베푸시고 자기 왕에게 힘을 주시며 자기의 기름 부음을 받은 자의 뿔을 높이시리로다 하니라"(삼상 2:6-10).

하나님 한 분이면 모든 것이 끝납니다. 천 개의 잡신을 믿어도 하나님 한 분만 못합니다. 그런데 이 하나님 말고 다른 어떤 신을 믿겠습니까? 하나님 한 분이면 족합니다. 부족함이 없습니다. 이스라엘 사람들은 이 요구를 따랐습니다. 그들은 지금까지 섬겨 왔던 신을 모두 버리고 하나님만 섬기기로 했습니다. 그 뒤로 어떤 일이 있었을까요? 큰 재앙이 일어나 이스라엘이 고통을 당했을까요?

5절 이하에 보면, 사무엘은 이스라엘 백성들을 전부 미스바라는 곳으로 모이라고 했습니다. 거기서 '내가 너희를 위해 기도하리라' 고 했습니다. 이스라엘의 영적 부흥을 위한 장소로 미스바를 택하고 모이라고 한 것입니다. 부흥 집회를 하려고 한 것입니다. 신앙생활은 결단만 가지고 안 됩니다. 결단했으면 바로 하나님의 은혜를 받아야 합니다. 그러므로 은혜 받는 자리에 나가야 합니다. 그래야 마음이 변치 않습니다. 사람은 아무리 마음속으로 작정하고 결단해도 은혜를 받지 않으면 쉽게 변하는 것이 특징입니다. 그래서 이런 결단 후에 국가적인 부흥 집회를 할 계획을 세운 것입니다.

그리고 믿는 자들은 함께 있어야 합니다. 그래야 서로에게 도전이 되고 격려가 되지, 안 믿는 사람들하고만 있으면 신앙이 성장하지 못하고 차가워집니다. 그나마 있던 신앙까지 까먹게 됩니다. 모여서 무엇을 했습니까? 물을 길어 하나님 앞에 부었습니다. 이는 죄악을 쏟아 놓는다는 상징적인 행동입니다. 그리고 그들은 금식했습니다. 지난 시절의 죄악들을 회개했습니다. 얼마나 좋은 모임입니까? 이렇게 온 민족이 한자리에 모여 은혜를 받고 있는데, 이런 모임에는 꼭 사탄의 방해가 있습니다. 특히 사탄의 방해가 언제 제일 극심한 줄 아십니까?

우리가 영적으로 회복되려 할 때, 하나님 앞에서 결단할 때, 지난 시절을 버리고 새롭게 살려고 할 때, 사탄도 강하게 방해합니다. 사람이 회개할 때, 신앙적으로 결단할 때, 영적으로 소생하려고 할 때 사탄의 방해가 있습니다. 우리가 가끔 경험하는 것입니다만, 모처럼 목장 모임을 잘해 보려고 하면 사탄이 방해합니다. 오늘은 예배에 일찍 가서 준비하고 은혜 받으려 하면 그날따라 이상하게 방해가 많습니다. 차 속에서 싸웁니다. 아내가 늦게 나옵니다. 속상할 일들이 많이 생깁니다. 특별 새벽기도에 잘 나가야지 하면 업무가 더 많고, 더 피곤하고, 일거리도 많아집니다. 잠도 안 옵니다. 시계 벨을 맞추어 놓으면 누가 눌러 버렸는지 벨이 울리지 않아 모처럼의 결심을 꺾는 일들이 생깁니다. 사탄이 아는 것입니다. '이 사람이 은혜 받으려 하는구나' 하고 알기에 방해하는 것입니다.

이런 때는 기를 쓰고 나와야 합니다. 피곤하다고 하루만 하루만 하면 한 주 내내 못 갑니다. 그러다가 침체되고 회복하지 못하는 것입니다. 이스라엘이 이렇게 모여 있다는 것을 블레셋 사람들이 들었습니다. 그들은 '때는 이때다!' 하면서 전쟁을 준비하여 이스라엘을 치러 올라왔습니다. 예배드리고 있는데, 부흥 집회를 하고 있는데 전쟁이 난 것입니다. 적이 쳐들어오고 있다는 소문이 들렸습니다.

이러니 예배가 되겠습니까? 걱정, 두려움, 불안, 위기가 찾아온 것입니다. 사탄은 타이밍도 얼마나 잘 맞추는지 우리가 하나님 앞에 은혜 받으려 할 때 사탄도 일한다는 것을 알아야 합니다. 하나님 앞에 바로 살려 하고 은혜 받으려 하는데 바로 그때 일이 터지는 것입니다. 온 이스라엘 백성들에게 두려움이 임했습니다. "이제는 도망도 못 가고 떼죽음을 당하는구나!' 하는 두려움이 있었습니다. 그러니 예배가 되겠습니까? 은혜를 받겠습니까? 우리가 은혜 받는 자리에 나가려 할 때도 가끔 두려움이 찾아옵니다.

'새벽기도 간 사이에 아이가 깨면 어떡하나?' '새벽에 길 가다가 무슨 일이 생기면 어떡하나?' '요즘 새벽에 다니면 위험하다던데……' 등등 많은 두려움이 생기는 것입니다. 두려움은 사탄이 주는 것이요, 평안은 하나님이 주시는 것입니다. 사역에 대한 두려움도 마찬가지입니다. 그런데 오늘 본문에 보면 이스라엘 백성들이 참 잘한 것 두 가지가 있습니다. 이것은 우리에게 아주 좋은 가르침을 주는 장면입니다. 이것을 꼭 배워 두어야 합니다.

1. 두려워했지만 그 자리를 도망가지는 않았습니다.

그들은 두려웠지만 그냥 그 은혜의 자리에 있었습니다. 이것은 참으로 귀한 신앙의 태도입니다. 어떤 어려움 속에서도 은혜의 자리를 떠나지 않고 지키는 것이 중요합니다. 하나님 안에 있어야 하나님의 보호를 받을 수 있기 때문입니다. '하나님의 날개 아래 나왔으니 나는 여기 있겠다!' 하는 것이 중요합니다.

하나님 안에 머물러 있으면 하나님이 책임지십니다. 하나님이 돌보십니다. 그리고 은혜 받는 중에 생기는 어려움은 후유증이 없습니다. 사탄은 겁만 주지 우리를 해하지 못합니다. 오히려 우리가 무너질 때가 언제입니까? 은혜의 자리를 떠날 때입니다. 은혜의 자리를 떠나면 은혜 받지 못합니다. 하나님의 보호를 받지 못합니다. 아무리 어려운 시험이 닥쳐도, 어떤 환난이 와도 은혜의 자리를 떠나면 안 됩니다. 그 자리를 지키면서 싸워야 합니다. 은혜의 자리에 있으면 반드시 이깁니다. 어려움은 오래 못 갑니다. 하나님이 도와주십니다.

그런데 힘들다고 은혜의 자리를 떠나면 더 큰 문제가 생깁니다. 이것이 마귀가 일하는 방법입니다. 마귀가 사람들 안에서 어떻게 일하는지 아십니까? 은혜의 자리를 박차고 떠나가게 만듭니다. 요한복음 13장에 예수님을 팔기 전 가룟 유다에 대한 기록이 나옵니다.

"조각을 받은 후 곧 사탄이 그 속에 들어간지라 이에 예수께서 유다에게 이르시되 네 하는 일을 속히 하라 하시니 이 말씀을 무슨 뜻으로 하셨는지 그 앉은 자 중에 아는 이가 없고 어떤 이들은 유다가 돈 궤를 맡았으므로 명절에 우리의 쓸 물건을 사라 하시는지 혹 가난한 자들에게 무엇을 주라 하시는 줄로 생각하더라 유다가 그 조각을 받고 곧 나가니 밤이러라"(요 13:27-30).

예수님과 제자들의 일생을 통하여 이 자리는 가장 은혜스럽고 감동적인 자리였습니다. 십자가에 못 박혀 죽으시기 전 최후의 만찬을 하는 시간이었기 때문에 그렇고, 예수님이 친히 제자들의 발을 씻겨주신 섬김의 시간이었기에 그렇고, 제자들을 향해 최고의 사랑을 쏟아 붓는 자리였기에 그렇습니다. 그런데 가룟 유다에게 사탄이 들어가면서 유다가 한 일이 무엇입니까?

그 은혜의 자리를 박차고 나간 것입니다. 마귀가 그 자리에 가만 있지 못하게 한 것입니다. 마귀가 유다를 이용해서 예수님의 일을 망치려고 하는데 유다가 은혜의 자리에 있으면 어떡합니까? 그러다가 은혜 받아서 마음을 고쳐먹으면 어떡합니까? 그러니 그 자리를 뛰쳐나가게 만든 것입니다. 사탄은 사람들을 이용하기 전 먼저 은혜의 자리를 떠나게 합니다. 은혜의 자리에 앉아 있지 못하게 합니다. 그런데 30절 하반절에 참 멋진 표현이 있습니다.

"유다가 그 조각을 받고 곧 나가니 밤이러라."

유다는 빛에서 어둠으로 나간 것입니다.

은혜의 자리에서 시험의 자리로 나간 것입니다.

사랑의 공동체에서 배신의 무리들에게로 나간 것입니다.

섬김의 자리에서 탐욕의 자리로 나간 것입니다.

우리가 시험 들었을 때, 영적으로 방황하거나 힘든 시간을 지낼 때 마귀가 우리 귀에 속삭이는 말이 있습니다. '은혜 받는 자리에서 뛰쳐나가라! 목장 모임 나가지 마라! 교회 나가지 마라! 예배에 나가지 마라! 거기만 은혜 받는 곳이 아니다. 다른 곳에 가서 은혜 받으면 된다.' 이것이 마귀의 속성입니다. 유다서에 보면 아주 분명하게 마귀의 속성이 나와 있습니다.

"또 자기 지위를 지키지 아니하고 자기 처소를 떠난 천사들을 큰 날의 심판까지 영원한 결박으로 흑암에 가두셨으며"(유 1:6).

여기서 자기 처소를 떠난 천사들은 마귀를 말합니다. 본래 마귀는 천사였습니다. 그런데 하나님이 있으라 하신 장소를 떠나 제 맘대로 돌아다녔습니다. 자기 지위를 떠나고 자기 처소를 떠났습니다. 그래서 하나님의 심판을 받았습니다. 이것을 보면, 본래부터 마귀는 뛰쳐나가는 속성을 가지고 있습니다. 교만한 자는 은혜의 자리에 앉아 있지 않습니다. 뛰쳐나갑니다. 마귀는 은혜의 자리에 앉아 있지 못합니다. 못 견디고 뛰쳐나갑니다. 또 사람들이 은혜의 자리에 앉아 은혜 받는 것을 못 봅니다. 그래서 사람들에게 모임에 나가지 말라고, 뛰쳐나가라고 속삭이는 것입니다. 목자들이 목장 모임 하다가 목원들이 뛰쳐나가면 얼마나 부담스러워하고 맘고생이 심한지 모릅니다.

그래서 제가 그랬습니다. "걱정 마라. 목자가 모임을 잘못해서 만 그런 것은 아니다. 이것은 목장 모임을 정상적으로 하고 있다는 증거가 된다. 모임이 너무 은혜스럽게 잘되니까 이런 일이 일어나는 것이다. 마귀의 속성은 은혜 받는 자리에 앉아 있지 못하게 하는 것이다. 기도하면 된다"고 말입니다. 저도 처음에는 이런 일을 겪을 때 얼마나 당황하고 힘들었는지 모릅니다. 어떤 때는 설교 듣다가 뛰쳐나가는 사람도 있었습니다. 이것은 성경적입니다. 그런데 기도하면 해결됩니다. 이런 사람들도 다시 들어옵니다. 사람에게 사탄이 역사하면 뛰쳐나가는 일이 생깁니다. 이는 정상적으로 모임이 되고 있다는 증거입니다.

예수님의 경우를 한번 보십시오. 요한복음 13장에서는 우리식으로 말하면 예수님이 십자가에 못 박히시기 전 목요일 날 밤 마지막 목장 모임을 하고 있었습니다. 마가의 다락방이었습니다. 4W를 하기 위해 먼저 식사를 했습니다. 주님께서 식사를 하시다가 12목원들을 섬기려고 일어나 발을 씻겨주셨습니다. 얼마나 감동적인 시간입니까? 마지막 사랑과 섬김을 몸소 실천하고 계셨습니다. 그런 다음 식사를 마치고 말씀 나눔, 삶 나눔을 하고 계셨습니다. "너희도 이렇게 섬겨야 한다. 이제 나는 잡힌다. 조금 있으면 배신당할 것이다" 등등의 말씀을 하고 계셨습니다. 23절을 보면, 이 모임이 얼마나 자연스런 목장 모임인지 알 수 있습니다.

"예수의 제자 중 하나 곧 그의 사랑하시는 자가 예수의 품에 의지하여 누웠는지라"(23절).

한 제자는 비스듬히 예수님의 품에 안겨서 이 이야기를 듣고 있었습니다. 참 자연스럽고 은혜가 넘치는 모임이었습니다. 그런데 이렇게 예수님이 말씀하고 계시는데 가롯 유다가 그 자리를 박차고 나갑니다. 설교 중에 나간 것이요, 삶 나눔 중에 나간 것입니다. 예수님이 목장 모임을 하셔도 나갔는데 우리가 한다고 안 나가겠습니까? 나가는 것도 정상입니다. 사탄은 메뚜기 같은 속성이 있어서 한곳에 오래 있지 못합니다. 뛰기를 좋아합니다. 사탄이 역사하면 어떤 사람이든지 그 자리에 있지 않고 뛰쳐나갑니다. 도대체 인내를 배우지 못합니다. 학생들은 수업 빼먹고 뛰쳐나가고, 집에서 가출하고, 군대 가면 탈영하고, 교회서도 뛰쳐나갑니다. 잠깐 화장실 가는 것 말고 말입니다.

아무튼 이스라엘 백성들은 그 자리를 지켰습니다. 위기가 왔지만 도망가지 않았습니다.

2. 영적 지도자에게 기도 요청을 했습니다.

누가 미스바로 모이라고 했습니까? 사무엘 선지자입니다. 그러면 이 위기의 책임이 누구에게 있습니까? 사무엘입니다. 그런데 이스라엘 사람들은 사무엘을 원망하지 않았습니다. 대적하지 않았습니다. 불순종하지 않았습니다. 대신 "기도해 주십시오"라고 부탁했습니다. 이 모습이 너무 멋집니다. 사람들이 깨끗합니다. 이런 질서와 존경, 신뢰가 있으면 그 공동체는 소망이 있습니다.

대부분의 사람들은 어떤 이유로 시험에 들었든지 일단 침체에 빠지면 마지막에는 리더를 원망합니다. 다른 이유, 다른 사람 때문에 시험에 들었지만 마지막에는 항상 리더에게 화살을 돌립니다. '목사님이 우리를 그렇게 만들었다. 목사님이 우리를 너무 몰아갔다. 요즘 설교가 은혜가 안 된다. 인격적으로 문제가 있다.' 이런 식으로 말하기 시작합니다. 그러면 여기서 벗어날 리더는 없습니다. 그런데 이스라엘 백성들은 여기서 그렇게 하지 않았습니다. 대신에 "우리를 위해 기도해 달라"고 부탁했습니다. 그들의 모습 속에는 영적 지도자에 대한 확신과 믿음이 들어 있습니다.

'저분이 기도하면 반드시 사건이 일어난다. 상황이 바뀐다!'

'우리 선지자가 기도하면 하나님의 기적이 일어날 것이다!'

'저분에게는 기도의 영감이 있고, 능력이 있다!'

'하나님이 기름 부어 세운 종이 기도하면 하나님이 들으실 것이다!'

이런 확신이 있는 것입니다. 저는 이 부분을 보면서 '야, 이스라엘 백성들 참 멋지다!' 하는 생각이 들었습니다. 평소 구약성경에서 보던 이스라엘 백성들의 모습이 아닙니다. 문제만 생기면 원망하고 불평하며 모세에게 대들던 백성들이 아니라, 기도를 부탁하고 하나님의 일하심을 기다리는 사람들이 되었습니다.

가룟 유다에 대한 생각이 났습니다. '가룟 유다는 왜 사탄이 그 마음을 흔들어 놓을 때 예수님께 기도 부탁을 하지 않았을까? 시험에 들 때, 갈등이 시작될 때 왜 기도를 부탁하지 않았을까? 솔직히 말하고 기도 부탁을 했으면 됐을 텐데, 그렇다면 그렇게 비참하게

인생을 마치지 않았을 텐데…….'

기도 부탁하면 예수님이 안 해주시겠습니까? 당연히 해주시죠. 더 열심히 기도해 주셨을 것입니다. 그리고 예수님이 기도하시면 그 마음이 안 바뀌겠습니까? 마귀가 어떻게 장난치겠습니까? 놀라운 일이 일어났을 것입니다. 예수님의 전공이 기도 아닙니까? 지금도 하늘 보좌 우편에서 우리를 위해 기도하고 계시는 예수님입니다. 예수님이 기도하시면 상황이 바뀌고 말았을 것입니다.

그런데 그는 기도를 부탁하지 않았습니다. 기도 부탁도 믿음이 있어야 한다는 것을 알았습니다. '우리 목사님이 기도하면 된다. 우리 목사님께 기도 부탁하면 목사님이 더 열심히 해주실 것이다. 우리 목자가 기도하면 놀라운 일이 생긴다.' 이런 믿음이 있어야 하고 관계가 좋아야 기도 부탁도 할 수 있는 것입니다. 아무튼 사무엘은 기도 부탁을 받고 어떻게 했습니까?

9절에 보면, 두 가지를 했습니다.

먼저, 온전한 예배를 드렸습니다.

여기서 '온전한 번제' 라는 단어를 주목해 보십시오. 지금이 어떤 상황입니까? 적군이 쳐들어오는 상황입니다. 시간이 급합니다. 그런데 온전한 예배를 드리고 있습니다. 약식으로 간단히 해치우는 예배를 드리지 않았다는 것입니다. 여기에 중요한 가르침이 있습니다. 어려울수록 예배에 집중해야 합니다. 예배에서 은혜 받아야 합니다.

목장도 마찬가지입니다. 목장에서 숫자가 적다고 간단히 해치우고 밥이나 먹고 가면 안 됩니다. 시간 쫓긴다고 대충해서도 안 됩니다. 가장 힘들고 어려운 상황일수록 온전한 예배를 드려야 합니다. 예배에서 은혜 받아야 합니다. 목원들도 "오늘 간단히 끝냅시다"라고 말하지 마십시오. 나도 은혜 받지 못하고, 남도 은혜 받지 못하게 하는 것입니다. 목자를 가장 맥 풀리게 하는 말이 그런 말입니다.

지난주 저는 아주 감동적인 목장 보고서를 받아봤습니다. 지금까지 4년간 가정 교회 사역을 하면서 이렇게 감동적인 보고서는 처음이었습니다. 한 목자가 쓴 보고서입니다. 이 목자는 목원이 현재 한 명도 없습니다. 열심히 전도하는데 아직 한 명도 모이지 않고 있습니다. 내용은 이렇습니다.

"목장 모임을 혼자서 하기에 그동안 어색해서 미루어 왔습니다. 그런데 어제는 혼자 앉아서 해보았습니다. 처음엔 잘 안 되고 지루하더니 찬양 중에 은혜가 임했습니다."

자신도 처음에는 대충 하려는 마음이 있었답니다. 그런데 혼자라도 해보자 하는 맘으로 정상적인 순서를 따라 4W[Welcome(환영 및 식사), Worship(찬양과 감사), Word(말씀 나눔과 삶 나눔), Witnesses(VIP를 위한 기도)]를 했답니다. 찬송 부르고, 기도하면서 순서가 진행되는 동안 하나님의 은혜가 임하기 시작했습니다. 그렇게 하다 보니 어느새 두 시간이 지났답니다. 두 시간 동안 혼자서 목장 모임을 한 것입니다. 사실 혼자가 아니라 예수님과 둘이서 한 것입니다. 큰 은혜를 받았다고 했습니다.

이 보고서를 보면서 얼마나 감사하고, 감격했으며, 힘이 되었는지 모릅니다. 얼마나 위로가 되었는지 모릅니다. 이것이 신자의 힘입니다. 힘들다고, 바쁘다고, 어렵다고 대충 예배드리고 대충 모임하고 끝내려 하지 마십시오. 아무리 어려운 상황이라 해도 본문에 나오는 이스라엘 백성처럼 전쟁을 당한 것은 아닐 것입니다. 온전한 예배를 드리십시오. 혹시 목자가 대충하려고 하면 제대로 하자고 요구하십시오. 예배에서 은혜 받아야 삽니다. 사람 없다고 주일예배를 대충 드리고 있지는 않습니까?

또한 사무엘은 번제를 드린 후에 기도했습니다. 그랬더니 하나님이 응답하셨습니다. 하늘에서 큰 우레를 발하여 블레셋 군대를 쳤습니다. 사람이 우레와 싸워서 어떻게 이기겠습니까? 블레셋이 형편없이 무너지면서 도망가기 시작했습니다. 우리가 하나님께 집중하면 하나님이 우리를 도우십니다. 이스라엘 백성들은 전쟁에서 아무것도 한 것이 없습니다. 예배드리고 기도하다가 하나님이 이겨 놓으신 것을 거두러 나갔을 뿐입니다.

신앙인에게 있어서 예배와 기도는 절대 타협할 수 없는 부분으로 우리가 살고 우리 공동체를 살리는 길입니다. 하나님은 예배와 기도를 통해서 은혜를 베풀어 주십니다. 예배와 기도로 승리하는 삶이 되시기를 바랍니다.

하나님은 어디까지 도우시는가?

삼상 7:12-17

사람이 예수님을 믿는 순간부터 하나님은 그 사람 안에 거하시면서 돕기 시작하십니다. 하나님은 우리를 도우시되 언제까지 도우실까요? 일생에서 꼭 필요할 때 몇 번일까요? 아니면 우리가 주님 앞에 가는 날까지 계속될까요?

우리는 본문을 통해 그 답을 찾을 수 있습니다. 12절에 보면, 블레셋과의 전쟁에서 승리한 사무엘 선지자는 미스바라는 곳과 센이라는 곳 사이에 돌을 세워놓고, 그곳 이름을 '에벤에셀'이라고 불렀습니다. 그 뜻은 '하나님께서 여기까지 우리를 도우셨다' 입니다. 이 구절을 공동번역 성경에서는 이렇게 번역했습니다.

"야훼께서 여기에 이르기까지 우리를 도우셨다."

영어성경 NIV에서는 이렇게 설명했습니다.

"Thus far has the Lord helped us."

직역하면 "하나님께서 이렇게 멀리까지 우리를 돕고 계셨다"입니다. 시제로 말하면 현재완료시제입니다. 한번 시작해서 지금까지 계속해서 하시는 것을 말할 때 쓰는 어법입니다.

이 말들을 종합해 보면, 한 가지 결론을 얻을 수 있습니다. 하나님은 우리를 도우시되 한번 돕고 끝나는 것이 아니라 계속 도우시고, 끝까지 도우신다는 것입니다. 과거에 내 인생의 위기 가운데 도우신 하나님은 지금도 여전히 나를 돕고 계십니다. 우리가 하나님을 믿는 순간부터 알게 모르게 우리를 돕기 시작하신 하나님은 우리가 어디를 가든, 어느 곳에 있든 함께 가시면서 도우시는 것입니다. 본문에서는 이 도움이 이렇게 표현되어 있습니다.

블레셋 군대가 이스라엘을 쳐들어왔을 때 하나님은 미스바에서 이스라엘을 돕기 시작하셨습니다. 그리고 거기서만 끝난 것이 아니라 이스라엘이 블레셋을 따라 쳐내려가는 동안 계속해서 도와주셨습니다. 어디까지 도우셨습니까? 벧갈 아래에 이르기까지 도우셨다고 했습니다. 미스바에서 벧갈까지 도우신 것입니다. 벧갈이 정확히 어디인지는 오늘날의 지도에 나와 있지 않아서 알 수 없습니다만, 미스바에서 벧갈까지 도우셨다고 했습니다.

전쟁하는 이스라엘도 놀랐을 것입니다. 설마 하나님이 이렇게까지 도우실 줄은 몰랐던 것입니다. 전쟁의 처음부터 돕기 시작해서 완전한 승리를 얻을 때까지 함께하시면서 도우신 것입니다. 이스라엘의 입장에서 보면 이런 상황입니다. 적군 블레셋을 치다 보니 상당한 거리를 갔습니다. '이거 너무 멀리 온 것 아닌가?' 하는 생각이 들 만큼 멀리 나왔단 말입니다. '너무 멀리 와서 하나님의 도움의 영역을 벗어난 것 아닌가?' 하는 마음이 들었는데 그것이 아닙니다. 하나님이 거기까지 같이 오시면서 도와주고 계시는 것입니다.

블레셋은 미스바에 모여 있던 이스라엘 백성들을 공격하려다가 하늘에서 우레가 내리치는 통에 혼비백산해서 칼 한번 쓰지 못하고 도망한 것입니다. 이스라엘 백성들이 벧갈까지 따라오며 치는 것입니다. 한번 돌아서서 싸우고 싶은데 하늘에서 여전히 큰 우레가 내리치면서 공격해 오니 어떻게 해볼 수가 없는 것입니다. 그래서 깨끗이 졌습니다.

여기서 우리는 몇 가지 중요한 교훈을 배울 수 있습니다.

1. 하나님의 도우심은 일회성이 아니라 승리하기까지 도우신다는 것입니다.

우리가 일단 하나님의 백성이 되면 그 순간부터 하나님의 레이더는 가동되기 시작합니다. 우리가 어디를 가든, 무엇을 하든 계속해서 우리를 추적합니다. 그러면서 필요할 때마다 수시로 '돕는 미사일'을 쏘아댑니다. 살다 보면 아주 힘든 상황을 만납니다. 더 이상은 못살 것 같은데 포기할 만하면 이상하게 하나님께서 숨통을 열어 주셔서 조금 견디게 해주십니다. 또 쓰러질 것 같으면 돕는 사람을 보내주셔서 다시 일어나게 하십니다. 이렇게 저렇게 가다 보니 여기까지 왔습니다. 우리가 이렇게 살아왔습니다. 언제까지 이런 일이 계속될까요? 우리의 평생에 계속됩니다. 그래서 다윗은 이런 고백을 했습니다.

"나의 평생에 선하심과 인자하심이 정녕 나를 따르리니 내가 여호와의 집에 영원히 거하리로다"(시 23:6).

하나님은 내가 힘들 때 어쩌다 한번 도와주시는 것이 아니라, 평생을 따라오시면서 계속해서 도와주십니다. 도와주시는 방법은 다양합니다. 때로는 사람을 보내어 우리를 위로하기도 하시고, 때로는 깨달음을 주셔서 힘을 주기도 하시며, 때로는 생각지 못했던 은혜를 주셔서 격려하기도 하십니다. 바울의 경우를 보면 아주 힘들고 어려울 때 사람을 보내서 위로해 주셨습니다

"내가 너희를 향하여 하는 말이 담대한 것도 많고 너희를 위하여 자랑하는 것도 많으니 내가 우리의 모든 환난 가운데서도 위로가 가득하고 기쁨이 넘치는도다 우리가 마게도냐에 이르렀을 때에도 우리 육체가 편치 못하고 사방으로 환난을 당하여 밖으로는 다툼이요 안으로는 두려움이라 그러나 비천한 자들을 위로하시는 하나님이 디도의 옴으로 우리를 위로하셨으니"(고후 7:4-6).

또 새로운 깨달음을 주셔서 위로해 주셨습니다.

"이것이 내게서 떠나기 위하여 내가 세 번 주께 간구하였더니, 내게 이르시기를 내 은혜가 네게 족하도다 이는 내 능력이 약한 데서 온전하여짐이라 하신지라 이러므로 도리어 크게 기뻐함으로 나의 여러 약한 것들에 대하여 자랑하리니 이는 그리스도의 능력으로 내게 머물게

하려 함이라 그러므로 내가 그리스도를 위하여 약한 것들과 능욕과 궁
핍과 핍박과 곤란을 기뻐하노니 이는 내가 약할 그때에 곧 강함이니
라"(고후 12:9-10).

하나님 안에 있는 것이 항상 행복하기만 한 것은 아닙니다. 때로는 힘들 때도 있습니다. 지고 가야 할 십자가도 있습니다. 그래서 어느 때는 벗어나고 싶은 마음이 들 때도 있습니다. 그러나 힘들어도 우리가 있을 곳은 하나님 안입니다. 하나님을 떠나서는 어떤 위로도 참된 위로가 되지 못합니다. 힘들면 힘든 만큼 하나님은 더 큰 위로와 도움으로 우리를 도와주십니다. 내가 가장 힘들 때 하나님도 가장 가까이 계십니다. 가까이 계시면서 도와주십니다. 하나님 안에 있으면 하나님은 평생에 우리를 따라오시면서 순간순간 돕는 미사일을 쏘아 다시 일어서게 해주십니다. 이런 찬양이 있습니다.

나의 안에 거하라 나는 네 하나님이니
모든 환난 가운데 너를 지키는 자라
두려워하지 말라 내가 널 도와주리니
놀라지 말라 네 손 잡아 주리라
내가 너를 지명하여 불렀나니 너는 내 것이라
내 것이라 너의 하나님이라
내가 너를 보배롭고 존귀하게 여기노라
너를 사랑하는 네 여호와라

2. 하나님에게 있어서 '너무 먼 곳'은 없다는 것입니다

인간이 당하는 모든 인생의 문제에서 하나님이 못해 볼 만큼 큰 일도 없고, 엄청난 일도 없습니다. 또 하나님의 손이 미치지 못할 만큼 먼 곳도 없습니다. 12절을 영어로 읽어 보면 이렇게 설명했습니다.

"Thus far has the Lord helped us."

이렇게 멀리까지 주님께서 우리를 돕고 계셨다는 것입니다. 이렇듯 하나님은 시공을 초월하여 일하십니다. 하나님은 거리와 장소의 제한을 받지 않으십니다. 우리가 어디에 있든지 하나님이 마음만 먹으면 우리를 도우십니다. 거리가 문제되지 않습니다. 시간이 문제되지 않습니다. 하나님에게 있어서 먼 곳은 없기 때문입니다. 열왕기상 19장을 보면 이것을 그대로 보여줍니다.

"이세벨이 사자를 엘리야에게 보내어 이르되 내가 내일 이맘때에는 정녕 네 생명으로 저 사람들 중 한 사람의 생명 같게 하리라 아니하면 신들이 내게 벌 위에 벌을 내림이 마땅하니라 한지라 저가 이 형편을 보고 일어나 그 생명을 위하여 도망하여 유다에 속한 브엘세바에 이르러 자기의 사환을 그곳에 머물게 하고 스스로 광야로 들어가 하룻길쯤 행하고 한 로뎀나무 아래 앉아서 죽기를 구하여 가로되 여호와여 넉넉하오니 지금 내 생명을 취하옵소서 나는 내 열조보다 낫지 못하니이다 하고 로뎀나무 아래 누워 자더니 천사가 어루만지며 이르되 일어나서 먹으라 하는지라 본즉 머리맡에 숯불에 구운 떡과 한 병 물이 있더라

이에 먹고 마시고 다시 누웠더니 여호와의 사자가 또다시 와서 어루만지며 이르되 일어나서 먹으라 네가 길을 이기지 못할까 하노라 하는지라 이에 일어나 먹고 마시고 그 식물의 힘을 의지하여 사십 주 사십 야를 행하여 하나님의 산 호렙에 이르니라 엘리야가 그 곳 굴에 들어가 거기서 유하더니 여호와의 말씀이 저에게 임하여 이르시되 엘리야야 네가 어찌하여 여기 있느냐"(왕상 19:2-9).

엘리야는 이스라엘의 선지자입니다. 그런데 이스라엘의 왕비 이세벨이 죽인다고 위협하자 국경을 건너 유다 땅까지 도망갔습니다. 우리식으로 말하자면 남한에서 활동하던 하나님의 종이 북한으로 도망간 것과 같습니다. 거기서도 다시 아무도 없는 깊은 광야로 들어갔습니다. 그리고 로뎀나무 아래 누워서 죽기를 기다리고 있습니다. 국경을 넘어 도망간 엘리야, 그것도 깊은 광야에 홀로 누워 있는 엘리야, 이 엘리야가 어떤 상황에 있는지, 어디에 있는지 사람들은 알지 못합니다.

그러나 하나님은 아십니다. 하나님은 자기 종들을 놓치지 않습니다. 아무리 멀리 도망가고, 아주 깊은 곳에 숨어 있어도 하나님은 그 종들을 아시며 보고 계십니다. 그리고 바로 그곳에서부터 도와주기 시작하십니다. 하나님은 그런 곳에서도 도움의 손길을 보내 주십니다. 사람이 없으면 천사를 통해서라도 도와주십니다. 엘리야에게도 그랬습니다. 천사가 와서 누워 있는 엘리야를 어루만져 주었습니다. 일어나 먹으라고 머리맡에 숯불에 구운 떡과 물 한 병을 가져다주었습니다. 먹고, 마시고 누웠더니 다시 천사가 와서 어루만지며 일어나서 먹으라고 합니다.

그러면서 천사를 통해 하나님이 하시는 말씀이 있습니다. 참 감동이 되는 구절입니다.

"일어나서 먹으라. 네가 길을 이기지 못할까 하노라."

한때는 멋지게 사역했지만 이제 엘리야는 지쳐 있습니다. 두려움에 빠져 있습니다. 놀라운 기도의 응답을 체험한 기도의 사람이었지만, 지금은 기도할 마음조차 없습니다. 위대한 하나님의 종이었지만 이제는 초라한 도망자가 되었습니다. 부르심도, 사역도, 헌신도 다 포기해 버리고 깊은 절망과 열등감, 비교의식에 빠져 헤어나지 못하고 있습니다. 부담감과 짓눌림이 있었습니다.

그런데 하나님이 엘리야를 찾아오셔서 힘을 주십니다. 도와주십니다. 그 하시는 말씀이 감동이 됩니다.

"일어나서 먹으라. 얼른 힘내서 일해야지."

"야, 하나님의 종이 꼴이 그게 뭐냐? 창피하게! 그래가지고 하나님의 종이라 할 수 있어? 빨리 일어나 다시 네 사역지로 돌아가라!"

이렇게 말씀하지 않으셨습니다.

만약 하나님이 이렇게 말씀했다면 엘리야는 더 깊은 침체에 빠졌거나 하나님을 떠나고 말았을 것입니다. 엘리야에게 하나님은 일밖에 모르는 '냉정한 신'이었을 것입니다. 그런데 하나님은 그렇게 말씀하지 않으셨습니다.

"일어나서 먹으라. 네가 길을 이기지 못할까 하노라!"

하나님의 관심은 '사역'이 아니라 '사람'이었습니다. 지금 하나님은 엘리야가 지치고 기진맥진해서 쓰러질까 봐 염려하시는 것입니다. 그래서 먼저 먹이고 힘을 얻게 하시는 것입니다. 우리는 너무 성공 신화에 매여 있어서 사역의 성과로만 하나님과의 관계를 평가하려고 합니다. 사역이 잘되면 관계가 좋고, 안 되면 안 좋은 것으로 간주합니다.

하나님은 사역보다 우리 자신에게 더 관심이 있으십니다. 사역이 아니라 나 자신에게 관심이 있으십니다. 우리의 회복과 치유에 더 관심이 있으십니다. 여기서 떡과 물은 그리 대단한 것이 아닙니다. 작은 것입니다. 그런데 이 작은 것이 엘리야를 일어나게 하고 힘이 나게 하는 데 도움이 됩니다.

지금도 힘든 시간을 보내고 있는 분이 계실 것입니다. 그런데 잘 생각해 보면 힘들 때 하나님은 나를 혼자 두지 않으셨습니다. 크고 작은 여러 가지 일로 우리를 위로하시고, 도와주시고, 격려해 주셨습니다. 대단한 것은 아니지만 힘든 시간에 마음의 여유를 갖게 하는 일들입니다. 천사를 만나는 꿈을 꾸거나, 오랜만에 반가운 친구에게서 전화가 온다거나, 자녀들이 학교에서 상을 받는다거나, 자녀들의 성적이 올라간다거나, 대화 상대자를 보내 주셔서 마음속의 답답함을 잠깐씩 풀게도 해주십니다. 때로는 어떤 사람이 지나가면서 생각나서 들렀다고 하면서 먹을 것을 놓고 가는 일도 있습니다. 이처럼 가장 힘들고, 어렵고, 고독하다고 느끼는 그 순간에도 하나님은 함께 계십니다.

힘들어서 굴속에 들어가 있든지, 지하실에 들어가 있든지, 아무도 모르는 은밀한 곳에 가 있어도 하나님의 도움의 손길이 함께하십니다. 언제까지 함께하십니까? 다시 일어나 승리의 길을 갈 때까지 함께하십니다. 그래서 결국 다시 부르심의 길을 가게 하십니다. 억지로 가게 하지 않으시고, 스스로 걸어가게 하십니다. 어떻게 이런 일이 가능할까요? 하나님에게 있어서 먼 곳은 없기 때문입니다.

이스라엘 백성들이 하나님께 붙어 있으면서 어떤 일이 일어났을까요? 13-14절을 보면 알 수 있습니다. 하나님의 손이 이스라엘을 도왔습니다.
13절을 보면, 다시는 블레셋이 이스라엘의 경내에 들어오지 못했습니다.
14절에서는 이스라엘이 블레셋에 빼앗겼던 성읍들을 다시 찾았습니다. 여러 영토들을 회복했습니다.
14절 하반절에 보면, 이스라엘과 아모리 사람 사이에 평화가 있었습니다.

"이스라엘이 그 사방 지경을 블레셋 사람의 손에서 도로 찾았고."

여기서 보면 '도로 찾았고' 라는 단어가 나옵니다. 이 단어는 하나님과의 관계가 회복되면서 사람에게 어떤 일이 일어나는가를 상징적으로 보여주는 대표적인 단어입니다. 한마디로 말씀드리면, 하나님과의 관계가 회복되면 모든 것이 회복됩니다. 이스라엘 백성은 과거에 잃었던 것들을 다시 찾았습니다. 하나님을 떠나 있는 동안 잃어버린 모든 것들을 다시 찾았습니다. 그러므로 하나님을 떠나 있으면서 잃어버린 것, 손해 본 것, 없어진 것에 대해서 걱정하지 마십시오. 잃어버린 시간, 명예, 물질, 지위 등 잃어버린 모든 것은 하나님 안에 있으면 다시 찾습니다. 절대 손해 보지 않게 해주십니다. 하나님의 손이 도와주시기 때문입니다.

13절에서도 그런 표현이 나옵니다만 믿는 자들에게는 하나님의 손이 함께하십니다.

> "이에 블레셋 사람이 굴복하여 다시는 이스라엘 경내에 들어오지 못하였으며 여호와의 손이 사무엘의 사는 날 동안에 블레셋 사람을 막으시매"(13절).

여기서 '하나님의 손'이란 표현도 참 멋진 표현입니다. 성경에 보면, 참 너무 정확하게 표현되어 있습니다. 사람들이 이해하기 쉽게 표현되어 있습니다. 보통 사람들의 손이 몇 개입니까? 두 개입니다. 그런데 그리스도인들은 몇 개일까요? 네 개입니다. 두 개는 인간의 손, 나머지 두 개는 하나님의 손입니다. 우리 눈에는 보이지 않지만 보이지 않는 하나님의 손이 함께하기 때문입니다. 그러기에 하나님 안에 있으면 절대 손해 보지 않습니다. 하나님의 손이 도와주시기 때문입니다.

잠시 손해 보는 것처럼 느낄 때도 있지만 걱정하지 마십시오. 믿음으로 기다리면 반드시 좋은 것으로 채워주십니다. 인생을 살다 보면 내가 모르는 돕는 손길이 있습니다. 일반적으로 안 되는 상황인데 이상하게 됩니다. 객관적으로 보면 안 되는 싸움인데 실제는 이깁니다. 하나님의 손이 돕기 때문입니다.

우리 사람은 두 손밖에 보이지 않습니다. 그런데 살다 보면 보이지 않는 또 다른 손이 우리를 돕습니다. 이것이 신비요, 믿는 자들이 누리는 특권입니다. 바로 하나님의 손입니다. 성경에는 하나님의 손이 함께하면 어떤 일이 일어나는가를 설명해 주는 구절이 많이 있습니다. 대적자들에게는 하나님의 손이 심판의 손이 됩니다. 그러나 믿는 자들에게는 도움의 손, 축복의 손이 됩니다. 하나님의 손에는 뭐가 들려 있을까요? 궁금하지 않으십니까? 이 표현은 읽는 자들에게 하나의 그림을 그리게 해줍니다. 하나님이 주먹을 쥐고 계시는데, 그 주먹 안에는 여러 가지 것들이 들어 있습니다. 이것을 하나님이 기뻐하시는 자들에게 펴 주시는 것입니다.

1) 하나님의 손에는 우리를 위해 베풀 선이 있습니다.

"이는 우리가 전에 왕에게 고하기를 우리 하나님의 손은 자기를 찾는 모든 자에게 선을 베푸시고 자기를 배반하는 모든 자에게는 권능과 진노를 베푸신다"(스 8:22).

2) 보호가 있습니다.

"정월 십이 일에 우리가 아하와 강을 떠나 예루살렘으로 갈새 우리 하나님의 손이 우리를 도우사 대적과 길에 매복한 자의 손에서 건지신지라"(스 8:31).

3) 마음의 즐거움이 있습니다.

"사람이 먹고 마시며 수고하는 가운데서 심령으로 낙을 누리게 하는 것보다 나은 것이 없나니 내가 이것도 본즉 하나님의 손에서 나는 것이로다"(전 2:24).

4) 장래가 있고, 사랑과 미움이 있습니다.

"내가 마음을 다하여 이 모든 일을 궁구하며 살펴본즉 의인과 지혜자나 그들의 행하는 일이나 다 하나님의 손에 있으니 사랑을 받는지 미움을 받는지 사람이 알지 못하는 것은 모두 그 미래임이니라"(전 9:1).

5) 아름다운 면류관, 왕관이 있습니다.

"너는 또 여호와의 손의 아름다운 면류관, 네 하나님의 손의 왕관이 될 것이라"(사 62:3).

6) 능력이 있습니다.

"그러나 내가 만일 하나님의 손을 힘입어 귀신을 쫓아내는 것이면 하나님의 나라가 이미 너희에게 임하였느니라"(눅 11:20).

그러고 보면 인생 사는 데 필요한 가장 중요한 것들은 다 하나님의 손에서 나옵니다. 오늘도 하나님은 두 손을 활짝 펴서 그 손에 있는 것들을 믿는 자들에게 주기 원하십니다. 하나님과의 관계를 회복하고, 하나님 안에 있기 원하는 자들에게 주십니다. 하나님은 거기까지 도우시는 분이기 때문입니다.

하나님 대신
왕을 요구하는 백성들

삼상 8:1-10

　신앙생활의 최대 장애물 중 하나는 두 마음입니다. 이것은 하나님을 믿으면서도 한편으로는 하나님 없이 살아보고자 하는 마음, 하나님을 떠나 내 맘대로 살고자 하는 마음을 갖는 것입니다. 또 이것은 불신자였다가 믿음을 가진 사람뿐 아니라 본래부터 믿음의 가정에서 자랐던 사람들도 갖는 것입니다. 언제 이런 생각이 가장 강하게 들까요? 신앙생활에서 어려움이 찾아올 때입니다. 하나님에 대해서 실망하거나 하는 일이 잘 안 풀릴 때, 신자들과의 관계가 안 좋을 때 두 마음을 품게 됩니다. 또 영적 지도자들에게 실망했을 때입니다.

　물론 이런 표면적인 이유 말고도 실제로는 다른 내면적인 이유가 숨겨져 있습니다. 하나님을 향한 믿음의 뿌리가 견고하지 못하기 때문입니다. 본문에 보면 그런 상황들이 나와 있습니다. 사무엘이 위대한 사사로서의 삶을 살았지만, 나이가 들면서 그 아들 둘을 자기의 자리를 대신할 사사로 세우게 되었습니다. 그런데 여기에 문제가 생겼습니다. 이 두 아들은 아버지와는 다른 지도자의 길을 갔습니다.

3절에서는 이 아들들의 확연하게 드러나는 두 가지 문제점을 말씀하고 있습니다.

첫째, 아비 사무엘의 길을 따르지 않았다는 것입니다.

둘째, 눈앞의 이득에 눈이 멀어 뇌물을 취하고, 재판을 부당하게 했습니다. 치우치게 했습니다. 이것 때문에 이스라엘에 문제가 생겼습니다. 그래서 이스라엘 장로들로 구성된 대표단들이 나이 든 사무엘 선지자를 찾아와 항의했습니다(5절).

"당신은 늙고 당신의 아들들은 당신의 행위를 따르지 아니하니 열방과 같이 우리에게 왕을 세워 우리를 다스리게 하소서 한지라"(5절).

여기서 우리는 한 가지를 생각하고 넘어가야 합니다. 먼저, 왜 사무엘의 자녀들은 아버지의 길을 가지 않고 그렇게 변질된 길을 갔는가 하는 것입니다.

이것은 정확하게 성경이 말하고 있지 않기에 대답하기 어렵지만 성경을 통해서 몇 가지를 유추해 볼 수는 있습니다. 역대 이스라엘의 지도자 중에 가정교육의 중요성을 가장 뼈저리게 느낀 사람이 있다면 바로 사무엘일 것입니다. 사무엘은 어렸을 때 엘리 제사장과 그 자녀들이 타락하는 장면을 보면서 자랐습니다. 그리고 엘리 제사장의 자녀들이 예배를 멸시하고, 하나님을 소홀히 했다가 하나님께 버림받는 것을 보았습니다. 이것이 얼마나 무서운 죄인가도 알았습니다. 그리고 후에 아버지인 엘리 제사장이 이 일로 하나님의 징계를 받는 것을 보았습니다.

또 두 아들, 제사장 홉니와 비느하스가 하나님의 심판을 받는 것도 보았습니다. 이들 때문에 이스라엘이라는 나라 전체가 얼마나 심각한 고통을 겪었는지도 지켜보았습니다. 법궤도 빼앗겼습니다. 전쟁에서도 졌습니다. 이처럼 제사장 가문이 한날에 망하는 것을 보았습니다.

그러니 사무엘이 어떤 마음을 가졌겠습니까? 어떤 일이 있어도 가정교육만큼은 철저히 해야겠다는 생각을 했을 것입니다. 그러므로 얼마나 가정교육에 공을 들였겠습니까? 그 바쁜 중에도 가정을 소홀히 하지 않으려 했을 것입니다. 이런 사무엘의 마음을 읽을 수 있는 구절들이 있습니다.

"사무엘이 사는 날 동안에 이스라엘을 다스렸으되 해마다 벧엘과 길갈과 미스바로 순회하여 그 모든 곳에서 이스라엘을 다스렸고 라마로 돌아왔으니 이는 거기 자기 집이 있음이라 거기서도 이스라엘을 다스렸으며 또 거기 여호와를 위하여 단을 쌓았더라"(삼상 7:15-17).

사무엘 선지자 혼자서 이스라엘을 다스려야 했기에 해마다 벧엘로, 길갈로, 미스바로 돌아다니면서 사람들을 가르치고 재판했습니다. 집에 있을 시간이 별로 없을 만큼 바빴던 것 같습니다. 그렇지만 그는 가정을 소홀히 하지 않았습니다. 자기 집에 있는 라마로 돌아오면 기기서도 쉬지 않고 이스라엘을 다스렸으며, 또 거기서 여호와를 위하여 단을 쌓았다고 했습니다. 집을 제대로 돌볼 수 없을 만큼 바빴지만 집에 돌아오면 절대 가정교육을 쉬지 않았습니다.

그런데도 자녀들은 아버지의 기대만큼 자라주지 못했습니다. 가정교육처럼 어려운 것이 없습니다. 가정교육에 자신 있는 사람은 아무도 없습니다. 자녀들은 수시로 변하기 때문입니다. 적어도 네 가지의 이유가 있을 것 같습니다.

1. 사무엘이 목회 사역에 너무 바빠서 자주 집을 비웠다는 것입니다.

사무엘은 일 년이면 몇 달씩 집을 비우고 다른 지역, 다른 곳에서 머무르면서 사람들을 가르치고 재판했습니다. 그러다 보니 어쩔 수 없이 집을 비우게 되는 시간이 많았습니다. 물론 집에 돌아와서는 열심히 살았지만 너무나 집을 비운 시간이 많았다는 것이 문제였습니다.

2. 제도상의 문제입니다.

사무엘의 아들들은 선지자의 아들이라는 이유만으로 자동적으로 선지자가 되는 제도의 문제였습니다. 마치 레위인으로 태어나면 본인의 의지와 상관없이 평생 레위인으로 살아야 하는 제도와 같습니다. 이것은 부르심이라는 측면에서 보면 문제가 있습니다. 하나님의 일을 하는 사람은 하나님의 부르심을 받아야 하는데, 이런 제도하에서는 부르심과 상관없이 당연히 아버지가 하던 일을 해야 하니 문제가 있었다는 말입니다.

목사님들 중에도 그런 분들이 있습니다. '저분은 목회자가 안 되고 평신도가 되었으면 더 좋았겠다' 라고 느껴지는 사람들이 있습니다. 평신도로 봉사하고 사역하면 좋았을 텐데 굳이 목회를 하다가 아주 고생하는 분들이 있습니다. 이것은 부르심의 문제로 보입니다. 목회를 한다든지 영적 지도자의 삶을 사는 것은 전적으로 부르심을 받아야만 가능한 일입니다. 부르심이 없이 단지 그 길이 좋아 보이고, 멋있어 보이고, 의미 있는 일이기에 한다는 것은 너무 무모한 일입니다. 자신과 타인을 위해서도 불행한 일입니다.

사무엘은 어렸을 때 분명하게 하나님의 부르심을 받은 사람입니다. 그는 어려서부터 성전에서 생활하고 하나님의 음성을 들으며 살았습니다. 그런데 사무엘의 아들들은 이런 부르심이 있었다는 기록을 찾아볼 수 없습니다. 사역자의 길은 부르심을 받아야 하는 것이지 남이 간다고 해서 가는 것이 아니고 또 그렇게 갈 수도 없습니다. 부름 받지 않았는데 자녀이기 때문에 세우는 제도도 문제가 있습니다. 그러다 보니 그 일을 제대로 감당할 수 없었습니다.

3. 은혜를 알기 전에 돈맛을 먼저 보았습니다.

그들은 깊은 기도의 체험, 은혜의 경험들을 하기 전에 돈맛을 먼저 보았습니다. 하나님에 대한 신앙이 바로서기 전에 세상맛을 먼저 본 것입니다. 하나님에 대한 신앙이 바로 서면 아무리 세상이 유혹해도 흔들리지 않습니다. 그렇다고 한 번도 안 흔들릴까요? 그런 것은 아닙니다. 사람인 이상 잠시 시험에 빠질 수도 있지만 하나님을 만난 사람은 다시 하나님을 붙들고 이겨냅니다.

그런데 하나님에 대한 확실한 체험 없이 돈맛을 먼저 보면 이는 타락하기 쉽습니다. 사무엘의 두 아들은 여기에 문제가 있었습니다.

4. 가장 큰 이유는 사탄의 공격입니다.

모든 영적 지도자들은 사탄의 공격에 100% 노출되어 있습니다. 사탄의 제일 목표는 영적 지도자들을 무너뜨리는 것입니다. 그 방법은 다양합니다. 어떤 사람에게는 돈으로, 어떤 사람에게는 여자로, 성으로, 명예로, 오락으로, 습관적인 죄 등등 아주 다양하게 무너뜨립니다. 특별히 선배 목사님들이 늘 하는 말이 있습니다. 목회자가 돈 문제하고 여자 문제에 걸리면 헤어나기 어렵다는 것입니다.

그런데 사무엘의 아들들은 돈 문제에 걸렸습니다. 여기서 헤어나지 못한 것입니다. 본문을 보면서 아버지 사무엘은 그렇게 깨끗한 삶을 살았는데, 아들들은 어떻게 그럴 수 있을까 하는 의문이 생겼습니다. 결국은 기도 생활의 차이라는 것밖에 설명할 길이 없습니다. 사람인 이상 욕심 없는 사람은 없습니다. 사람은 항상 자기중심적이고 이기적입니다. 그래서 모든 것을 자기중심적으로 보고 받아들이는 경향이 있습니다. 아무리 치우치지 않는다 해도 치우치게 되어 있습니다. 욕심 때문입니다. 인간 안에서 끝없이 솟아나는 욕심을 다스리는 비결은 기도하는 것입니다. 깊은 기도 생활을 통해 내 안에 숨겨진 욕심들, 정욕들을 찾아내고 다스리는 능력을 받아야 합니다.

하나님의 능력 없이 우리 삶과 욕심은 다스려지지 않습니다. 사무엘이 얼마나 깊은 기도의 사람이었는지는 그의 이름만 봐도 알 수 있습니다. 사무엘이라는 말이 '기도' 라는 말입니다. 사무엘이 기도하는 동안은 블레셋이라는 적도 쳐들어오지 못했습니다. 사무엘이 기도하면 놀라운 일이 일어났습니다. 이런 기도 생활을 했기 때문에 그가 모든 유혹을 이기고 자신을 다스릴 수 있었던 것입니다.

그런데 자녀들은 그러지 못했던 것 같습니다. 그런 기도 생활을 했다는 기록을 어디서도 찾아볼 수 없습니다. 그들은 사탄의 공격에 대항해서 기도하지 못했습니다. 그러다 보니 하나님이 그들을 다스리신 것이 아니라 욕심이 다스린 것입니다. 사람이 가진 것이 없어서 욕심을 부리는 경우도 있지만 대개는 욕심 때문입니다. 아무리 위대한 영적 지도자도 욕심이 들어오고 시험이 찾아오면 넘어가기 쉽습니다. 기도 없이는 이런 일을 감당할 수 없습니다.

그렇기 때문에 영적 지도자들을 위해서 많이 기도해야 합니다. 영적 지도자들을 위한 전담 기도팀이 있어야 합니다. 사탄이 영적 지도자들을 얼마나 많이 노리는지를 안다면 이분들을 위한 기도가 최우선순위가 될 것입니다. 그리고 또 하나의 통계가 나와 있는데, 영적 지도자를 위해서 기도하는 사람들은 그들을 사랑하고 존경하게 되며, 설교에 은혜를 받는다는 것입니다. 그러므로 영적 지도자를 위해 기도하는 것은 결국 자기가 사는 것이요, 자기가 은혜 받는 것입니다.

사무엘의 두 아들이 문제에 빠지자 이스라엘은 아주 심각한 결정을 내립니다. 제도를 바꾸자는 것입니다. 하나님이 그의 종들을 세워 다스리던 신정 정치를 바꾸어서 인간이 다스리는 왕 제도를 도입하자고 한 것입니다. 이스라엘 장로들은 사무엘에게 요청했습니다.

"우리에게도 왕이 필요하니 왕을 세워 주십시오."

이 문제는 겉보기에는 아무 문제도 아닌 것 같지만 적어도 두 가지 문제를 가져옵니다.

1. 열방과 같이 되고 싶어했습니다.

하나는 5절의 표현에서 볼 수 있습니다.

"열방과 같이 우리에게 왕을 세워 우리를 다스리게 하소서"(5절).

여기서 '열방과 같이' 라는 단어를 주목해서 보시기 바랍니다. 하나님의 백성으로 하나님께 직접 다스림을 받았던 이스라엘이 늘

부러워했던 것은 무엇입니까? 하나님의 백성이 되기보다는 열방과 같이 되고 싶었다는 것입니다. 하나님의 자녀로서 살기보다 안 믿는 사람들처럼 살고 싶었습니다. 믿음 안에 있는 기쁨보다는 하나님을 벗어난 삶을 부러워했습니다. 이방인과 같이 되고 싶었습니다. 우리도 이방인들처럼 왕을 세워 왕의 다스림을 받자고 이렇게 나온 것입니다.

가끔 신자들의 눈에는 안 믿는 사람들이 자유한 것처럼 보일 때가 있습니다. 너무 멋져 보일 때가 있습니다. 하나님 신앙을 버리고, 그들처럼 살아보고 싶은 마음이 들 때도 있습니다. 또 교회에서도 하나님이 세운 제도보다는 세상의 방법을 도입해 보고자 하는 마음이 들 때가 있습니다. 그래서 가끔 교회에서도 '다수결로 합시다', '민주주의로 합시다' 라고 말합니다. 교회 운영도 믿음과 말씀을 따르기보다는 세상적인 경영 방법을 따라 운영해 보려고 합니다. 그것이 더 매력적으로 보이기 때문입니다.

하나님의 백성이 하나님의 백성된 모습을 버리고 세상 사람처럼 살려고 할 때 신앙의 위기가 찾아옵니다.

2. 하나님의 다스리심을 거부하는 것입니다.

이 문제를 놓고 사무엘이 기도하자 하나님이 대답하십니다.

"너를 버림이 아니요 나를 버려 자기들의 왕이 되지 못하게 함이니라"
(7절).

여기서 중요한 것이 있습니다. 바로 문제에 대한 하나님의 해석입니다. 하나님의 종을 거부한 것은 하나님을 거부한 것이라는 사실입니다. 하나님은 이렇게 말씀하셨습니다. "너를 버림이 아니요 나를 버려 자기들의 왕이 되지 못하게 함이니라."

구약성경을 잘 읽어 보면, 이스라엘 백성들이 오랫동안 계속해서 시도하고 요구했던 것이 있습니다. 그것은 하나님의 왕 되심을 거부하고 자기들이 왕이 되어 인생을 살아보겠다는 것이었습니다. 상황에 따라 그 표현도 다르고 방법도 조금씩 달랐지만, 결국 그들의 주장은 한 가지입니다. '하나님이 우리의 왕이 되는 것이 싫다. 우리 인생은 우리가 책임지겠다. 내가 내 인생의 왕좌에 앉아 다스리는 삶을 살겠다'는 것입니다.

이런 마음을 가지고 있다 보니 언제든지 문제만 생기면 딴 마음을 품는 것입니다. 이스라엘은 항상 이런 태도였습니다. 본문에서도 표면적인 이유는 사무엘의 두 아들이 돈에 넘어가 재판을 비뚤어지게 했다는 것입니다. 그러나 사실은 이것을 이유로 하나님에게서 벗어나 맘대로 살아보고자 하는 마음이 있었습니다. 본래부터 하나님을 떠나고 싶었는데, 사무엘의 두 아들이 이 일에 빌미가 되었을 뿐입니다. 하나님을 떠나고 싶은 마음이 없었다면 이들을 대신해서 다른 사람을 세워달라고 했을 것입니다.

그런데 이제는 이방인들이 하는 방법처럼 왕을 세워 달라고 한 것입니다. 하나님 없이 자기가 왕이 되어 살아가는 사람들을 보면서 그것이 무척 좋아 보인 것입니다. 우리도 저들처럼 살아보자는 마음이 들었던 것입니다.

또 하나 본문에서 살펴보아야 할 것은 하나님이 문제가 된 사무엘의 두 아들에 대해서 아무런 말씀이 없었다는 것입니다.

참 이상합니다. "내가 다른 사람으로 바꿔 줄 테니 계속 그대로 있어라!" 하고 말씀하지 않으셨습니다. 하나님은 그 종들의 불완전함을 문제 삼기보다는 이스라엘 백성이 두 마음을 품은 것을 문제 삼으셨습니다. 그렇다고 하나님이 그 종들을 무조건 두둔하셨다고 말하기는 어려울 것입니다. 하나님도 그 종들의 문제를 아셨습니다. 그러나 이것이 결정적인 문제라고 보지는 않았다는 것입니다. 아무리 하나님의 종이지만 그들도 사람인 이상 어느 정도 문제는 있을 것이라고 본 것 같습니다. 지도자의 불완전함보다는 사람들의 마음이 더 문제였습니다.

"내가 그들을 애굽에서 인도하여 낸 날부터 오늘날까지 그들이 모든 행사로 나를 버리고 다른 신들을 섬김같이 네게도 그리하는도다"(8절).

이스라엘 백성들의 태도가 늘 그랬습니다. 할 수만 있으면 하나님을 떠나 혼자 살아보고자 했습니다. 이런 마음을 갖고 있는 사람에게는 어떤 지도자가 세워져도 문제가 보이기 마련입니다. 완전한 지도자는 없기 때문입니다. 리더에게 문제가 있기보다는 그들 안에 문제가 있기 때문입니다. 이런 두 마음이 표현된 것입니다. 사람들도 가끔 이런 생각이 들 때가 있습니다. 예수 믿었는데 사업이 안 된다든지, 질병이 찾아왔다든지, 자녀들에게 문제가 생긴다든지, 사고를 당했다든지, 기도한 것이 응답되지 않을 때 사람들은 흔들리기 시작합니다. 그러면서 그 이유를 지도자나 다른 데서 찾습니다. 하나님은 인간이 이렇다는 것을 아십니다.

9절을 보십시오. 하나님은 이스라엘의 요구가 문제가 있다는 것을 알면서도 들어주십니다. 하나님은 인격적인 하나님이십니다. 여기서 우리는 하나님의 성품을 봅니다. 하나님은 우리의 의사를 존중해 주시는 분입니다. 억지를 부리거나 잘못된 기도는 거절하기도 하시지만 어지간하면 들어주시려고 합니다. 사람들이 자꾸 떼를 쓰니까 하나님은 들어주십니다. 사무엘에게 왕을 세웠을 때 발생할 문제들에 대해서 충분히 설명해 주도록 하시고는, '너희들이 고집하면 들어주겠다' 고 하십니다. 하도 떼를 쓰니까 좋은 것이 아니라는 것을 알면서도 들어주시는 것입니다.

사람이 그렇습니다. 몇 번 기도해서 안 되면 포기할 줄도 알아야 하는데 그렇지가 않습니다. 이것만이 살길이다 생각하고 억지를 부리거나 고집부리며 떼를 씁니다. 그러면 하나님은 어지간하면 들어주십니다. 그런데 떼쓰는 것이 꼭 좋은 것이 아니라는 것을 알아야 합니다. 좋은 것이라면 하나님께서 왜 안 들어주시겠습니까? 즐겁게 들어주십니다. 그런데 별로 유익한 것이 아니기 때문에 안 들어주시는 것입니다. 이 아버지의 마음을 모르는 것입니다.

마치 이것과 같습니다. 어린아이들이 이가 다 썩어 가는데도 계속 사탕을 사달라고 합니다. 부모들이 안 된다고 들어주지 않습니다. 그런데 아이가 땅바닥에 드러누워 뒹굴기 시작합니다. 울고불고합니다. 누구 엄마는 사탕도 잘 사주는데 하면서 떼쓰면, 사탕 먹은 뒤 꼭 이 닦아야 한다고 확인하고는 들어줍니다. 사탕을 사먹고 좋아하는 모습이 보고 싶어서, 또 그렇게 울고불고 뒹굴고 하는 것이 보기 싫어서 사주는 것입니다.

신앙이 성숙해지면서 사람들은 하나님이 아니라고 할 때 포기할 줄 압니다. 기다릴 줄 압니다. 하나님이 어련히 잘 알아서 말씀하셨겠지 하는 맘으로 기다릴 줄 압니다. 그런데 신앙이 성숙하지 못한 사람들은 그렇지 않습니다. 하나님이 내 인생을 방해한다고 생각합니다. 내가 하고 싶은 것을 막는다고 생각합니다. 하나님 때문에 내가 잘못될지 모른다는 생각을 하고 있습니다. 하나님이 꼭 내 맘대로 해주셔야만 한다고 생각합니다. 안 되면 금식하고, 철야하고, 그래도 안 되면 교회 안 나가겠다고 고집을 부립니다. 그러면 하나님이 그냥 들어주시는 경우가 있습니다. 위험을 알면서도 마지못해 들어주시는 것입니다. 그러면 사람들이 뭐라고 하는지 아십니까? 금식하고 철야했더니 하나님이 들어주셨다고 하면서 좋아합니다.

제가 아직 많은 인생을 산 것은 아니지만 여러 사람들의 삶을 보면서 한 가지 느낀 것이 있습니다. 부모나 나를 사랑하는 사람들이 반대하는 것은 안하는 것이 좋다는 것입니다. 사랑하는 사람들의 반대를 무릅쓰고 고집 부려서 했다가 끝이 잘되는 경우가 거의 없었습니다.

하나님만큼 우리를 사랑하는 분이 어디 있습니까? 하나님이 반대하실 때, 하나님이 응답하지 않으실 때는 그럴 만한 이유가 있는 것입니다. 괜히 심술 나서 그러시는 것이 아닙니다. 하나님은 우리가 잘되기를 가장 원하시는 분입니다. 이런 하나님이 무슨 감정이 있다고 우리 길을 막으시겠습니까? 그 길이 좋은 길이 아니기 때문입니다. 이스라엘 백성들도 그랬습니다. 억지로 고집 부려 가면서 왕을 세웠지만 역대 이스라엘의 왕 중에서 백성들에게 평안을 주고, 선정을 베푼 왕은 몇 안 됩니다. 왕들 때문에 얼마나 고난을 당했는지 모릅니다. 후손들이 그랬을 것 아닙니까? '누가 우리에게 왕을 세워달라고 해서 우리를 이렇게 고생시키는가?' 하고 말입니다.

신앙생활은 물 흐르듯이 자연스럽게 흘러가야 합니다. 하나님이 막으시면 기도하면서 기다리고, 열어주시면 가면 됩니다. 안 되는 것을 억지로 하려다가 꼭 문제가 됩니다. 혹시 지금 선택의 기로에 있다면 억지와 고집, 오기로 선택하지 마시고 자연스런 하나님의 인도하심을 받기 바랍니다. 자연스러운 것은 무엇입니까? 화평 가운데 일하는 것입니다. 하나님은 화평 가운데 일하십니다.

"모든 사람으로 더불어 화평함과 거룩함을 좇으라 이것이 없이는 아무도 주를 보지 못하리라"(히 12:14).

화평 없는 결정에는 주님이 계시지 않습니다. 이런 실수를 하지 마시기 바랍니다.

사람이 왕이 될 때

삼상 8:10-22

이스라엘 백성들이 그들에게도 왕을 세워달라고 계속 조르자, 하나님은 사무엘 선지자를 통해서 사람을 왕으로 세웠을 때 어떤 일이 벌어질 것인가를 미리 말씀해 주십니다. 이렇게 말씀해 주시는 데는 알고 선택하라는 의미도 있고, 우리의 선택을 존중하겠다는 의미도 있습니다. 하나님은 모든 것의 장단점을 말해 주시면서 '그러나 선택은 네가 해라' 하시는 것입니다. 적어도 '몰라서 그랬습니다' 란 말은 할 수 없도록 말입니다.

왕을 세우면 어떤 일이 일어날 것인가를 설명해 주시는 장면을 보면 하나님께서 인간의 일을 얼마나 정확하게 잘 알고 계시는지 알 수 있습니다. 이런 일이 있을 것이고, 이런 문제가 생길 것이라고 말씀해 주시는데 아주 정확하게 말씀해 주십니다. 괜히 겁주시는 것이 아닙니다. 적어도 분별력이 있고 생각이 있는 사람이라면 하나님이 하시는 말씀을 한 번쯤 심각하게 고려해 봐야 합니다.

그런데 사람이 얼마나 교만한지 아십니까? 인생의 중요한 문제를 결정하면서 하나님께 물어보지도 않습니다. 마음속으로 속단해 버립니다. '이 문제는 하나님도 해결 못해! 이것은 하나님이 알지 못해! 이 문제는 하나님이라고 해서 어떻게 할 수 있는 것이 아냐!' 하면서 하나님께 물어보지도 않습니다.

하나님은 인간의 삶의 문제를 다 아십니다. 작게는 인간 개개인의 마음의 문제에서부터 자연 현상, 기계, 컴퓨터, 전기, 전자, 생명과학 등등 모든 분야에서 하나님은 탁월하십니다. 하나님이 모르시는 것은 없습니다. 하나님이 해결하시지 못할 문제도 없습니다. 그러므로 사람이 무슨 문제를 결정하기 전에 하나님께 상의하고, 하나님의 인도를 받는다면 후회하지 않는 삶을 살게 됩니다. 왜 그렇습니까? 하나님은 항상 최선의 것으로 주시고, 가장 좋은 것으로 주시기 때문입니다. 그래서 무슨 결정을 하든지 먼저 하나님께 상의하는 것이 중요합니다. 상의하면 하나님은 성심껏 대답해 주시고 알려주십니다. 물론 선택은 우리 스스로 하게 하십니다. 우리의 의지와 결정을 존중하시기 때문입니다.

그런데 많은 사람들이 두 가지에서 실패합니다. 한 가지는 먼저 하나님께 묻지 않는 것이요, 다른 한 가지는 선택을 잘못하는 것입니다. 본문에서 우리는 그런 사람들을 만나게 됩니다. 그들은 바로 이스라엘 사람들입니다. 11-18절을 보면, 하나님은 사무엘을 통해 이스라엘 백성들이 왕을 섬길 때 어떤 일이 일어날 것인가를 설명해 주십니다. 잘 읽어 보면 하나님 아닌 인간을 왕으로 세울 때 일어나는 일 세 가지가 나옵니다. 세 가지 중요한 단어가 반복되어 나오는데, 그것들은 '취하여', '자기', '줄 것이며' 입니다. 이 단어들을 살펴보면 본문을 이해하는 데 도움이 됩니다.

첫 번째로 나오는 단어는 '취하여' 라는 말입니다.

이 단어는 가장 많이 나오는 단어입니다. 본문의 매 구절마다 나오는 것 같습니다. 하나님 아닌 인간이 우리의 왕이 될 때 어떤 일이 일어날까요? 한마디로 모든 것을 빼앗아 갑니다. 본문에 그런 표현들이 많이 나옵니다.

11절, "그가 너희 아들들을 취하여."
13절, "딸들을 취하여."
14절, "밭과 포도원과 감람원의 제일 좋은 것을 취하여."
15절, "곡식, 포도원 소산의 십일조를 취하여."
16절, "노비, 소년, 나귀들을 취하여."
17절, "양떼 십분의 일을 취하리니."

가져갈 수 있는 모든 것을 다 가져가는 것입니다. 백성들에게 돌아오는 것이나 베풀어 주는 것은 별로 없습니다. 그런데 이것이 사탄이 하는 일입니다. 요한복음 10장에 보면, 예수님은 사탄에 대해서 이렇게 말씀하셨습니다.

"도적이 오는 것은 도적질하고 죽이고 멸망시키려는 것뿐이요"(요 10:10).

사탄은 우리가 가진 모든 것을 빼앗아 갑니다. 우리의 소유, 우리의 기쁨, 소망, 자녀 등등 모든 것을 빼앗아 갑니다. 자녀의 예만 들어도 그렇습니다. 요즘 게임에, 컴퓨터에, 텔레비전에, 자살에, 우울증에, 유행가에 빼앗긴 자녀들이 얼마나 많습니까? 우리의 모든 것을 다 빼앗아 갑니다.

두 번째로 반복되는 단어는 '자기' 라는 단어입니다.

12절, "자기 밭을 갈게 하고 자기 추수를 하게 할 것이며 자기 병거와 병거의 제구를 만들게 할 것이며."
14절, "그가 또 너희 밭과 포도원과 감람원의 제일 좋은 것을 취하여 자기 신하들에게."
15절, "그가 또 너희 곡식과 포도원 소산의 십일조를 취하여 자기 관리와 신하에게."
16절, "또 너희 노비와 가장 아름다운 소년과 나귀들을 취하여 자기 일을 시킬 것이며."

왕을 세우면 왕은 자기를 위해서 백성들을 이용합니다. 자기 배를 채우기 위해서 백성들을 부려먹습니다. 사탄도 마찬가지입니다. 사탄은 자기를 위해 사람들을 이용합니다. 부려먹습니다. 이 '자기' 라는 단어는 우리에게 무엇을 가르쳐 줍니까? 사탄은 절대 우리를 위해 일하지 않는다는 것입니다. 오직 사탄의 관심은 자기 자신입니다. 그래서 지나치게 이기적인 사람들은 사탄적입니다.

세 번째로 나오는 단어는 '줄 것이며' 라는 단어입니다.

모처럼 줄 것이라는 단어가 나와서 반가울지 모르지만 앞뒤 구절을 읽어보면 그것이 아닙니다. 우리 것을 빼앗아 남에게 준다는 말입니다.

14절, "자기 신하들에게 줄 것이며."
15절, "자기 관리와 신하에게 줄 것이며."

백성들에게 되돌려주는 일은 없습니다. 전부 빼앗기만 하고, 돌려주지 않습니다. 빼앗아서 자기 사람들만 줍니다. 백성들은 빼앗기고, 빈털터리가 되고, 종이 되는 것입니다. 17절에서 하나님은 아주 분명하게 말씀하십니다. "너희가 그 종이 되리라!"

누구를 섬기든, 무엇을 섬기든 섬기는 존재의 종이 되는 것이 원리입니다. 왕을 섬기면 왕의 종이 됩니다. 귀신을 섬기면 귀신의 종이 됩니다. 물질을 섬기면 물질의 종이 됩니다. 하나님을 섬기면 하나님의 종이 됩니다. 그래서 누구를 섬기느냐가 중요합니다. 왕은 결코 백성들을 위해 희생하지 않습니다.

마귀도 마찬가지입니다. 마귀는 절대 우리를 위해 희생하지 않습니다. 자기가 손해 볼 짓은 안합니다. 그리고 그렇게 빼앗아 가면서도 감사하다는 말도 하지 않습니다. 당연하다고 생각하기 때문입니다. 이것이 사탄의 속성입니다. 사탄은 우리가 잘되는 것을 보지 못합니다. 우리가 잘되면 배 아파서 견디지 못합니다. 잠 못 이룹니다. 그래서 어떤 방법으로든지 모든 것을 빼앗고 파괴시키고 멸망시키려 하는 것입니다. 그래서 하나님은 왕을 세우는 것이 이런 일을 가져온다는 것을 말씀해 주시는 것입니다.

후에 이스라엘 백성들은 그들이 얼마나 어리석은 선택을 했는지 깨닫고, 후회하며 부르짖지만, 하나님은 그 날에 그들에게 응답하지 않겠다고 말씀하십니다. 그들의 선택에 대해서 그들 스스로 책임지길 원하시기 때문입니다.

이렇게까지 말씀하셨지만 19절을 보면 이스라엘 백성들은 하나님의 경고를 거절합니다. 이렇게 주장합니다.

"아닙니다. 우리에게도 왕이 있어야 합니다."

이 말씀에는 아주 심각한 문제가 들어 있습니다. 하나님이 말씀하셔도 사람들이 듣지 않고 있다는 것입니다. 협박이나 공갈, 아니면 질투쯤으로 간주해 버립니다. 자기들을 위해 정말 사랑하는 마음으로, 안타까운 마음으로 해준 말인데도 듣지 않습니다. 받아들이지 않습니다.

사람이 자기주장이 강하면 하나님의 말씀이 들어올 공간이 없습니다. 아무리 바른 소리를 해도 그것이 바르게 들리지 않습니다. 순종하면 생명을 얻는 말씀인데 그 말씀을 무시하고 듣지 않습니다. 모든 것을 아시는 하나님, 전능하신 하나님이 말씀하셔도 "아닙니다. 하나님이 몰라서 그렇습니다. 하나님이 틀렸습니다. 우리는 이렇게 해야 합니다"라고 고집을 부리는 것입니다. 사람이 죽을 때가 되면 아무 소리도 들리지 않는다더니 이스라엘 백성들의 상태가 바로 그랬습니다. 하나님의 말씀이 들려오지 않습니다. 하나님의 말씀에 순종할 수 없습니다.

우리는 이렇게 되지 말아야 합니다. 하나님이 말씀하실 때 마음을 열고 들을 줄 알고, 하나님의 생각과 내 생각이 다를 때 말씀에 먼저 순종할 수 있는 사람이 되어야 합니다. 그런데 이렇게 하나님의 말씀을 듣지 않으려 하는 것이 말세의 특징입니다. 디모데후서에서 하나님은 바울 사도를 통해 이런 지적을 해주셨습니다.

"때가 이르리니 사람이 바른 교훈을 받지 아니하며 귀가 가려워서 자기의 사욕을 좇을 스승을 많이 두고 또 그 귀를 진리에서 돌이켜 허탄한 이야기를 좇으리라"(딤후 4:3-4).

사람들이 바른 말은 듣지 않습니다. 대신에 진리가 아닌 허탄한 이야기에는 귀 기울이고, 마음이 혹해서 열심히 쫓아다닙니다. 이 사람들은 귀가 가려진 사람들입니다. 들어야 할 소리는 못 듣고, 듣지 않아도 될 소리는 듣는 것입니다. 그래서 사람이 망하는 것입니다. 하나님의 말씀을 들을 때는 마음을 열고 마음을 비우고 듣는 것이 중요합니다. 다른 것들이 가득 차 있고, 생각이 복잡하면 하나님의 말씀이 들려오지 않습니다. 그러면 왜 이렇게 백성들이 속아서 잘못된 선택을 하게 될까요? 겉만 보고 선택하기 때문입니다. 이스라엘 백성들이 왜 이런 선택을 했는가는 20절에 보면 나와 있습니다.

"우리도 열방과 같이 되어 우리 왕이 우리를 다스리며 우리 앞에 나가서 우리의 싸움을 싸워야 할 것이니이다"(20절).

전쟁할 때 왕이 앞서 나가 싸우는 것을 보면서 너무 부러운 것입니다. 하나님이 항상 함께하시고, 도와주시지만 보이지 않는 하나님을 믿기보다는 눈에 보이는 왕이 앞장서서 싸우는 것을 보니 너무 멋있게 보인 것입니다. '우리도 저렇게 왕을 세우면 왕이 우리를 위해 앞서 싸워줄 것 아니냐?' 하는 생각을 한 것입니다.

전쟁 영화를 보게 되면 싸움하러 출전할 때는 왕이나 장군들이 앞에 서서 나갑니다. 그러나 막상 전장에 나가 보면 싸울 때는 뒤에 서서 지휘만 하고 싸우지 않습니다. 싸움은 군사들이 합니다. 패배하게 되면 제일 먼저 도망가는 사람들이 장군들과 왕입니다. 물론 예외는 있지만 대체적으로 그렇습니다. 그런데 사람들은 겉만 보고서 우리에게도 왕이 있어야 한다고 말하는 것입니다. 사탄은 거짓을 진짜같이 말하고 사람들로 하여금 거짓말을 믿게 합니다. 여기에 속아서 넘어가면 속박당하고 구속당하고 매이게 됩니다.

무엇을 선택하실 때는 겉만 보고 선택하지 마십시오. 내면을 볼 수 있기 바랍니다. 그런데 우리는 사람이라 아무래도 겉밖에 볼 수 없습니다. 내면을 볼 수 없습니다. 그래서 하나님께 기도하면서 하나님의 인도를 받아야 합니다. 만약 우리 인생에서 하나님이 왕이 되신다면 어떤 일이 일어날까요? 지금까지 위에서 했던 말씀과 정반대의 일이 일어납니다. 역시 세 가지 단어로 설명해 보겠습니다.

1. 하나님은 가져가시는 것이 아니라 주십니다.

성경에 '준다' 는 말이 얼마나 많이 나와 있는지 아십니까?

"하나님이 세상을 이처럼 사랑하사 독생자(獨生子)를 주셨으니 이는 저를 믿는 자마다 멸망치 않고 영생을 얻게 하려 하심이니라"(요 3:16).

이처럼 하나님은 우리를 위해 독생자를 주셨습니다.

"그런즉 이 일에 대하여 우리가 무슨 말 하리요 만일 하나님이 우리를 위하시면 누가 우리를 대적하리요 자기 아들을 아끼지 아니하시고 우리 모든 사람을 위하여 내어 주신 이가 어찌 그 아들과 함께 모든 것을 우리에게 은사로 주지 아니하시겠느뇨"(롬 8:31-32).

'하나밖에 없는 아들도 우리를 위해 주신 하나님이 무엇을 주시지 않겠는가?' 라는 말씀입니다. 하나님은 모든 것을 주십니다. 그것도 은사로 주신다고 했습니다. 은사로 주신다는 말은 선물로, 공짜로 주신다는 말입니다. 하나님은 주시기를 기뻐하시는 분입니다.

"누가 정죄하리요 죽으실 뿐 아니라 다시 살아나신 이는 그리스도 예수시니 그는 하나님 우편에 계신 자요 우리를 위하여 간구하시는 자시니라"(롬 8:34).

심지어는 하늘나라에서도 우리를 위해서 기도하고 계신다고 했습니다. 이 땅에 계실 때도 주시고 하늘나라에 계시는 지금도 우리를 위해 기도해 주시는 것입니다.

그렇다고 해서 '아무것이나 다 주시느냐? 쓸모없고 별로 도움이 안 되는 것만 주시느냐?' 아닙니다. 좋은 것, 귀한 것을 주십니다.

"각양 좋은 은사와 온전한 선물이 다 위로부터 빛들의 아버지께로서 내려오나니 그는 변함도 없으시고 회전하는 그림자도 없으시니라"(약 1:17).

아무튼 하나님이 주시는 것은 좋지 않은 것이 하나도 없습니다. 하나님 자신이 좋으신 분이기 때문에 우리에게도 가장 좋은 것을 주십니다.

2. 자유케 하신다는 것입니다.

인간이 왕이 되면 사람들을 모아다가 종을 만듭니다. 과도한 의무를 부여해서 사람들을 구속합니다. 왕을 위해서 살게 만듭니다. 여러 가지 이행해야 할 의무 사항들이 많습니다. 그런데 하나님은 우리를 자유케 하십니다. 모든 얽매임으로부터 해방시켜 주십니다. 성경에서 예수님과 연관되어 자유라는 말이 얼마나 많이 나오는지 아십니까? 몇 가지 말씀만 간추려 보면 다음과 같습니다.

"주의 성령이 내게 임하셨으니 이는 가난한 자에게 복음을 전하게 하시려고 내게 기름을 부으시고 나를 보내사 포로 된 자에게 자유를, 눈 먼 자에게 다시 보게 함을 전파하며 눌린 자를 자유케 하고"(눅 4:18).

포로 된 자, 눌린 자를 자유케 해주십니다.

"진리를 알지니 진리가 너희를 자유케 하리라"(요 8:32).
"그러므로 아들이 너희를 자유케 하면 너희가 참으로 자유하리라"(요 8:36).
"주는 영이시니 주의 영이 계신 곳에는 자유함이 있느니라"(고후 3:17).
"자유하게 하는 온전한 율법을 들여다보고 있는 자는 듣고 잊어버리는 자가 아니요 실행하는 자니 이 사람이 그 행하는 일에 복을 받으리라"(약 1:25).

하나님의 말씀을 따라 살면 우리 삶에 구속이 아니라 자유함이 찾아옵니다. 이렇게 자유에 관한 말씀이 많이 나옵니다. 그런데도 왜 많은 사람들이 예수 믿으면 구속된다, 매인다, 자유롭지 못하다는 생각에 잡혀 있을까요? 사탄의 거짓말에 넘어간 것입니다.

3. 풍성함입니다.

하나님은 우리 삶을 곤고하고, 힘들고, 어렵게 만들려고 오신 것이 아니라 삶을 풍성하고 넉넉하게 만들기 위해서 오셨습니다. 하나님이 어떻게 우리 삶을 풍성케 해주십니까? 하나님은 인생을 살아가는 데 필요한 것들은 다 주십니다.

1) 평안

"예수께서 가라사대 딸아 네 믿음이 너를 구원하였으니 평안히 가라 네 병에서 놓여 건강할지어다"(막 5:34).
"그에게 들어가 가로되 은혜를 받은 자여 평안할지어다 주께서 너와 함께하시도다 하니"(눅 1:28).
"주재여 이제는 말씀하신 대로 종을 평안히 놓아 주시는도다"(눅 2:29).
"평안을 너희에게 끼치노니 곧 나의 평안을 너희에게 주노라 내가 너희에게 주는 것은 세상이 주는 것 같지 아니하니라 너희는 마음에 근심도 말고 두려워하지도 말라"(요 14:27).
"이것을 너희에게 이름은 너희로 내 안에서 평안을 누리게 하려 함이라 세상에서는 너희가 환난을 당하나 담대하라 내가 세상을 이기었노라 하시니라"(요 16:33).

2) 기쁨

"내가 이것을 너희에게 이름은 내 기쁨이 너희 안에 있어 너희 기쁨을 충만하게 하려 함이니라"(요 15:11).

"지금은 너희가 근심하나 내가 다시 너희를 보리니 너희 마음이 기쁠 것이요 너희 기쁨을 빼앗을 자가 없느니라"(요 16:22).

"지금까지는 너희가 내 이름으로 아무것도 구하지 아니하였으나 구하라 그리하면 받으리니 너희 기쁨이 충만하리라"(요 16:24).

"지금 내가 아버지께로 가오니 내가 세상에서 이 말을 하옵는 것은 저희로 내 기쁨을 저희 안에 충만히 가지게 하려 함이니이다"(요 17:13).

"그 성에 큰 기쁨이 있더라"(행 8:8).

"제자들은 기쁨과 성령이 충만하니라"(행 13:52).

"내가 너희를 향하여 하는 말이 담대한 것도 많고 너희를 위하여 자랑하는 것도 많으니 내가 우리의 모든 환난 가운데서도 위로가 가득하고 기쁨이 넘치는도다"(고후 7:4).

3) 즐거움

"네가 의를 사랑하고 불법을 미워하였으니 그러므로 하나님 곧 너의 하나님이 즐거움의 기름을 네게 주어 네 동류들보다 승하게 하셨도다 하였고"(히 1:9).

"믿음의 주요 또 온전케 하시는 이인 예수를 바라보자 저는 그 앞에 있는 즐거움을 위하여 십자가를 참으사 부끄러움을 개의치 아니하시더니 하나님 보좌 우편에 앉으셨느니라"(히 12:2).

"예수를 너희가 보지 못하였으나 사랑하는도다 이제도 보지 못하나 믿고 말할 수 없는 영광스러운 즐거움으로 기뻐하니"(벧전 1:8).

4) 소망

"소망 중에 즐거워하며 환난 중에 참으며 기도에 항상 힘쓰며"(롬 12:12).

"소망의 하나님이 모든 기쁨과 평강을 믿음 안에서 너희에게 충만케 하사 성령의 능력으로 소망이 넘치게 하시기를 원하노라"(롬 15:13).

"그런즉 믿음, 소망, 사랑 이 세 가지는 항상 있을 것인데 그중에 제일은 사랑이라"(고전 13:13).

"우리 주 예수 그리스도와 우리를 사랑하시고 영원한 위로와 좋은 소망을 은혜로 주신 하나님 우리 아버지께서"(살후 2:16).

"참 과부로서 외로운 자는 하나님께 소망을 두어 주야로 항상 간구와 기도를 하거니와"(딤전 5:5).

"주를 향하여 이 소망을 가진 자마다 그의 깨끗하심과 같이 자기를 깨끗하게 하느니라"(요일 3:3).

5) 능력

"그가 전파하여 가로되 나보다 능력 많으신 이가 내 뒤에 오시나니 나는 굽혀 그의 신들메를 풀기도 감당치 못하겠노라"(막 1:7).

"예수께서 그 능력이 자기에게서 나간 줄을 곧 스스로 아시고 무리 가운데서 돌이켜 말씀하시되 누가 내 옷에 손을 대었느냐"(막 5:30).

"하루는 가르치실 때에 갈릴리 각 촌과 유대와 예루살렘에서 나온 바리새인과 교법사들이 앉았는데 병을 고치는 주의 능력이 예수와 함께

하더라"(눅 5:17).

"온 무리가 예수를 만지려고 힘쓰니 이는 능력이 예수께로 나서 모든 사람을 낫게 함이러라"(눅 6:19).

"예수께서 열두 제자를 불러 모으사 모든 귀신을 제어하며 병을 고치는 능력과 권세를 주시고"(눅 9:1).

"내게 능력 주시는 자 안에서 내가 모든 것을 할 수 있느니라"(빌 4:13).

"하나님이 우리에게 주신 것은 두려워하는 마음이 아니요 오직 능력과 사랑과 근신하는 마음이니"(딤후 1:7).

작은 순종이
큰 역사의 물꼬를 트다

삼상 9:1-17

어떤 수도사가 수도원에 있는 제자들에게 숙제를 내주었습니다. 그것은 새를 한 마리씩 나누어 주면서 아무도 보지 않는 곳에 가서 이 새를 죽이라는 것이었습니다. 며칠 후 다 모여서 숙제를 확인해 보니 다 새를 죽였는데 한 사람만 안 죽였습니다. 그래서 물었습니다.

"그대는 왜 새를 죽이지 않았느냐?"

그러자 이렇게 대답했답니다.

"저는 아무도 보지 않는 데를 찾을 수 없었습니다. 하나님이 어디서나 보고 계시기 때문에 이 새를 죽일 수 없었습니다."

위대한 하나님의 사람들은 기도원이나 특별한 장소에서 만들어지는 것이 아니라, 생활 속에서 만들어진다는 말이 있습니다. 우리의 삶이 바로 하나님의 사람으로 만들어지는 현장이라는 말씀입니다.

본문은 왕을 세워 달라는 이스라엘 백성들의 요구에 하나님이 응답하시는 과정을 기록해 놓았습니다. "우리에게도 왕을 세워 주십시오" 하니까 하나님이 왕을 세워 주시는데 어떤 사람을 세우십니까? 먼저 2절부터는 하나님이 이스라엘의 왕으로 세울 주인공인 사울이라는 사람이 소개됩니다.

우리는 여기서 사울이 왜 왕으로 선택받았는지 몇 가지 이유를 찾을 수 있습니다. 사울에 대한 표현들을 잘 보시기 바랍니다.

먼저, 외적인 모습입니다.

그는 준수한 소년이었습니다. 여기서 소년이라고 해서 어린아이를 말하는 것은 아닙니다. 연구에 의하면, 이때 사울은 이미 결혼한 몸이고 요나단이라는 장성한 아들이 있었습니다. 그러니 소년이라는 표현보다는 준수한 젊은이였다는 표현이 더 맞을 것 같습니다. 젊은이라고 해서 한창 피 끓는 20대 청년이란 말은 아닙니다. 이때 사울의 나이는 40대 이상 되는 사람이었습니다. 젊은 사람처럼 활력이 넘치는 사람이었다는 것이 맞을 것 같습니다. 키는 모든 사람보다 어깨 위는 더할 만큼 컸습니다. 외모적으로는 합격입니다. 괜찮아 보였습니다. 유력한 가문에 화려한 외모를 가졌습니다. 전쟁에 나갔을 때 사람들이 보고 '역시 왕답다' 라는 말이 나올 만큼 괜찮아 보였던 것 같습니다.

1-2절이 외적인 조건이라면, 3절부터는 사울이라는 사람의 성품을 보게 됩니다. 그는 어떤 성품의 사람이었을까요?

한 사건이 사울의 성품을 보여줍니다. 사울의 아버지가 암나귀들을 잃어버렸습니다. 그래서 아들 사울에게 말했습니다. "너는 한 사환을 데리고 일어나 가서 암나귀들을 찾으라."

잘 보십시오. 암나귀를 잃어버린 사람은 아버지입니다. 잃어버린 사람은 아버지인데 아들에게 가서 찾아오라는 것입니다. 더구나 어디서 잃어버렸다는 말도 해주지 않았습니다. 그냥 잃어버렸는데 가서 찾아오라는 것입니다. 일종의 심부름을 시켰습니다. 좀 황당해 보이는 심부름입니다. 그런데 사울은 두말하지 않고 가서 암나귀들을 찾기 시작합니다. 짜증낼 수도 있지 않습니까? 아버지가 잃어버리고는 나한테 찾아오라고 한다고, 어디서 잃어버렸는지 말씀도 안 해주고 어떻게 찾아오느냐고, 나 지금 바쁜데 그럴 시간이 어디 있느냐고, 나중에 찾아보겠다고, 이렇게 말할 수도 있었는데 그런 말이 없습니다. 바로 갔습니다.

더구나 놀라운 것은 사울의 성실함입니다. 4절을 보면, 사울이 나귀를 찾아다니는 장면이 나옵니다. 그는 에브라임 산지를 다 찾아다녔습니다. 그런데 없습니다. 살리사 땅을 두루 다녔습니다. 그런데도 없습니다. 그러나 그는 포기하지 않고 다시 사알림 땅으로 두루 다녔습니다. 그래도 없습니다. 이번에는 베냐민 사람의 땅으로 두루 다녔습니다. 네 군데 이상을 샅샅이 뒤졌습니다. 두루 다녔다는 표현이 세 번이나 반복되어 나오는 것을 보면 사울이 얼마나 열심히 찾아다녔는지 알 수 있습니다. 그는 아주 성실한 사람입니다. 끈질긴 사람입니다. 충성된 모습이 그 안에 있습니다. 그는 적당히 해보고 '안 되는데요? 없는데요? 모르겠는데요?' 하지 않았습니다. 보통 사람 같으면 한두 군데 찾아보다가 안 되면 그냥 돌아왔을 것입니다. 그런데 그는 포기하지 않고 끝까지 찾아다닙니다.

어디까지 간 줄 아십니까? 5절에 보면, 숩 땅에까지 갔다고 했습니다. 무려 사흘 동안을 찾았습니다. 먹을 것도 다 떨어졌습니다. 이제는 암나귀가 아니라 아들을 잃어버렸다고 아버지가 걱정할 만큼 열심히 찾았습니다. 대단한 사람입니다. 이 나귀가 얼마나 비싼 것인지, 얼마나 가치 있는 것인지는 모르지만, 그는 아버지를 기쁘시게 해드리기 위해서 사흘간 개인 생활을 접어두고 나귀만 찾아 온 사방을 해매고 다녔습니다. 적어도 그 지방에서 갈 만한 곳은 다 가본 것 같습니다.

이것을 보면, 그는 나귀 찾는 일에 목숨 건 사람 같습니다. 다른 사람들은 이렇게 생각할 수 있습니다. '아니, 나귀가 뭐 그리 대단한 것이라고 사흘 동안 그것에 목숨을 거나?' 우리식으로 말하자면 나귀 찾으려고 학교도 못 갔습니다. 친구도 못 만나고, 놀지도 못 하고, TV도 못 봤습니다. 컴퓨터도 못했습니다. 아버지가 찾으라 하니 찾을 때까지 찾는 것입니다. 아버지 심부름을 하는데 이렇게 정성들여 하는 사람이 또 어디 있습니까? 어떻게 보면 좀 모자란 사람 같습니다. 한나절 찾다가 없으면 가서 "찾아봤는데 없습니다" 하면 될 것을, 이렇게 사흘 동안이나 찾아다니고 다섯 군데나 다니다니 무모하다는 생각을 할 수도 있습니다.

사울이 왜 이렇게 했을까요? 그는 아버지를 기쁘시게 하기 위해서, 아버지가 원하시는 일이기에 그렇게 한 것입니다. 이렇게 암나귀를 찾아 헤매는 사흘이라는 시간이 낭비된 시간일까요? 무모한

작은 순종이 큰 역사의 물꼬를 트다

시간이었을까요? 아버지의 말씀에 순종하기 위해서 한 일이 어리석은 일이었을까요?

사무엘상 9장 전체를 읽어 보면서 우리는 중요한 것 한 가지를 발견합니다. 이 암나귀를 찾아다닌 사흘이라는 시간은 하나님이 사울을 왕으로 쓰시기 위해서 테스트한 시간이라는 것입니다.

처음에 아버지가 암나귀를 잃어버렸다고 찾아보라고 했을 때부터 분위기가 좀 이상했습니다. 어디서 잃어버렸는지도 모르죠, 그냥 가서 찾아오라고 하죠, 너무 애매하거든요. 답을 알려주지 않고 뭔가 말씀하시면 이거 시험해 보는 것 아닌가 하고 의심해 보아야 합니다. 왜냐하면 성경을 잘 보면 하나님은 사람을 쓰실 때 두 가지를 꼭 시험해 보시는데, 하나는 순종이고 다른 하나는 충성입니다.

순종을 시험해 보는 방법은 간단합니다. 왜 해야 하는지, 어떻게 해야 하는지, 어디로 가야 하는지도 말해 주지 않고 그냥 하라고 하는 것입니다. 아브라함을 보십시오. 하나님께서 아브라함에게 이렇게 말씀하십니다.

"여호와께서 아브람에게 이르시되 너는 너의 본토 친척 아비 집을 떠나 내가 네게 지시할 땅으로 가라"(창 12:1).

떠나라는 말씀은 있는데 어디로 가라는 말씀은 없습니다. 내가 네게 지시할 땅으로 가라는 것입니다. 목적지도 없이 그냥 가라는 것입니다. 가다 보면 지시해 주겠다는 것입니다. 또 하나님은 이렇게 말씀하십니다.

"그 일 후에 하나님이 아브라함을 시험하시려고 그를 부르시되 아브라함아 하시니 그가 가로되 내가 여기 있나이다 여호와께서 가라사대 네 아들 네 사랑하는 독자 이삭을 데리고 모리아 땅으로 가서 내가 네게 지시하는 한 산 거기서 그를 번제로 드리라"(창 22:1-2).

여기서도 보면 아들을 바치라는 말씀은 있는데 왜 드려야 하는지 설명이 없습니다. 그냥 죽여서 바치라는 것입니다. 이것은 하나님께서 그 사람을 테스트해 보는 것입니다. 순종하는지 안 하는지 알고 싶은 것입니다. 성경에는 이와 비슷한 경우가 많이 나옵니다. 물론 이런 시험을 통과한 사람들에게는 목적지와 방향을 밝히 말씀해 주시는 경우가 많이 나오지만, 합격하기 전에는 이렇게 애매해 보이는 말씀들을 많이 하신다는 것입니다. 순종이 중요하기 때문입니다. 보여주고 알려주고 가라 하면 누가 못 갑니까? 다 할 수 있습니다.

그런데 보이지도 않고, 어디로 가야 할지, 어떻게 해야 할지도 모릅니다. 그러면 순종하기가 쉽지 않습니다. 믿음으로만 가야 하기 때문입니다. 상대방에 대한 전적인 신뢰가 없이는 순종할 수 없는 것입니다.

다른 하나는 충성입니다.

한번 맡은 일은 끝까지 하는 것, 그래야 하나님이 무엇이든 믿고 맡길 수 있지 않습니까? 처음에 열심히 하겠다고 해서 맡겼는데 몇 번 해보더니 "아이고, 못하겠네!" 하면서 그만두면 어떻게 합니까?

하나님도 믿을 수 없는 것입니다. 하나님의 일은 어려운 것이 아닙니다. 순종과 충성만 있으면 누구나 할 수 있습니다. 능력은 여기서 다 나옵니다. 순종하다 보면 지혜가 떠오르고, 충성하다 보면 방법이 떠오릅니다. 순종과 충성, 이것은 하나님이 사람을 세울 때 반드시 확인해 보는 것입니다.

특별히 겉보기에 아무런 이익이 없어 보이는 일을 맡기시면서 확인해 보십니다. 보기에 이익이 없어 보이고, 유익이 없는 것 같은 일은 아무나 하지 않습니다. 사람들이 별로 주목하지 않습니다. 해봤자 별 도움이 안 되기 때문입니다. 그런데 하나님은 그런 일들을 통해서 우리의 순수성을 시험해 봅니다. 그 일을 하는데 돈도 안 생기고, 인기도 안 생기고, 명예도 안 생긴다면 할 사람이 누가 있습니까? 그러나 순수한 마음을 가진 사람은 합니다. 유익 때문에 일하는 사람들은 돌아오는 대가가 좋아서 하는지 아니면 순수하게 좋아서 하는지 알 길이 없습니다.

그래서 하나님은 이익이 없어 보이는 일을 맡겨서 그 사람의 동기와 진실을 확인해 보십니다. 유익도 없는 일에 성실한 사람은 진짜 성실한 사람입니다. 또 성경에 보면 항상 '하라!'가 먼저 나오고, 그 뒤에 '약속'이 나옵니다. '하라! 그러면 내가 이렇게 하겠다!'

"죽도록 충성하라 그리하면 내가 생명의 면류관을 네게 주리라"(계 2:10).

"먼저 그의 나라와 그의 의를 구하라 그리하면 이 모든 것을 너희에게 더하시리라"(마 6:33).

"주라 그리하면 너희에게 줄 것이니 곧 후히 되어 누르고 흔들어 넘치도록 하여 너희에게 안겨 주리라"(눅 6:38).
"이제 가라 내가 네 입과 함께 있어서 할 말을 가르치리라"(출 4:12).
"구하라 그러면 너희에게 주실 것이요 찾으라 그러면 찾을 것이요 문을 두드리라 그러면 너희에게 열릴 것이니"(마 7:7).
"구하는 이마다 얻을 것이요 찾는 이가 찾을 것이요 두드리는 이에게 열릴 것이니라"(마 7:8).

'내가 이렇게 해줄 테니까 너는 이렇게 하라' 는 순서로 안 되어 있습니다.

'하라! 그러면 하리라!' 이렇게 되어 있습니다. 저는 한때 이것이 참 신기했습니다. 왜 이렇게 되어 있을까? 왜 '하라!' 가 먼저고 나중에 설명이 나올까? 반대로 하면 사람들이 더 잘 이해할 것 아닙니까? '이렇게 해줄 테니 하라!' 그러면 사람들이 더 잘할 텐데. 이런 설명은 하나도 없이 '하라! 그러면 해주겠다!' 이렇게 하니 사람들이 고민한다는 말입니다. 왜 그랬을까요?

하나님의 일은 믿음 없이는 불가능하기 때문입니다. 하나님이 하라 하셨으니 하나님이 책임지시겠지 하는 믿음 없이는 순종하지 못합니다. 그래서 이렇게 말씀하신 것 같습니다. 사람들은 이해되고, 깨달아지고, 동의해야만 합니다. 그러나 하나님은 믿음으로 하기를 원하십니다. 그런데 사울은 이 시험에서 통과합니다. 암나귀를 찾아오라 하니 가서 찾을 때까지 찾습니다. 사울이 이렇게 성실히 아버지의 말씀을 지키는 것을 보면서 하나님은 무슨 생각을 하셨을까요? '육신의 아버지의 말도 저렇게 잘 듣는 사람이라면 분명히 내 말도 잘 듣겠구나! 내가 원하는 대로 순종하겠구나! 내 일을 맡기면 성실하겠구나!' 라고 생각하신 것입니다.

어떻게 알 수 있습니까? 15-16절을 보면 알 수 있습니다.

"사울의 오기 전 날에 여호와께서 사무엘에게 알게 하여 가라사대 내일 이맘때에 내가 베냐민 땅에서 한 사람을 네게 보내리니 너는 그에게 기름을 부어 내 백성 이스라엘의 지도자를 삼으라 그가 내 백성을 블레셋 사람의 손에서 구원하리라 내 백성의 부르짖음이 내게 상달하였으므로 내가 그들을 돌아보았노라 하시더니"(15-16절).

하나님은 사울이 나귀를 찾고 다니는 모습을 처음부터 쭉 보고 계셨습니다. 아버지가 나귀를 잃어버린 것도 사울을 테스트하는 하나의 과정이었습니다. 그러면서 사울을 지켜보니 사람이 됐습니다. 적당히 하지 않습니다. 작은 일인데도 성실합니다. 이것이 하나님의 마음을 움직인 것입니다.

하나님은 큰 것에만 감동받으시는 것이 아니라 작은 일에도 감동받으십니다. 하나님은 우리를 쓰실 때 큰일을 맡겨보시고 테스트하시는 것이 아니라, 작은 일을 맡기시고 테스트하십니다. 우리가 당하고 겪는 모든 사건이나 일들이 사실은 하나님 앞에서 나의 나 됨을 확인하는 시간이기도 합니다. 생각해 보십시오. 부모님의 심부름을 해드리는 것 엄청난 일 아니잖습니까? 대단한 것 아니잖습니까? 그런데 이것이 하나님의 사람으로 쓰임 받는 통로가 되었습니다. 이런 일을 하나님이 지켜보신다는 것을 아셔야 합니다. 성경에 부모에게 순종하라고 했습니다. 부모에게도 순종하지 않는 사람이 어떻게 하나님께 순종하겠습니까?

순종도 평소에 훈련이 되어 있어야 하지 갑자기 안 됩니다. 평소 집안에서 순종하는 훈련이 안 되면 교회에서도 안 됩니다. 처음에는 순종하는 것 같아도 나중에는 본성이 나옵니다. 사울 자신도 이 일이 바로 하나님께 쓰임 받는 통로가 될 줄은 몰랐을 것입니다. 우리가 하는 작은 순종이 사실은 위대한 쓰임의 통로가 된다는 것을 아셔야 합니다. 그래서 매일매일의 생활이 중요합니다. 우리는 사람 앞에서만 사는 것 아니라 하나님 앞에서 살고 있기 때문입니다.

요즘 사람들은 하도 부모에게 순종을 하지 않으니 이제는 하나님이 국가적으로, 정책적으로 순종하게 만듭니다. 부모를 모시고 사는 사람은 세금 감면을 해준다, 지원금을 준다, 여러 가지 혜택을 준다고 합니다. 그래도 안 모시려 합니다. 생각해 보십시오. 낳아준 부모도 안 모시려 하는데 어떻게 하나님을 모시고 살겠습니까? 그래서 하나님을 영접하는 것도 싫어합니다. 예수님을 영접하면 예수님과 함께 평생 살아야 하는데 힘들 것 같거든요. 그래서 안 모시는 것입니다. 얼마나 어리석은 생각입니까? 전능하신 하나님을 모시고 살면 능력 있고, 풍성한 삶을 살게 되는데 이것을 모르는 것입니다. 능력의 하나님이 들어와 자기 안에 살게 되면 힘 주시고 능력 주시는 것입니다.

그다음 사울의 성품에서 볼 수 있는 또 하나는 리더로서의 좋은 점입니다. 그가 아랫사람의 말에 귀 기울일 줄 아는 사람이었다는 것입니다. 6절 이하에 보면, 암나귀를 찾다가 아버지가 걱정할까 봐 돌아가자고 할 때 사울과 사환 사이에 이런 대화가 오고갑니다.

"대답하되 보소서 이 성에 하나님의 사람이 있는데 존중히 여김을 받는 사람이라 그가 말한 것은 반드시 다 응하나니 그리로 가사이다 그가 혹 우리의 갈 길을 가르칠까 하나이다"(6절).

하나님의 사람에게 가서 이 문제를 물어보자는 것입니다. 아랫사람의 말이지만 사울은 좋게 생각하고 동의했습니다. "네가 뭘 안다고 그런 소리를 하느냐?"라고 말하지 않았습니다. 남의 의견을 귀 기울여 들을 줄 아는 그 한 가지가 사울의 인생에 획기적인 전환점이 되었습니다.

이 말을 듣고 사무엘 선지자를 만나러 가다가 결국 이스라엘의 왕으로 기름 부음을 받게 되지 않습니까? 만약 사울이 '너는 잔말 말고 따라오기만 해!' 하면서 무시했더라면 사울의 인생이 그렇게 순탄하지만은 않았을 것입니다. 이것은 별것 아닌 것 같아도 대단한 것입니다. 다른 사람에게서 겸손히 배우려는 마음 자세가 있는 리더는 지혜를 얻습니다.

한 번 생각해 보십시오. 다른 사람 같으면 이럴 때 어떤 반응을 보였을까요? "야, 그분이 그렇게 한가하냐?" "우리 집 암나귀가 어디 있는지 그분이 알게 뭐야? 너도 참 답답하다." "뭐 물어볼 게 없어서 그런 것까지 다 물어보냐?" 이러지 않았을까요?

예를 들면, 여러분의 집에서 개를 잃어버렸습니다. 그런데 아무리 찾아도 찾지 못했습니다. 그러자 가족 중에 한 사람이 말합니다. "우리, 목사님에게 가서 물어보자." "목사님, 우리 집 개가 어디 있는지 한번 하나님께 물어봐 주시겠습니까?"

그러면 목사님이 뭐라고 하겠습니까?

그런데 사울이 이렇게 동의할 수 있었던 이유는 평소 하나님을 찾는 연습이 어느 정도 되어 있다는 것을 알 수 있습니다. 보통 사람들은 사소한 문제들은 하나님께 묻지 않습니다. 아주 어렵고 도저히 해볼 수 없는 큰일만 하나님께 묻습니다. 작은 것들은 자기 힘으로 해결하려고 합니다. 그런데 사울은 작은 문제에서도 하나님을 찾을 줄 알고 하나님을 신뢰할 줄 알았습니다. 이렇게 작은 문제에서도 하나님을 신뢰하는 사람이라면 큰 위기가 왔을 때는 더 하나님을 찾지 않겠느냐는 것입니다.

어떤 일을 당하든지 하나님께 묻고, 하나님께 나올 줄 아는 사람, 지극히 작은 문제 하나라도 하나님께 묻고 하나님의 뜻을 찾는 그 마음이 하나님의 마음에 든 것입니다.

영적인 면에서 하나 더 볼 것이 있습니다. 그는 하나님의 사람을 어떻게 대해야 하는지 알았다는 것입니다.

"사울이 그 사환에게 이르되 우리가 가면 그 사람에게 무엇을 드리겠느냐 우리 그릇에 식물이 다하였으니 하나님의 사람에게 드릴 예물이 없도다 무엇이 있느냐 사환이 사울에게 다시 대답하여 가로되 보소서 내 손에 은 한 세겔의 사분 일이 있으니 하나님의 사람에게 드려 우리 길을 가르치게 하겠나이다"(7-8절).

그는 하나님께 물으러 나가면서 빈손 들고 가지 않았습니다. 사무엘에게 암나귀에 대해 물으러 가면서 드릴 예물을 준비해서 가져갔습니다. 대접할 줄 알고 섬길 줄 알았습니다. 이렇게 해야 한다는 규정이 있는 것은 아닙니다. 이런 것 없이도 기도해 주고 응답할 것입니다. 그런데도 빈손 들고 가려 하지 않았습니다.

이 모습을 보시는 하나님이 어떻게 생각하시겠습니까? 하나님의 종을 섬길 줄 아는 사람은 하나님도 잘 섬깁니다. 하나님의 종을 귀한 줄 알고 섬기고 대접할 줄 아는 사람이라면 그 종의 입을 통해서 나오는 말도 적당히 흘려듣지 않을 것입니다. 하나님이 내게 주시는 말씀으로 듣고 말씀대로 살려고 할 것입니다. 그러다 보면 자기가 은혜 받고 자기가 변하는 것입니다. 은혜와 복은 멀리 있는 것이 아닙니다. 가장 가까운 곳에 있습니다.

우리의 만남 가운데
하나님의 인도하심이 있습니다

삼상 9:11-17

돌아보건대, 지금까지 인생을 살면서 가장 축복된 만남이 있었다면 그것은 예수님과의 만남입니다. 예수님을 만나고 나서 인간이 된 것 같습니다. 물론 아직도 부족하지만 그나마 예수님 만나서 이 정도 되었지, 아니면 아주 형편없는 모습으로 살고 있었을 것입니다. 예수님을 만나고 난 다음 두 번째로 복된 만남은 많은 신앙의 거장들과 만난 것입니다. 물론 대부분은 직접 대면하여 만나기보다 책을 통해 만난 분들입니다. 제가 가만히 꼽아보니 약 10명 정도는 저에게 큰 영향을 미친 분들이었습니다.

스위스의 내과 의사인 폴 투르니에는 인간 이해에 있어서 도움을 준 분이고, 영국의 목회자 마틴 로이드 존스는 성경을 자세히 보는 눈을 열어주신 분이며, 미국의 풀러 신학교 교수인 피터 와그너는 학자로서의 자세와 사역자로서의 삶을 알려주신 분이고, 특별히 기도와 영적 전쟁에 대해서 많은 도움을 준 분입니다.

한국대학생선교회(CCC) 총재인 김준곤 목사님은 복음을 향한 순수한 헌신과 열정을 가르쳐준 분입니다. 특별히 그분의 책 중에 《예수 칼럼》이라는 책은 다섯 번 정도 읽었는데, 대학 시절 제 마음을 그리스도께로 향하는 데 결정적인 도움을 주었습니다. 이분을 몰랐다면 대학 시절 많이 방황했을 것입니다. 이동원 목사님, 하용조 목사님은 강해 설교에 대해서 아주 많은 도움을 주었습니다. 최영기 목사님은 가정 교회와 교회 사역에 대해서 큰 도움을 주신 분입니다.

캠벨 모건은 성경을 전체적으로 볼 수 있는 눈을 열어주신 분입니다. 로이드 존스의 전임 사역자였던 그는 성경을 전체적으로 볼 수 있는 탁월한 안목을 가지고 많은 책을 썼습니다. 저는 그분의 책을 통해서 성경을 치우치지 않고 보는 안목을 배운 것 같습니다. 미국의 목회자인 워렌 위어스비는 목회 전반과 성경을 보는 눈을 열어주신 분입니다. 제가 한때 제일 좋아했던 책이 워렌 위어스비의 책입니다.

척 스미스는 교회론을 확립하는 데 도움을 주었던 분으로, 지금 미국 LA에서 갈보리 채플을 담당하는 목사님입니다. 히피 운동의 아버지라고도 불리고 있을 정도입니다. 이 밖에도 많은 분들이 있습니다만 크게 이 정도 되는 것 같습니다.

가만히 생각해 보니 이런 신앙 선배들과의 만남을 통해서 제가 더 많이 하나님을 알고, 하나님께로 가까이 가게 된 것 같습니다. 이런 분들을 만나지 못했다면 지금 저의 모습은 훨씬 더 초라할 것입니다. 우리가 인생을 살면서 누구를 만나느냐는 매우 중요한 문제입니다. 만남에 따라 인생이 달라지기도 하기 때문입니다. 좋은 만남은 우리를 축복으로 인도합니다. 인생이 피어나게 됩니다. 그러나 잘못된 만남은 인생의 방향을 틀어버릴 뿐 아니라, 인생을 송두리째 파괴해 버립니다. 그래서 많은 경우 하나님의 인도하심은 만남을 통해 이루어집니다.

우리의 만남 가운데 하나님의 뜻이 있습니다. 그래서 좋은 만남은 하나님이 주시는 축복입니다. 좋은 교회, 좋은 목회자, 좋은 성도, 좋은 부모를 만나는 것이 복입니다. 이것은 사람의 마음대로 되는 것이 아니기 때문입니다. 여러분 중에서도 그리 많은 복을 받지 못했지만 만남의 복은 많이 받은 분이 있을 것입니다. 그것 역시 하나님의 큰 축복입니다. 본문에서도 우리는 이런 복된 만남을 봅니다. 바로 사무엘 선지자와 사울의 만남입니다.

본문의 배경은 이렇습니다. 사울의 아버지가 사울에게 가서 잃어버린 암나귀를 찾아오라고 했습니다. 사울은 자기가 잃어버린 것도 아니지만 아버지를 기쁘시게 하기 위해서 사환을 데리고 암나귀를 찾아 나섭니다. 사흘간 찾았는데도 못 찾자, 이제는 아버지가 우리까지 걱정하겠다고 하면서 돌아가자고 했습니다. 이때 사환이 "여기까지 왔는데 이 성에 하나님의 사람이 산다고 하니 우리 그분께 가서 한번 물어봅시다"라고 제안했습니다. 그래서 이 제안을 받아들여 하나님의 사람 사무엘 선지자가 사는 성에 들어갔습니다. 이 성에 산다는 이야기만 들었지 아직 정확한 주소를 아는 것도 아닙니다. 그러나 일단 찾아 나섰습니다.

그런데 이 과정에서 하나님의 인도하심이 있었습니다. 11-14절을 보면, 하나님이 이 과정에 어떻게 개입하시는지 보여주고 있습니다. 11절을 보십시오. 선지자를 찾아 비탈길을 올라가는데 소녀들이 물을 길으러 내려왔습니다. 그러자 "선지자가 여기 있느냐?"라고 물었습니다. 12-13절에서 그들의 대답을 들어보십시오. "있나이다. 빨리 가소서. 그가 오늘 성읍에 들어오셨나이다. 지금 올라가소서. 곧 만나리이다. 지금 올라가소서. 곧 그를 만나리이다."

선지자가 있느냐고 물으면 보통은 '있습니다' 정도에서 대답을 마칠 것입니다. 그런데 소녀들은 너무 많은 것들을 말해 주는 것 같습니다. "있나이다. 빨리 가소서. 지금 올라가소서. 곧 만나리이다." 대답을 두 번이나 반복하면서 마치 어서 올라가라고 권면하는 것 같습니다.

사실 이 소녀들에게 물어볼 때만 해도 긴가민가했습니다. 혹시 허탕 치면 어떻게 하나 하는 마음으로 왔습니다. 그런데 이 소녀들을 만나고 나서 확신이 들었습니다. 지금 올라가면 만날 수 있다는 확신입니다. 이 소녀들이 이런 만남을 격려하는 것 같았습니다.

그리고 14절로 넘어가 보면 이 말들이 사실임을 바로 증명해 줍니다.

"그들이 성읍으로 올라가서 그리로 들어갈 때에 사무엘이 마침 산당으로 올라가려고 마주 나오더라"(14절).

하나님의 타이밍이 얼마나 정확합니까? 사울 일행이 들어가는 순간 마침 사무엘이 산당으로 올라가려고 나왔습니다. 정면으로 마주친 것입니다. 너무 정확한 시간입니다. 이것이 우연일까요? 15-16절을 읽는 순간 이것은 우연이 아니라 하나님의 인도하심이라는 것을 알 수 있습니다.

"사울의 오기 전 날에 여호와께서 사무엘에게 알게 하여 가라사대 내일 이맘때에 내가 베냐민 땅에서 한 사람을 네게 보내리니 너는 그에게 기름을 부어 내 백성 이스라엘의 지도자를 삼으라 그가 내 백성을 블레셋 사람의 손에서 구원하리라 내 백성의 부르짖음이 내게 상달하였으므로 내가 그들을 돌아보았노라 하시더니"(15-16절).

사울이 오기 전날 이미 하나님께서 사무엘 선지자에게 말씀해 주셨습니다. "내일 이맘때에 내가 베냐민 땅에서 한 사람을 네게 보내리리."

하나님은 사울이 그곳을 향해 가는 것도 보고 계셨고, 그전에 그곳으로 가도록 그 마음을 인도하신 분도 하나님이심을 알 수 있습니다. 사울이 암나귀를 찾아 집을 나선 것은 사흘 전입니다. 그러나 베냐민 땅에 이르렀을 때는 이틀이 지난 시간입니다. 그러니 이틀 동안은 아버지를 기쁘시게 하고자 하는 맘으로 여기저기 암나귀들을 찾아 다녔고, 이 과정을 하나님이 보셨습니다. 그리고 베냐민 땅에 이르자 이때부터는 하나님이 인도하셔서 사무엘이 있는 곳까지 오게 하셨습니다.

여기서 잘 살펴보십시오. 하나님의 인도하심이 어떻게 진행되고 있습니까? 처음 암나귀를 잊어버리고 찾아가는 것에서부터 사무엘을 만나는 모든 과정이 다 하나님의 인도하심 안에 있습니다. 그러나 이런 인도하심에서도 두 가지 단계가 있었음을 알 수 있습니다. 한 가지는 사울의 생각을 통한 인도하심입니다. 사울의 마음속에 아버지께서 잃어버린 암나귀를 찾아야 한다는 마음이 있었습니다. 그래서 이틀 동안 할 수 있는 모든 방법을 다 동원해서 여기저기 찾아다녔습니다. 여기까지는 생각을 통한 인도하심입니다. 아버지를 기쁘시게 하려는 마음, 아버지께 순종하려는 마음으로 인도하심을 받았습니다.

우리는 하나님의 인도하심이라고 하면 특별한 것을 생각하는 경향이 있습니다. 환상을 본다든가, 신비한 음성을 듣는다든가, 꿈을 통해 인도하신다든가, 하나님의 사람이 와서 직접 말해 주는 그런 인도하심을 기대하는 경향이 있습니다. 그렇게도 인도하심을 받지만 항상 그런 것만은 아닙니다. 보통의 경우, 본문에서처럼 우리의 생각을 통해 즉 아버지께 순종하려는 마음을 통해서 인도함을 받는다는 것입니다. 왜냐하면 성경은 자녀들이 부모에게 순종할 것을 명하고 있기 때문입니다. 따라서 부모에게 순종하고 있는 동안 여전히 하나님의 인도하심을 받고 있는 것입니다.

사울도 부모에게 순종하면서 하나님의 인도하심 가운데 있었습니다. 그러나 본인은 정작 하나님의 인도하심 가운데 있는지조차 모르고 인도함을 받고 있었습니다. 하나님의 인도하심보다는 암나귀만 관심거리였습니다. 그러다가 베냐민 땅에 도착했습니다. 그랬더니 하나님께서 사환을 통해 하나님의 사람에게 이 일을 물어

보면 어떨까 하는 제안을 하게 하셨고, 사울이 동의하면서 하나님의 사람을 찾아 나서게 된 것입니다. 베냐민에 도착했을 때 하나님은 이미 사울에게 하루 전에 말씀해 주셨습니다. 그래서 사무엘 선지자를 만나게 하셨습니다.

여기서 우리는 '하나님이 인도하시려면 이리저리 돌아다니게 하지 말고, 처음에 바로 베냐민으로 인도하시든지, 사무엘 선지자에게 가라 하시면 될 것을 왜 이렇게 뺑뺑 돌게 하셨는가?' 하고 생각할 수 있습니다.

우리는 하나님의 인도하심을 말할 때 한번에 인도하심을 받는다고 생각하는데 그렇지 않습니다. 대개는 이런저런 과정을 통해서 하나님의 인도를 받습니다. 사울의 경우 에브라임 산지-살리사 땅-사알림-베냐민까지 이어지는 가운데 하나님의 인도를 받았습니다. 처음부터 한번에 인도하지 않았다는 것을 알아야 합니다.

지금 우리가 겪고 있는 모든 일들도 다 하나님의 인도하심 가운데 있습니다. 지금은 그것이 왜 내 삶에 필요한지, 왜 내게 그런 일이 벌어져야 하는지 알지 못하나, 어느 날 인생의 한 시점에서 뒤돌아보면 그 시간, 그 사건도 다 하나님의 인도하심 가운데 있었다는 것을 알게 됩니다.

베냐민 땅에 사울이 들어왔을 때 하나님이 어떻게 인도하셨습니까? 하나님의 사람에게 이 문제를 가지고 가서 물어볼 마음이 생겼습니다. 이것은 특별한 것이 아니고 믿는 자라면 누구나 다 할 수 있는 일입니다. 이런 생각은 어렵지 않습니다. 그런데 이렇게 하나님의 사람에게 물어보아야겠다는 생각이 바로 하나님의 인도하심이었다는 것입니다. 그래서 우리가 하나님의 인도하심을 받으려면 우리 마음에 떠오르는 작은 생각들을 잘 분별해야 합니다. 그 생각들이 바로 하나님의 인도하심을 받는 결정적인 단서가 되는 것입니다.

물론 사탄은 우리가 하나님의 인도를 받는 것을 방해하기 위해 하나님의 생각이 아닌 인간의 생각, 사탄의 생각을 집어넣기도 합니다. 그래서 우리로 하여금 헷갈리게 만듭니다. 특별히 16절의 한 표현을 주의해서 보십시오.

"내일 이맘때에 내가 베냐민 땅에서 한 사람을 네게 보내리니."

이때부터는 사울이 자력으로 간 것이 아니라 하나님의 인도하심 가운데 갔다는 것을 암시하고 있습니다. 그래서 드디어 사울과 사무엘이 만나게 됩니다. 이 두 사람의 만남은 이스라엘 백성들이 기도한 기도의 응답이었습니다. 이스라엘 백성들이 무엇이라고 기도했습니까? '우리에게도 왕을 세워주소서!' 라고 했습니다. 참 막연한 기도였습니다. 어떤 왕을 달라든지, 누구를 세워달라든지 하는 내용이 없이 그저 '우리에게도 왕을 세워주십시오' 하는 것이었습니다.

기도 중에 제일 막연한 기도였으나 하나님은 이 기도에도 응답하십니다. 하나님은 사울을 왕으로 세우기 위해 불러서 보내셨습니다. 이는 하나님의 기도 응답이었습니다. 이 두 사람의 만남 자체가 기도 응답이었다는 것입니다. 여기에는 하나님의 계획이 있었습니다. 당신은 사람과 사람의 만남 속에 하나님의 인도하심이 있다는 것을 아십니까? 하나님의 백성과 하나님의 종의 만남, 하나님의 백성과 하나님의 백성의 만남 속에는 하나님의 인도하심이 있습니다. 하나님의 일이 진행되고 있는 것입니다.

얼마 전 어느 세미나에서도 이런 경험을 했습니다. 세계적으로 예언 분야에서 하나님께 쓰임 받는 목사님들이 오셨는데, 거기 모인 분들에게 개인적으로 예언을 해주었습니다. 그런데 이분들이 영어를 쓰시는 분들이라 전부 영어로 예언을 하는 것입니다. 예언 내용을 녹음해서 테이프로 주는데 영어를 얼마나 빨리 하는지 해석이 안 되니까 어려워했습니다. 그중에 제가 아는 동기 목사님도 있었습니다. 그래서 제가 먼저 만나 말했습니다.

"목사님, 통역하셨습니까?"

몇 단어 빼고는 못 알아듣겠다는 것입니다. 그래서 제가 잘하지는 못하지만 아는 데까지 도와드릴 수 있겠다고 했더니, 그러면 저녁 밥 먹는 시간에 만나자는 것입니다.

그래서 그 목사님 부부와 같이 차에 가서 테이프를 틀고, 몇 번이고 반복해서 들으면서 하나하나 다 통역을 해드렸습니다. 두 분이 너무 좋아하셨습니다. 지금 자기들의 상황에 꼭 맞는 말씀을 주셨다는 것입니다. 이렇게 테이프 두 개를 했더니 1시간 30분이 다 지나가 버렸습니다. 제가 쉴 수 있는 시간이 날아간 것입니다. 다시 집회에 들어가야 했습니다.

그런데 통역 중간에 이분이 예언을 잘 이해하기 위해 자기가 처한 상황을 설명하는데, 그 설명을 들으면서 제 눈이 번쩍하고 빛났습니다. 요즘 우리 교회에서 하는 사역을 그 교회에서도 하는데 이

분은 이미 그 분야에서 상당한 경험을 갖고 계신 분이었습니다. 그래서 제가 몇 가지 의문을 가지고 있던 것에 대해 물었더니 그 자리에서 답을 해주셨습니다. 그러면서 자기가 자료화한 것이 있는데 그것을 주겠다는 것입니다. 저는 1시간 30분 그분을 섬겨드렸지만 그분은 더 중요한 자료를 저에게 준 것입니다. 얼마나 소중한 자료였는지 모릅니다. 단지 저는 도와주려는 맘으로 다가갔는데 아주 좋은 것을 배웠습니다.

그리고 나서 생각해 보니 또 다른 세미나 때도 어떤 목사님을 만났는데 그분이 제가 궁금해했던 사역에 대해서 아주 좋은 방법을 알려주었습니다. 이런 만남들을 가만히 생각해 보니 지금 우리 교회가 하고자 하는 사역, 가고자 하는 방향에서 미리 경험 있는 분들을 만나게 해주심으로 저를 인도해 가시는 것을 느꼈습니다. '아하! 여기에 하나님의 인도하심이 있구나!' 하는 깨달음이 왔습니다.

하나님의 사람들의 만남에는 분명 하나님의 인도하심이 있습니다. 우리가 마음을 열고 상대방에게 귀를 기울이면 하나님은 그런 만남을 통해 우리를 인도하십니다. 바울과 바나바의 만남 속에도 하나님의 인도하심이 있었습니다. 베드로와 마가의 만남에도 하나님의 인도하심이 있었습니다. 우리가 영적으로 조금만 깨어 있으면 이런 만남이, 하나님이 우리를 인도하시는 과정 중의 하나라는 것을 금방 알 수 있습니다. 하나님이 목적이 있으셔서 우리에게 사람들을 붙여주시는 것이기 때문입니다.

그리 보고 싶어하는 사람이 아닌데 가는 곳마다 만나는 사람이 있습니다. 시장에 가면 만나고, 백화점 가면 또 만나고, 식당 가면 또 만나는 사람이 있습니다. 이럴 경우에는 그 만남을 통해서 하나님께서 뭔가를 하려고 하시는 경우가 많습니다. 그러면 가서 대화를 해보거나 예수님을 소개해 보아야 합니다. 지금 그 사람에게 뭔가가 필요하기 때문에 하나님께서 만나게 해주신 것이기 때문입니다.

사울은 사무엘 선지자를 만나면서 이스라엘의 초대 왕으로 준비되기 시작합니다. 16절에 보면, 하나님은 사무엘에게 이미 이런 명령을 주셨습니다.

"내일 이맘때에 내가 베냐민 땅에서 한 사람을 네게 보내리니 너는 그에게 기름을 부어 내 백성 이스라엘의 지도자를 삼으라 그가 내 백성을 블레셋 사람의 손에서 구원하리라 내 백성의 부르짖음이 내게 상달하였으므로 내가 그들을 돌아보았노라 하시더니"(16절).

하나님은 사울이 왕이 될 것과 왕으로서 그가 해야 할 일을 이미 사무엘 선지자에게 말씀해 주십니다. 그것은 이스라엘 백성들을 블레셋 사람의 손에서 구원하는 것이었습니다. 그리고 이것은 이스라엘 백성들이 블레셋 사람들의 손에서 구원해 달라고 기도했던 기도 응답이라고 말씀하십니다. 하나님은 이 기도에 대한 응답으로 사울을 세우시는 것입니다. 우리의 기도의 응답은 때로 거기에 합당한 사람을 세우는 것으로 주어지는 경우가 많습니다. 우리가 기도하면 하나님은 그 기도를 듣고 일꾼을 부르셔서 세웁니다. 그리고 그 사람을 통해서 일을 진행하십니다.

우리 교회에는 지금 드럼을 치는 분이 없습니다. 그래서 교인들이 함께 기도하고 있습니다. 우리 교회도 드럼 치는 사람을 세워달라고 기도합니다. 그래서인지 여기저기서 드럼 배우는 사람들이 많아졌습니다. 조만간 하나님이 드러머를 세워주실 것입니다. 왜입니까? 기도하고 있으니까요.

하나님이 사울을 찾아 기름을 부으라고 하셨을 때, 기름 부음의 의미는 크게 두 가지입니다. 이 사람은 하나님께 구별된 사람이라는 의미요, 이제 하나님의 일을 감당할 능력을 부어주신다는 의미입니다. 그런데 하나님의 인도하심이 얼마나 정확한지 보십시오.

"사무엘이 사울을 볼 때에 여호와께서 그에게 이르시되 보라 이는 내가 네게 말한 사람이니 이가 내 백성을 통할하리라 하시니라"(17절).

사무엘이 사울을 바라보고 있는 바로 그때 하나님이 말씀하십니다.

"보라 이는 내가 네게 말한 사람이니 이가(이 사람이) 내 백성을 통할하리라!"

하나님은 아주 구체적으로 지명해서 말씀하시고 가르쳐 주십니다. '이 사람이다.'

우리가 하나님의 인도하심을 받기 원하고, 하나님의 뜻 가운데 살기 원한다면 하나님이 우리에게 붙여주시는 사람들을 주의 깊게 볼 필요가 있습니다. 이런 만남을 통해서 하나님의 인도하심이 진행되기 때문입니다.

가장 작고 미약한 사람을 쓰시는 하나님

삼상 9:18-27

　많은 사람들이 하나님께 쓰임 받기를 원합니다. 하나님의 사람으로 사는 것을 기대합니다. 그러면서도 늘 주저하는 것이 나는 자격이 안 된다는 것입니다. 배운 것이 적고, 아는 것이 적고, 능력이 적어서 하나님이 자신을 쓰실 수 없을 것이라고 생각하는 것입니다. 그런데 우리가 하나님의 사람으로 쓰임 받는 데 가장 큰 장애물은 배움이 적거나 능력이 적어서가 아니라 자신의 생각입니다. '나는 안 된다, 나는 자격이 안 된다, 나는 할 수 없다, 나 같은 사람은 하나님께 쓰임 받을 수 없다' 등등의 생각이 가장 큰 장애물입니다. 장애물은 밖에 있는 것이 아니라 바로 내 안에 있습니다.

　하나님은 능력 있고 실력 있는 사람을 쓰시는 것이 아니고, 가장 작고 미약한 사람을 들어 쓰시기 때문입니다. 본문에서는 하나님이 이런 보잘것없는 사람들을 어떻게 쓰시는가를 볼 수 있습니다. 그러므로 소망을 가지십시오. 하나님은 우리처럼 작고 미약한 사람들도 쓰십니다. 누구나 하나님의 사람이 될 수 있습니다. 능력이 있어서가 아니라 부족함이 많은 사람들이기 때문입니다.

본문에서는 사울이라는 사람이 어떻게 하나님의 택하신 자가 되어 스타로 등장하는지를 보여줍니다. 사울을 스타로 만들기 위해서 본문에서는 크게 세 가지 무대가 등장합니다.

첫 무대는 18-21절입니다.

이는 성문 앞에서 사무엘을 만나는 장면과 하나님이 사울을 쓰신다는 말씀을 해주는 장면입니다. 여기서 주목할 것이 몇 가지 있습니다. 사무엘을 찾아 성에 들어간 사울은 성문 가운데서 바로 사무엘을 만나게 됩니다. 이때 사무엘은 이미 하나님의 계시를 통해서 사울이 올 것을 알았기에 사울을 데리고 함께 만찬에 참여합니다. 19절을 보십시오.

"사무엘이 사울에게 대답하여 가로되 내가 선견자니라 너는 내 앞서 산당으로 올라가라 너희가 오늘날 나와 함께 먹을 것이요 아침에는 내가 너를 보내되 네 마음에 있는 것을 다 네게 말하리라."

사울은 지금 아버지가 잃어버린 암나귀를 찾아서 사무엘 선지자를 만납니다. '우리 아버지가 잃어버린 암나귀를 어디 가면 찾을 수 있습니까?' 이것이 사울이 하나님의 사람 사무엘 선지자를 만나려는 이유였습니다. 지금 사울의 마음에는 온통 잃어버린 암나귀 생각밖에 없습니다. 그런데 사무엘 선지자가 하는 말을 잘 보십시오. "너는 내 앞서 산당으로 올라가라 너희가 오늘날 나와 함께 먹을 것이요 아침에는 내가 너를 보내되 네 마음에 있는 것을 다 네게 말하리라."

'오늘날'이라는 단어와 '(내일)아침에는'이라는 단어가 서로 대조되어 있습니다. 오늘과 내일, 이것은 하나님의 일을 하려는 사람들이 정말 주의해야 하는 단어입니다. 우리가 오늘 내게 향하신 하나님의 일을 하면 내일의 문제는 하나님이 해결하신다는 말씀이 들어 있습니다. 우리는 항상 여기서 무너집니다. 오늘 내 일을 하고 나면, 내일은 하나님의 일을 하리라! 오늘 내 문제가 해결되면 내일 하나님의 일을 하리라! 이것이 문제입니다.

사무엘 선지자가 한 말은 '오늘은 다른 것 생각하지 말고 나와 함께 음식을 먹자. 그러면 내일 아침에 내가 네 고민하는 것에 대한 해답을 주리라!'는 뜻입니다. 사울의 관심을 암나귀에서 함께 식사하는 것으로 바꾸는 말입니다. '오늘 네가 나와 함께해야 할 하나님의 일이 있다. 그것은 네가 나와 함께 가서 사람들과 함께 식사하는 것이다. 그러면 내일 네 문제에 대한 해답을 주겠다'는 말입니다. 오늘 해야 할 일과 내일 해야 할 일을 구분해서 말해 주고 있습니다.

여기서 식사는 단순한 식사가 아니라 특별한 의미가 있는 식사입니다. 뒤에 나오지만 이 식사 모임을 통하여 사울은 보통 사람이 아니라 하나님의 사람으로 등장하게 됩니다. 그 지역에서 아주 유명한 인사들이 모여서 함께 식사하는 자리에 사울이 들어가 앉으면서 비로소 시골뜨기 사울이 많은 사람의 주목을 받게 되는 것입니다. 그러니 이 식사 모임이 얼마나 중요합니까? 암나귀들을 찾는 것보다 더 중요한 것입니다. 그러나 사울의 입장에서는 이런 일을 알 리가 없습니다. 그래서 암나귀에만 관심이 있는 것입니다.

그때 사무엘이 하는 말이 이것입니다. "오늘은 너에게 허락하신 하나님의 일을 하라. 그러면 너 개인의 고민, 문제에 대한 것은 내일 하나님이 해결해 주실 것이다." 마치 마태복음 6장 33-34절 말씀을 보는 것 같습니다.

> "너희는 먼저 그의 나라와 그의 의를 구하라 그리하면 이 모든 것을 너희에게 더하시리라 그러므로 내일 일을 위하여 염려하지 말라 내일 일은 내일 염려할 것이요 한날 괴로움은 그날에 족하니라"(마 6:33-34).

우리는 항상 내 문제가 해결되어야만 하나님의 일, 하나님의 뜻에 관심을 갖는 경향이 있습니다. 기도할 때도 '이 문제를 해결해 주셔야 내가 주님의 일을 할 수 있습니다. 내 문제를 해결해 주십시오' 합니다. 이것이 우리의 성향입니다.

그런데 하나님은 말씀하십니다.

"네 일이 급한 것처럼 나도 너에게 급한 일이 있다. 네가 나의 말에 귀를 기울이고 오늘 할 일에 순종하면 네 일은 내가 해결할 것이다. 너는 오늘 이 시간 내가 네게 원하는 일을 하라!"

하나님께 쓰임 받는 비결은 내가 가진 문제가 해결되지 않았어도, 이 일 때문에 너무 힘들고 괴로워도 그 상태 그대로 오늘 하나님이 내게 원하시는 일을 하는 것입니다. 먼저 하나님께 순종하십시오. 그러면 하나님은 내일, 내 문제를 해결해 주십니다.

본문에서 사울이 이렇게 생각할 수도 있지 않습니까? '까짓 식사 한번 하는 것이 뭐 그리 대단한가? 날마다 먹는 밥, 언제 먹어도 먹는 것 아닌가?' 그런데 지금 중요한 것은 식사가 아니라 암나귀를 찾는 것이다. 암나귀를 찾은 뒤 식사하리라! 그러면 상당히 어려운 상황이 전개되었을 것입니다. 우리가 하나님의 일에 관심 가질 때 하나님도 우리의 개인적인 일에 관심을 가지십니다. 바로 다음 구절인 20절에서 우리는 그것을 확인할 수 있습니다.

"사흘 전에 잃은 네 암나귀들을 염려하지 말라 찾았느니라 온 이스라엘의 사모하는 자가 누구냐 너와 네 아비의 온 집이 아니냐."

내일 아침에 말해 준다 했지만 간단하게 암나귀들을 찾았다는 것을 말해 줍니다. 물론 구체적인 것은 다음날 아침에 말해 줍니다만, 하여튼 여기서는 암나귀들을 찾았다는 것을 말해 줍니다. 그러면서 바로 다음에 사울의 사명에 대해 말씀하십니다.

"온 이스라엘의 사모하는 자가 누구냐 너와 네 아비의 온 집이 아니냐."

이제 너는 이스라엘의 지도자가 되고, 구원자가 되리라는 말씀입니다. 공적으로 부르시면서 마음의 짐이 되는 사적인 문제를 해결해 주십니다. 개인적인 문제 때문에 발목 잡혀 부르심의 길을 가지 못하는 일이 없게 해주십니다. 이런 자신이 있기 때문에 하나님은 말씀하십니다.

"오늘은 나의 일을 하라. 그러면 내일은 내가 너의 문제를 해결해 주리라."

성경에 보면 하나님이 사람을 쓰실 때는 사적인 문제 때문에 하나님의 일을 하는 데 걸림이 되게 하지 않으셨습니다. 그 사람이 믿음으로 결단하면 하나님은 개인적인 문제까지도 해결해 주심으로 주의 일을 하는 데 장애가 되지 않게 하십니다.

누가복음 9장 59-62절을 보십시오.

"또 다른 사람에게 나를 좇으라 하시니 그가 가로되 나로 먼저 가서 내 부친을 장사하게 허락하옵소서 가라사대 죽은 자들로 자기의 죽은 자들을 장사하게 하고 너는 가서 하나님의 나라를 전파하라 하시고 또 다른 사람이 가로되 주여 내가 주를 좇겠나이다마는 나로 먼저 내 가족을 작별케 허락하소서 예수께서 이르시되 손에 쟁기를 잡고 뒤를 돌아보는 자는 하나님의 나라에 합당치 아니하니라 하시니라"(눅 9:59-62).

두 사람이 부르심을 받았는데 개인적인 문제 때문에 나중에 따르겠다고 말합니다. 그런데 주님께서는 단호하게 안 된다고 말씀하십니다.

"죽은 자들로 죽은 자들을 장사하게 하고 너는 나를 따르라. 손에 쟁기를 잡고 뒤돌아보는 자는 하나님 나라에 합당치 아니하니라."

참 냉정한 말씀입니다. 어떻게 보면 '이렇게 매정하실 수 있을까?' 하는 생각이 들 정도입니다. 안 따른다는 것도 아니고, 심각한 문제들로 인해서 그것만 해결하면 따르겠다는데 그걸 이해 못하시나 하는 생각이 듭니다.

왜 주님께서는 이렇게 강력하게, 자신 있게 먼저 내 일부터 하라고 말씀하십니까? 책임질 수 있기 때문입니다. 자신 있기 때문입니다. 빌립보서 4장 6-7절에서는 이렇게 말씀하십니다.

"아무것도 염려하지 말고 오직 모든 일에 기도와 간구로 너희 구할 것을 감사함으로 하나님께 아뢰라 그리하면 모든 지각에 뛰어난 하나님의 평강이 그리스도 예수 안에서 너희 마음과 생각을 지키시리라"(빌 4:6-7).

먼저 주의 일에 헌신하는 사람이 기도하면 하나님은 놀라운 응답들을 주십니다. 그런데 자기 일만 하는 사람들은 기도해도 별 응답이 없습니다. 순서가 잘못되었기 때문입니다.

"나의 하나님이 그리스도 예수 안에서 영광 가운데 그 풍성한 대로 너희 모든 쓸 것을 채우시리라"(빌 4:19).

하나님의 일을 하고 하나님을 따르는 사람들은 내 모든 것을 하나님이 채워주시고 해결해 주신다는 것을 믿어야 합니다. 이런 믿음도 없이 어떻게 하나님의 일을 하겠습니까? 이런 것은 기본적으로 믿고 가야 하는 것입니다. 이렇게 암나귀 문제를 해결해 주신 하나님께서는 사울을 구체적으로 부르십니다.

"온 이스라엘의 사모하는 자가 누구냐 너와 네 아비의 온 집이 아니냐."

21절을 보면, 사울이 이렇게 대답합니다.

"사울이 대답하여 가로되 나는 이스라엘 지파의 가장 작은 지파 베냐민 사람이 아니오며 나의 가족은 베냐민 지파 모든 가족 중에 가장 미약하지 아니하니이까 당신이 어찌하여 내게 이같이 말씀하시나이까."

사울의 말은 한마디로 '안 됩니다. 나는 자격이 안 되는 사람입니다' 라는 뜻입니다. 그 이유는 두 가지입니다.

1) 나는 이스라엘 지파의 가장 작은 지파 베냐민 사람이기 때문입니다.

이 말은 사실입니다. 사사기 21장 6절을 보면 11지파가 베냐민 지파와 전쟁을 벌여서 베냐민 지파 사람들을 거의 다 전멸시켰습니다. 베냐민 지파 2만 5천 명이 죽고 600명이 살아남았습니다. 게다가 베냐민 지파 여자들은 거의 다 죽었습니다. 결혼하고 싶어도 여자가 없어서 결혼하지 못할 상황까지 갔습니다. 그러니 12지파 중에 가장 작은 지파임에 틀림없습니다. 큰 지파들을 놔두고 이렇게 가장 작은 지파에서 사람을 부르신다는 것이 받아들여지지 않은 것입니다.

2) 베냐민 지파 중에서도 가장 약한 가문이 사울의 가문이기 때문입니다.

하나님은 작은 것 중에서도 가장 작은 것, 약한 것 중에서도 최고로 약한 것을 뽑은 것입니다. 사울 자신이 생각해도 이해가 안 되는 것입니다. 물론 이 말에는 사울의 겸손한 모습도 들어 있지만 약한 것은 사실이었습니다.

그런데 사울도 그렇고 우리도 그렇고 늘 오해하는 것이 있습니다. '약한 것이 은혜' 라는 것을 모른다는 것입니다. 세상은 강한 자만 살아남는다는 철학이 사람들을 지배합니다. 그래서 일부러 강한 훈련, 고된 훈련만 골라서 하는 사람들도 있습니다. 군대를 가도 공수부대나 해병대나 특수부대를 가기를 좋아합니다. 강해지고 싶다는 것입니다. 대학도 일류 대학을 가야만 합니다. 성공하기 위해서, 실력 있는 사람이 되기 위해서, 강해지기 위해서 얼마나 애쓰는지 모릅니다. 그래야 살아남는다고 생각하기 때문입니다.

그런데 하나님께는 그렇지 않습니다. 약한 것이 은혜입니다. 하나님은 약한 자를 들어서 강한 자를 부끄럽게 하시기 때문입니다. 위대한 하나님의 사람들이 한때는 아주 약한 사람들이었다는 것을 알아야 합니다. 베드로를 봐도 그렇습니다. 그는 감정적으로 약한 사람이었습니다. 야고보와 요한도 성질이 불 같은 사람들이었습니다. 안드레는 너무 소극적인 사람이고, 도마는 의심이 너무 많고,

바울은 너무 고집이 세고 강성인 데다가 디모데는 너무 소심한 사람이었습니다.

너무 강했던 사람들은 그 강함을 깨뜨린 다음에 쓰셨습니다. 그래서 강한 자들이 고난이 많습니다. 강해서 잘 안 깨지기 때문입니다. 고집이 센 사람, 자기주장이 강한 사람, 누가 뭐라 해도 말을 안 듣는 사람은 고생을 많이 합니다. 강함 때문에 고생하는 것입니다. 순하고 부드러운 사람은 말씀하시면 바로 순종하기 때문에 고생을 덜합니다. 능력 없고 약한 사람은 자기를 의지하지 않습니다. 별로 믿을 데가 없기 때문입니다. 그런데 실력 있고, 재능 있고, 갖춘 사람들은 그것만 믿고 하나님을 의지하지 않습니다. 그래서 실패하는 것입니다.

또 약한 것이 왜 은혜인 줄 아십니까? 내가 약하다고 생각하는 그 부분을 통해서 하나님의 능력이 나타나기 때문입니다. 몸이 약해서 고생하는 분들은 그 약했던 경험이 바로 병든 자들을 위한 치유의 통로가 되는 것입니다. 열등감이 심했던 분들은 그것 때문에 다른 사람들, 특별히 열등감으로 고생하는 사람들을 치유하는 데 탁월하게 쓰임 받습니다. 대개는 사람들의 약점이 하나님의 축복의 통로가 됩니다. 약한 것을 감추려 하지 마십시오. 대신 그 약점을 가지고 하나님께 나아가십시오. 그러면 나를 그렇게 힘들게 했던 것이 오히려 축복의 통로가 되는 것을 알게 될 것입니다.

본문을 보면서 무엇을 느낄 수 있습니까? 나를 힘들게 하는 사건이 바로 축복의 통로라는 것입니다. 암나귀를 잃어버린 것은 비극

임에 틀림없습니다. 소중한 재산을 잃어버린 것 아닙니까? 손해 보게 되었습니다. 그런데 사실은 이것이 축복이었습니다. 암나귀를 잃어버리지 않았다면 여기까지 왔겠습니까? 잃어버려서 고민 고민하며 찾고 찾다가 여기까지 온 것 아닙니까? 이것 때문에 사무엘 선지자를 찾았고, 이것 때문에 하나님께 더 가까이 나오게 되었습니다. 후에는 이것이 계기가 되어 왕이 되었습니다.

하나님은 가장 작은 자, 약한 자를 들어 왕자의 자리에 앉히시고, 영광의 보좌를 상속받게 하십니다. 그래서 약점 때문에 기죽지 않게 하시고, 대신 이것 때문에 찬양하게 하시고 춤추게 하시는 분입니다.

22-24절은 산당 객실에서 있었던 사건입니다. 사무엘은 사울을 초대하여 식사 자리의 맨 상석에 앉힙니다. 사람들은 처음으로 사울을 주목해 봤을 것입니다. '저 사람이 누구기에 사무엘 선지자가 저렇게 환대하고 상석에 앉힐까? 선지자가 저렇게 할 정도면 대단한 사람인가 보다' 하면서 주목하기 시작했을 것입니다. 더구나 거기에 초대받은 사람들은 상당히 유명하고 영향력 있는 사람들이었습니다. 사울이 이스라엘의 왕이 되려면 이런 사람들의 지지를 받아야 합니다. 이런 사람들에게 얼굴이 알려져야 합니다. 백성들의 마음에 맞아야 하기 때문입니다.

또 요리사에게 특별히 주문해서 고기 넓적다리와 그것에 붙은 것을 가져오라고 했습니다. 동물을 잡아 하나님께 제사드리고 나서 인간이 먹을 수 있는 부분이 있는데, 제사장만 먹을 수 있는 부분은 오른쪽 넓적다리였습니다. 그리고 일반 평민은 왼쪽 넓적다리를 먹을 수 있었습니다. 본문에서는 어느 쪽 다리인지 밝히고 있지 않아서 알 수 없지만 넓적다리라는 것만으로도 최고의 대우를 했다는 것을 알 수 있습니다. 모인 사람들 중에서 최고급 요리로 대접 받은 것입니다. 이것은 다 사울을 왕으로 세우기 위한 사무엘의 준비 작업입니다.

그런 다음 25-27절을 보면, 성읍 지붕에서 대화하는 장면이 나옵니다. 과거 이스라엘 사람들이 살던 집은 지붕이 평평하게 되어 있어서 지붕 위에서 여러 가지 활동을 할 수 있었습니다. 그래서 사울과 사무엘 선지자가 지붕에서 대화하는 것을 많은 사람들이 볼 수 있었을 것입니다. 그들은 '저 낯선 베냐민 사람과 사무엘 선지자가 무슨 얘기를 하고 있을까?' 하고 의아해하면서 사울을 주목했을 것입니다. 그다음 날은 사무엘이 사울을 보내면서 성읍 끝까지 함께 걸어갑니다. 26절 하반절과 27절 전반절을 보면 이렇게 기록되어 있습니다.

"그 두 사람 사울과 사무엘이 함께 밖으로 나가서 성읍 끝에 이르매."

이 장면도 참 대단한 장면입니다. 많은 사람들이 이 장면을 보았을 것입니다. 그들은 '저 사람이 누구기에 사무엘 선지자가 이렇게 환대하고 배웅까지 나갈까?' 하면서 사울을 주목했을 것입니다. 이틀 동안 사울과 사무엘 사이에 어떤 일이 벌어졌을까요? 무슨 대화를 주고받았을까요? 사무엘은 이틀 동안 앞으로 사울이 왕으로서 할 일과 자세, 태도 등을 교육했을 것입니다.

한 사람을 세우기 위해서 하나님께서 얼마나 면밀하게 준비하시고 이끄시는지를 볼 수 있는 장면입니다. 사울이 한 것은 아무것도 없습니다. 하나님께서 사무엘 선지자를 통해서 하나부터 열까지 전부 준비해 주십니다. 사람도 붙여주시고, 일하는 방법도 알려주시고, 유명 인사들과 함께 식사하면서 주목받게 하십니다. 사울이 왕이 된다고 해도 걱정인데 이런 과정들을 보면 하나님께서 하나하나 세밀하게 갖추게 해주십니다. 하나님이 택하시고 만들어 가십니다. 사울은 순종만 하면 되었습니다.

하나님은 위대하신 분입니다. 그러기에 우리의 약점이 문제되지 않습니다. 하나님께 순종하면 돕는 사람을 붙여주십니다. 부족한 부분은 가르쳐 주십니다. 하나님은 오늘도 우리 같은 부족한 사람들을 통해서 놀라운 일들을 이루어 가십니다.

기름 부음 받는 사울

삼상 10:1-13

　사람이든 물건이든 그것이 하나님께 드려지면 그때부터는 오직 하나님을 위해서만 사용된다는 의미로 기름을 붓습니다. 한번 기름을 부어 하나님의 것으로 구별해 놓으면 다른 목적으로는 사용될 수 없습니다. 한번 드려진 것은 영원히 드려진 것이기 때문입니다.

　본문 1절을 보면, 사울이 기름 부음 받는 장면이 나옵니다. 사울이 왕으로서 기름 부음을 받기 전까지 기름 부음은 제사장과 선지자에게만 행해졌습니다. 그러나 여기서 왕에게 기름을 부음으로써 이제는 왕을 세우는 것도 하나님에 의해서 되는 것임을 보여줍니다. 이후로 이스라엘 백성들은 왕, 제사장, 선지자, 이 세 부류 사람들을 하나님의 사람으로 인정하기 시작합니다.

　사람을 세울 때 이렇게 기름 붓는 의식을 행하는 이유는 두 가지입니다. 하나는, 이 사람은 이제부터 하나님께 구별된 사람, 하나님에 의해서 부름 받은 사람이라는 것을 보여주기 위함입니다. 또 하나는, 이제 이 사람이 가진 왕이라는 직분은 하나님이 주신 직분이므로 이 사람이 왕으로서 일을 할 때는 하나님이 주신 권위로 일한다는 것을 알리기 위함입니다.

　그러기에 기름 부음을 받은 사람들을 거역하는 것은 곧 하나님을 거역하는 것으로 간주하게 됩니다. 사울에게 기름을 붓고 나서 한 사무엘 선지자의 행동만 봐도 그렇습니다. 1절을 보면 사무엘 선지자가 기름을 취하여 사울의 머리에 붓고 그다음에 어떻게 했습니까? '입 맞추었다' 고 했습니다. 기름 부음 받은 자에게 입 맞추는 것은 그 직분에 대한 경외의 표현입니다. 조금 전까지는 평범한 인간이었고, 나이도 어렸습니다. 그러나 일단 하나님의 사람에게서 기름 부음을 받으면 그때부터는 보통 사람이 아니라 하나님의 사람입니다. 하나님의 권위와 능력이 함께 있는 것입니다. 그러기에 함부로 대할 수 없습니다.

　외국 영화를 보면, 왕이나 여왕에게 인사할 때 손이나 볼에 입맞춤을 하는 것을 볼 수 있습니다. 아마 여기서 나온 것이 아닌가 하는 생각이 듭니다. 이것은 경외한다는 표현입니다. 동시에 지금까지 사무엘 선지자가 갖고 있던 이스라엘에 대한 전권을 이양한다는 의미도 있습니다. 이제부터는 왕도 제사장이나 선지자처럼 신적 권위를 갖게 되는 것입니다.

　그런데 이 과정을 잘 보면 하나님께서는 사람을 세우실 때 아무나 기름 부어 세우는 것이 아니라, 그 사람이 그 사역을 할 수 있는 모든 상황들을 조성하시고 합당한 준비가 되었을 때 세우는 것을 알 수 있습니다. 사울이 기름 부음 받기까지의 과정을 돌아보면 알 수 있습니다. 먼저 사울의 삶을 테스트해 보십니다. 여기서 통과하면 여러 가지 왕이 될 수 있는 환경을 조성하십니다. 유력한 인사들을 만나게 하시고, 여러 사람들에게 주목받게 하십니다. 사무엘 선지자를 만나 왕으로서 필요한 교육을 받게 합니다. 그런 다음 기름을 부어 왕을 세우십시오.

그리고 사무엘 선지자는 이 기름 부음이 하나님께로부터 왔다는 것을 보여주기 위해서 세 가지 예언을 합니다. 먼저 2절을 보십시오. 이것은 우리가 주목해서 볼 부분입니다.

첫 번째로, 암나귀를 찾았다는 말씀을 해주십니다.

그리고 암나귀를 찾은 내용을 자세히 말씀해 주십니다. 저는 이 부분을 보면서 이런 생각을 했습니다. '사울은 이제 왕이 될 사람인데 암나귀 찾은 것이 뭐 그리 대단한가? 이런 것 없어도 이제 살 수 있는데.'

왜 사울을 왕으로 기름 부어 세우면서 암나귀를 찾았다는 예언을 해주실까요? 여기서 우리에게 주시는 메시지가 있습니다. 우리가 하나님의 사람으로 하나님의 부르심의 길을 갈 때 하나님이 우리의 염려와 짐을 다 해결해 주신다는 말씀입니다. 혹시 이런 것들이 걸림이 될지 모르기 때문입니다. 많은 사람들이 늘 하는 고민이 있습니다. 우리가 주님의 일만 하면 '내 일은 누가 해주나?' 하는 것입니다. 내 일을 하자니 주님 일을 못하게 되고, 주님 일만 하자니 내 일을 못할 것 같아 고민입니다. 이는 부르심에 순종해 보지 않아서 하는 고민입니다.

순종해 보면 하나님이 하시는 일들을 경험하게 됩니다. 우리가 부르심에 순종해서 주님의 길을 가면 주님께서 우리의 문제를 다 해결해 주십니다. 하나님이 나를 부르셨다는 증거가 무엇입니까? 주님의 일을 하는 동안 주님께서 내 개인적인 문제들을 다 해결해 주신다는 것입니다.

저의 경우도 그랬습니다. 하나님의 부르심에 의해 신학교에 합격은 했는데 등록금이 없었습니다. 당시까지만 해도 믿지 않으시던 아버님께서 신학교 가는 것은 허락하지만 등록금은 대줄 수 없으니 공부하는 동안 네 스스로 해결하라고 하셨기 때문입니다. 대학원 등록금이 오죽 비쌉니까? 기도하는데 막막했습니다. 이것을 해결하지 못하면 부르심도 주의 길도 다 헛것이 될 것 같았습니다.

그런데 하나님이 다 해결해 주셨습니다. 그날부터 지금까지 공부하는 데 학비가 모자라서 공부를 못해 본 적은 한 번도 없습니다. 기막히게 채워 주셨습니다. 때로는 이런 방법으로, 때로는 저런 방법으로, 때론 전혀 예상치 못한 방법으로 하나님은 일하셨습니다. 심지어 유학 가 있는 동안에도 하나님은 채워 주셨고, IMF 기간에도 채워 주셨습니다. 그때마다 제가 느낀 것은 '주님의 길을 가니까 하나님께서 나머지는 책임져 주시고 채워주시는구나!' 하는 것이었습니다.

그런데 안 채워질 때가 있습니다. 욕심 부릴 때는 안 채워주십니다. 꼭 필요한 것은 채워주시되 욕심 부리는 것은 안 채워주십니다. 그것은 욕심이기 때문입니다. 그럴 때는 빨리 포기하는 법을 배워야 합니다. 포기하면 편합니다.

두 번째로, 3-4절을 보면 하나님을 만나려고 벧엘로 올라가는 세 사람이 사울에게 문안하고 떡 두 덩이를 준 것입니다
이 사람들은 사울이 처음 만나는 사람들입니다. 누가 누구인지도 모릅니다. 이런 생면부지의 사람들이 사울에게 와서 인사를 하고 가진 것 중에서 떡 두 덩이를 주었단 말입니다. 그것도 그들이 먼저 그랬습니다. 참 이상한 일입니다. 어떻게 이런 일이 일어날 수 있습니까? 하나님의 사람으로 살아보십시오. 이런 일들을 자주 체험하게 됩니다. 하나님의 사람들이 가는 곳에는 하나님의 기막힌 인도하심이 있습니다. 서로 모르고 지내던 사람들이 하나님 안에서 만나 함께 꿈을 꾸며 비전을 이루어 가는 경험을 하게 되는 것입니다. 이런 것들이 다 하나님의 인도하심입니다. 하나님께서 사람을 붙여주시고, 인도하신다는 것을 알 수 있습니다.
떡 두 덩이를 준 것은 무엇입니까? 이것은 하나님의 공급하심을 보여주신 것입니다. 하나님의 일을 하는 동안 하나님께서 모든 것을 공급해 주신다는 것을 보여주시는 것입니다. 떡 두덩이가 큰 것은 아닙니다. 그러나 하나님께서 사람들의 마음을 감동시켜 주시지 않으면 빵 한 조각도 얻어먹기 쉽지 않습니다. 이렇게 사람들의 마음을 감동시켜서 필요를 공급하게 하시는 분이 하나님이십니다. 사울이 달라고 한 것이 아닙니다. 아무 말 안했는데 그 사람들이 먼저 준 것입니다.

세 번째로, 5-6절에 있는 말씀을 보십시오.

"그 후에 네가 하나님의 산에 이르리니 그곳에는 블레셋 사람의 영문이 있느니라 네가 그리로 가서 그 성읍으로 들어갈 때에 선지자의 무리가 산당에서부터 비파와 소고와 저와 수금을 앞세우고 예언하며 내려오는 것을 만날 것이요 네게는 여호와의 신이 크게 임하리니 너도 그들과 함께 예언을 하고 변하여 새 사람이 되리라."

사울이 하나님의 산에 갈 때에 선지자의 무리들이 나와서 서로 만나게 될 것이요, 하나님의 신이 크게 임하게 된다는 말씀입니다. 여기서는 중요한 두 가지를 암시해 줍니다.

한 가지는, 사울이 왕의 사역을 감당할 영적인 지원 그룹들을 만나게 해주시는 것입니다.

지도자가 되는 것은 쉬운 일이 아닙니다. 지도자 한 사람 때문에 많은 사람이 죽을 수도 있고, 잘될 수도 있습니다. 지도자는 사탄의 방해와 많은 어려움에 직면하게 됩니다. 특별이 이런 일은 하나님의 일이기 때문에 기도 없이, 영적인 지원 없이 할 수 없는 일입니다. 그렇기 때문에 하나님께서 사울에게 이런 사람들을 만나게 함으로 영적인 지원을 받게 해주시는 것입니다. 아마 이 사람들은 사울의 사역에 많은 도움을 주었을 것입니다.

또 이 말씀은 하나님이 사람을 세우실 때 감당할 힘과 능력을 주신다는 말씀입니다.

시골뜨기 사울에게 하나님의 신이 크게 임했습니다. 왕의 직임을 감당할 능력을 주신 것입니다. 성경의 원리는 같습니다. 먼저 부르시고 응답하면 그다음에 능력을 주십니다. 능력 주시고 부르시는 것이 아닙니다. 불러놓고 능력 주십니다. 그러나 이 능력은 아무 때나 써서는 안 됩니다. 하나님의 때에, 하나님이 원하시는 때에 써야 합니다. 8절을 보면 사무엘 선지자는 사울에게 이런 말을 합니다.

"너는 나보다 앞서 길갈로 내려가라 내가 네게로 내려가서 번제와 화목제를 드리리니 내가 네게 가서 너의 행할 것을 가르칠 때까지 칠 일을 기다리라."

하나님의 능력이 임했다고 해서 아무 때나, 아무렇게나 사용해서는 안 됩니다. 하나님이 원하시는 시간, 하나님이 하라고 하신 때에 사용해야 합니다. 사울은 왕이지 선지자는 아닙니다. 선지자가 하라고 할 때까지 기다려야 합니다. 사무엘 선지자가 오기까지 칠 일을 기다려야 합니다.

길갈은 블레셋 사람의 영문이 있는 곳입니다. 영문이라는 곳은 일종의 전방 초소 같은 곳입니다. 그러니까 하나님은 사울 왕을 통해서 하나님의 일을 하려고 세우셨습니다. 그것은 이스라엘의 적 블레셋을 치는 것이었습니다. 이것이 사울의 사명입니다. 그래서 왕이 되는 첫 작업으로 블레셋의 초소가 있는 길갈에 내려가서 진을 치며 사무엘이 오기까지 일주일을 기다려야 하는 것입니다. 능력이 임했다고 아무 때나 나가면 안 됩니다. 하나님이 함께하셔야 합니다. 9절 이하에서는 사무엘의 예언이 구체적으로 이루어진 것을 기록하고 있습니다.

"그가 사무엘에게서 떠나려고 몸을 돌이킬 때에 하나님이 새 마음을 주셨고 그날 그 징조도 다 응하니라."

이것은 이 일이 하나님께로부터 나온 것임을 보여주고 있습니다. 하나님의 말씀은 어긋남이 없기 때문입니다.

여기서 특별히 주목할 구절은 10-13절 말씀입니다. 사무엘의 예언대로 사울은 선지자들을 만나려고 하나님의 산에 갑니다. 그랬더니 선지자 무리들이 그를 영접했습니다. 사울이 이 선지자들을 만나면서 하나님의 신이 크게 임했다고 했습니다. 사울이 갑자기 예언을 하기 시작했습니다. 이 사건 때문에 주변 사람들이 깜짝 놀랐습니다. "전에 사울을 알고 있었던 사람들은 변화된 사울을 보면서 저 사람에게 무슨 일이 일어났느냐?" 하며 서로 놀라고 쳐다보았습니다. "사울이 어떻게 선지자들 중에 있느냐?" 하면서 놀랐습니다.

여기서 우리가 아주 주의 깊게 보아야 할 것이 있습니다. 어떻게 사울에게 하나님의 신이 크게 임하게 되었는가 하는 것입니다. 5-6절과 10절을 비교하면서 보십시오.

"그 후에 네가 하나님의 산에 이르리니 그곳에는 블레셋 사람의 영문이 있느니라 네가 그리로 가서 그 성읍으로 들어갈 때에 선지자의 무리가 산당에서부터 비파와 소고와 저와 수금을 앞세우고 예언하며 내려오는 것을 만날 것이요 네게는 여호와의 신이 크게 임하리니 너도 그들과 함께 예언을 하고 변하여 새사람이 되리라"(5-6절).

5-6절은 사무엘 선지자의 예언입니다. '네가 하나님의 산에 이르면 그곳에서 선지자들을 만날 것이요, 그들은 찬양하며 예언하는 사람들이다. 그들을 만나면서 네게도 여호와의 신이 크게 임하리니 너도 그들과 함께 예언을 하고 변하여 새사람이 되리라' 는 말씀입니다. 이제 10절을 보십시오.

"그들이 산에 이를 때에 선지자의 무리가 그를 영접하고 하나님의 신이 사울에게 크게 임하므로 그가 그들 중에서 예언을 하니."

예언의 말씀이 그대로 이루어지는 장면을 보고 있습니다. 이 과정을 볼 때 사울은 그전에 이런 신령한 일에 대한 경험이 전혀 없는 것 같습니다. 그리고 이런 영적인 일에는 무딘 사람인 것을 알 수 있습니다. 주변 사람들이, 사울이 선지자들 중에 있으면서 예언하는 것을 보면서 "어, 사울도 선지자들 중에 있네!" "사울도 선지자야?"라고 말하는 것을 보면 알 수 있습니다. 나중에는 이것이 이스라엘의 속담이 되었습니다. 전혀 가능치 않은 일이 되는 것을 보면서 사람들이 놀랄 때 하는 말입니다.

이런 체험을 해보아야 영적인 눈이 열리는 것입니다. 신앙에는 이성적인 면도 있지만 신비적인 면도 있습니다. 이 두 가지는 함께 가야 합니다. 어느 한 가지만 강조되면 안 됩니다. 두 가지가 다 필요합니다. 우리는 너무 이성적인 면만 강조하는 경향이 있습니다. 그러면 영적인 능력이 떨어집니다. 영적인 체험도 해보아야 하나님에 대한 신앙이 확실해집니다.

그러면 우리가 어떻게 이런 영적인 체험을 할 수 있을까요? 여기에서 그 비결을 알려주고 있습니다. 신령한 사람들과 함께 교제하는 것입니다. 신령한 은사를 가진 사람들, 신령한 체험을 한 사람들과 함께 교제하고 함께 시간을 지내다 보면, 그들이 가진 신령한 은사가 내게도 임하는 것을 경험하게 됩니다.

예를 들어, 방언 은사를 받고 싶은 사람들은 이미 방언 은사를 받고 방언 기도를 잘하는 사람들과 함께 기도하는 것이 중요합니다. 이렇게 함께 기도하다가 자기도 방언이 터지고, 은사가 동일하게 임하게 됩니다.

얼마 전 세미나에 갔을 때 강사 목사님이 이런 말을 하는 것을 들었습니다. 한때 목회가 너무나 힘들어서 몹시 지쳐 있었습니다. 탈진 상태였습니다. 이때까지만 해도 이 목사님은 예언이라든가, 환상이 열린다든가 하는 일이 없었습니다. 기도원에 가서 기도하는데 기도도 되지 않고, 아무것도 보이지 않고 앞이 캄캄하더랍니다. 그런데 그 옆에서 기도하고 있던 교회 여집사님이 있는데, 이 분은 평소에 은사가 많이 나타나는 분입니다. 기도하면 예언이 터지고, 환상이 보이는 분입니다. 그래서 이 집사님께 이렇게 말했답니다.

"집사님, 나를 위해 안수 기도 좀 해주시오. 나도 영의 문이 열리게 기도 좀 해주시오."

그러자 그 집사님이 놀라면서 말하기를, "목사님, 저는 집사고 평신도인데 제가 감히 어떻게 목사님을 위해서 기도하겠습니까?" 하는 것이었습니다. "그럼 내 손에라도 기도해 주시오. 내가 지금 이렇게 힘든데 체면 따지게 됐어? 목사라는 것도 다 내려놓을 테니까 평신도라고 생각하고 기도해 주시오" 하면서 졸랐답니다.

그랬더니 그 집사님이 "그럼 목사님 손에 대고 기도해 드릴게요" 하면서 손에 대고 기도하는데, 그때 그 목사님께도 환상이 열리기 시작했답니다. 그날 이후로 기도하면 하나님이 환상을 보여주시고, 예언을 하게 하셨습니다. 그 목사님이 이렇게 말씀하셨습니다. "여러분도 이런 신령한 경험을 하기 원하신다면 먼저 이런 은사 받은 사람들과 교제하시기 바랍니다."

본문을 보십시오. 사울이 예언하는 무리들과 함께 있을 때 사울에게 예언하는 영이 임했습니다. 하나님의 영이 충만한 사람들과 함께 있을 때, 사울에게도 하나님의 영이 크게 임했습니다. 성령 충만한 사람들과 함께 있으면 역시 동일하게 성령 충만해집니다. 성령의 불 받은 사람들과 같이 기도하면 역시 동일하게 성령의 불을 받습니다. 사울은 선지자들을 만나면서 인생이 변했습니다. 진정한 성령의 기름 부음이 임했습니다. 예언을 하고 신령한 문이 열렸습니다.

며칠 전까지만 해도 사울은 육신적인 사람에 지나지 않았습니다. 능력 없는 보통 사람에 지나지 않았습니다. 그런데 이날 선지자들의 무리들과 함께하면서 그들에게 임한 하나님의 영이 사울에게도 임했습니다. 그러면서 사울은 전혀 다른 사람이 되었습니다. 영에 속한 사람이 되었습니다. 어떻게 이렇게 되었습니까? 하나님의 산에 올라가 성령 충만한 선지자들과 함께했기 때문입니다. 사무엘 선지자의 말에 순종했기 때문입니다. 사실 사울의 변화는 사무엘 선지자의 말에 순종하려고 움직이는 시간에 나타나기 시작했습니다.

"그가 사무엘에게서 떠나려고 몸을 돌이킬 때에 하나님이 새 마음을 주셨고 그날 그 징조도 다 응하니라"(9절).

잘 보십시오. 언제 하나님이 사울에게 새 마음을 주셨다고 했습니까? 사무엘의 말을 듣고 순종하려고 몸을 돌이킬 때에 그랬습니다. 아직 완전한 순종이 이루어진 것은 아닙니다. 순종하려고 막 몸을 돌이켰습니다. 이제 막 시작한 것입니다. 그런데 이렇게 사람이 하나님의 종의 말에 순종하려고 시작만 해도 하나님은 은혜를 주십니다. 하나님은 마음을 보시기 때문입니다. 이미 이때부터 징조가 나타나기 시작한 것입니다.

그리고 온전한 순종을 했을 때, 사무엘 선지자가 가라고 한 하나님의 산에 이르렀을 때, 선지자들을 만난 후 하나님의 신이 크게 임하고, 예언하는 능력이 임한 것입니다. 이런 능력은 혼자 기도해서 받기보다는 이미 이런 능력을 받은 사람들과 함께할 때 그들에게 임한 기름 부음이 동일하게 내게도 흘러넘치게 되는 것입니다.

우리가 영적으로 성숙하기 원하면 성숙한 무리들과 함께하는 시간을 가져야 합니다.

은사 받기 원하면 은사 받은 사람들과 함께 있어야 합니다.

병 고치는 능력을 받기 원하면 이미 병 고치는 능력이 임한 사람들과 함께 기도하고 기도 받는 것이 중요합니다.

이런 능력은 이미 받은 사람을 통해서 다른 사람에게 흘러 들어가기 때문입니다. 하나님의 산에 올라가 보십시오. 놀라운 은혜가 기다리고 있습니다. 아마 새로운 경험을 하는 시간이 될 것입니다.

행구 사이에 숨은 사울

삼상 10:14-27

우리가 4층 상가를 빌려 개척 교회를 할 당시 교회에 종탑을 세우지 않았습니다. 그런데 사람들이 종종 물어봅니다. "왜 이 교회는 종탑이 없습니까?" 그러면서 하는 말이 "교회 종탑이 있어야 사람들이 보고 찾아온다"는 것입니다.

종탑이 일종의 광고 역할을 하는 것입니다. 종탑을 세우는 데는 여러 가지 의미가 있지만, 저는 종탑을 세우지 않기로 했습니다. 그 이유는 두 가지인데, 종탑을 세우면 불신자들보다는 기존 신자들이 더 많이 올 것 같아서이고, 또 종탑을 보고 찾아오는 성도들보다는 우리 성도들의 입소문을 듣고 오는 사람들이 많기를 바랐기 때문입니다. 시간이 좀 걸리기는 하지만 입소문처럼 좋은 것은 없습니다. 소문을 듣고 자발적으로 오는 교회라야 제대로 된 교회가 아닐까 하는 마음이 있었습니다.

우리 교회처럼 광고를 적게 하는 교회도 없을 것입니다. 교회마다 상황이 다르기 때문에 일반화시킬 수는 없지만 광고를 잘해서 부흥한 교회도 있고, 반대로 광고를 안 해서 부흥한 교회도 있습니다. 그런데 시간이 지나 생각해 보면 광고 안한 것이 더 잘된 것 같습니다. 우리 교회는 광고 보고 찾아온 사람보다는 소문을 듣고 자발적으로 찾아온 사람들이 더 많습니다. 그래서 광고하지 않아도 되는 교회가 뭔지 보고 싶었습니다.

하나님의 일은 하나님이 하십니다. 또 하나님의 사람을 세우시는 일도 하나님이 하십니다. 그 일이 하나님의 일이라면 하나님이 하시기 때문에 하나님이 이루어 가십니다. 본문에서 사울이 이스라엘 왕으로 등장하는 장면을 보게 됩니다. 이 과정을 보면서 역시 하나님의 종은 하나님이 세워 가신다는 확신이 듭니다. 사울이 사무엘 선지자를 만나 왕으로서 기름 부음을 받고, 하나님의 산에 가서 선지자들을 만나 하나님의 신이 임했습니다. 이제 사울은 모든 것이 준비되는 듯했습니다. 기름 부음도 받고, 하나님의 신이 임해서 영적인 능력도 받았습니다. 이제 갖출 것은 다 갖춘 듯했습니다.

그런데 14절부터 보면 모든 것이 다시 옛날로 돌아가 버린 듯한 느낌입니다. 마치 영화가 한창 클라이맥스를 향해 가다가 갑자기 끝난 것 같은 느낌입니다. 사울과 그 종은 이 일을 경험한 후 집에 돌아왔습니다.

14절을 보면 사울의 숙부가 와서 사울과 사환에게 "너희들 어디 갔었느냐?"고 묻는 것을 보면, 이 두 사람 때문에 난리가 난 것 같습니다. 온 집안 식구들을 비롯하여 가까운 친척들을 다 불러 모으고 '우리 사울이 없어졌다. 내가 암나귀를 찾아오라 했더니 갔다가 길을 잃어버린 것 같다'고 하면서 소동이 일어난 것 같습니다. 그럴 만도 합니다. 집을 나가서 나흘 동안 소식이 없었으니 실종된 줄 알았을 것입니다. 그러자 사울이 답했습니다.

"암나귀를 찾지 못해 사무엘 선지자에게 가서 물어보았습니다."

"사무엘 선지자가 뭐라고 하드냐?"

"암나귀를 찾았다"고 했습니다. 그러고는 대화가 끝납니다. 이 장면을 보면 사울은 아주 대수롭지 않게 넘어가고 있습니다만 참 귀한 본문입니다. 지금 사울이 어떤 경험을 하고 돌아왔습니까? 조금 전에 기름 부음을 받고, 하나님의 신이 임하고, 새 마음과 새 능력을 받고 왔습니다. 사울 자신도 자기가 왕이 되었다는 것을 들었습니다. 그러면 숙부가 물었을 때 뭐라고 해야 합니까? 보통 사람 같으면 "삼촌, 이리와 보세요. 제가 비밀 하나 말씀해 드릴게요. 저에게 무슨 일이 있었는지 아세요? 삼촌, 앞으로 내게 잘해야 돼요. 내 덕 볼 테니까요" 하면서 기름 부음 받은 이야기, 예언한 이야기, 하나님의 신이 임한 이야기를 모두 했을 것입니다. 이날부터 집안 전체에 소문이 나고, 집안에서 대우가 달라져야 맞습니다.

그런데 조용합니다. 아무런 일이 없었던 것처럼 다 옛날로 돌아갔습니다. 집에서도 왕이 되었다는 사실을 모릅니다. 가장 가까운 가족도 모르고 아버지도 모릅니다. 아버지에게는 이야기해도 되지 않습니까? 아버지가 얼마나 좋아하겠습니까? "우리 가문에 복 터졌네!" 하면서 기뻐하고, 춤추고, 아들을 안고, 업고, 기뻐했을 것입니다. 그런데 사울은 그런 이야기를 하나도 안 합니다. 조용합니다.

이 부분을 읽으면서 그런 생각이 들었습니다. '아니, 이런 답답한 사람이 있나? 아니, 집에서도 이야기하지 않으면 사람들이 그가 왕이 되었는지, 장군이 되었는지 어떻게 아나? 자기 PR도 좀 해야지 이렇게 가만 있으면 누가 알아주나?' 말이라도 해야 하지 않습니까? 그런데 침묵입니다. 그러니 기름 부음만 받았다 뿐이지 변한 게 하나도 없습니다. 이게 무슨 왕입니까? 그런데 그다음 구절을 읽어 보면 생각이 달라집니다. '역시 하나님의 일은 하나님이 하시는구나!' 하는 고백이 나옵니다.

사무엘 선지자가 이스라엘 전체 백성들을 미스바로 모이게 합니다. 그러면서 하나님의 말씀을 대언합니다. 요지는 이것입니다. '나는 너희를 여러 위기 가운데 건져낸 너희 하나님 여호와다. 그런데 너희가 나를 버리고 우리에게도 왕을 달라 했기 때문에 오늘날 왕을 뽑아주겠다. 그러니 이제 각 지파별로 나와서 제비를 뽑아라! 제비 뽑히는 사람이 왕이 되는 것이다.'

그래서 지파별로 나와서 뽑고, 가족별로 나와서 뽑고, 뽑고 뽑고 하는 중에 마지막에 최종적으로 사울이 뽑혔습니다. 그런데 사울을 찾으니 없습니다. 하나님께 물었습니다.

"그 사람이 여기에 있습니까?"

22절을 보면, 하나님이 말씀하시는데 사울이 행구 사이에 숨었다는 것입니다. 행구란 짐 꾸러미란 말입니다. 아, 이 큰 사람이 짐 꾸러미 가운데 고개를 감추고 숨어 있습니다. 이 장면을 상상해 보십시오. 얼마나 웃기는 장면입니까? 키는 보통 사람보다 어깨 하나

정도 더 큰 사람이 짐 꾸러미 사이에 고개를 숙이고 숨어 있는 장면을 보면 사람들이 웃었을 것입니다. '아니, 저런 사람이 어떻게 우리의 왕이 되나?' 하는 생각을 품을 수도 있는 모습입니다.

사울의 순수함을 볼 수 있는 장면입니다. 비록 기름 부음을 받고, 하나님의 신이 임했지만 나는 아직도 부족하고, 나는 자격이 안 되는 사람이라고 생각하여 부끄러워서 숨어 있던 모습을 보면 겸손하면서도 순수한 사람입니다. 그만큼 자신이 없었던 것 같습니다. 그래서 사람들이 가서 데려다가 왕을 삼았습니다. 여기서 우리는 두 가지 것을 주의 깊게 봐야 합니다.

첫째는, 이미 기름 붓고 하나님의 신이 임했는데도 왜 이런 제비 뽑는 절차가 필요할까요?

우리는 이렇게 생각할 수 있습니다. '하나님이 택하셨으니까, 기름 부었으니까 이제 하나님의 종 아닌가? 그런데 뭐 이렇게 제비 뽑고, 백성들의 인정을 받는 장면이 필요한가?' 하고 말입니다.

이것은 하나님이 미리 택하시고 기름 부어 세우셨지만 인간의 제도를 통해서 공적으로 인정받는 것이 필요하기 때문입니다. 공적으로 검증받게 하신 것입니다. 인간의 제도를 통해서도 하나님은 일하시기 때문입니다. 한번 우리 삶에 적용해 볼까요?

이런 말을 하는 사람들이 있습니다.

"하나님이 택하셨으면 그만이지 신학교를 꼭 가야 합니까? 교육을 받고, 안수를 받아야 합니까?"

네, 그렇습니다. 이런 과정을 거치기 전에 이미 하나님이 택하셨지만 그래도 이런 과정들을 마치고 공적으로 인증 받는 것이 필요합니다. 이런 과정까지 마치는 것이 하나님의 택하심에 들어가는 것입니다. 하나님이 택하신 사람들은 이런 과정까지 잘 통과합니다. 하나님이 택하셨기 때문에 사람의 인정이 필요없는 것이 아니라 하나님이 택하셨기 때문에 사람에게도 인정받는 것이 필요합니다.

그럼 이런 질문을 할 분도 계실 것입니다. '예수님의 제자들은 무식한 어부들이요, 신학 교육도 받지 않았습니까? 그런데 어떻게 그런 사도들이 될 수 있었습니까?' 제자들이 왜 신학 교육을 안 받았습니까? 그들은 예수님과 3년 동안 같이 먹고 자면서 신학 교육을 받았습니다. 남들이 10년간 책을 통해, 강의를 통해 받는 것보다 더 실제적이고 확실한 신학 교육을 받은 것입니다. 저는 1년만 예수님 따라 다닐 수 있으면 원이 없겠습니다. 그보다 더 확실한 신학 교육은 없을 것입니다. 그들은 목사 안수는 받지 않았습니다. 예수님이 직접 사도로 부르시고 보내셨습니다. 예수님의 제자들도 이런 공적인 과정을 거쳤다는 것을 아셔야 합니다.

우리는 사람을 대상으로 사역하는 사람들이기에 누구나 납득하고 인정할 만한 과정이 필요한 것입니다. 하나님의 일은 정상적인 과정을 거치는 것이 좋습니다. 편법으로 어느 날 갑자기 능력 받았다고 해서 바로 목회자가 되는 것이 아닙니다.

"사람이 제비는 뽑으나 일을 작정하기는 여호와께 있느니라"(잠 16:33).

구약시대에는 하나님의 뜻을 아는 방법 중 하나로 제비뽑기를 했습니다. 제비뽑기를 통해서 누가 봐도 인정할 만큼 하나님이 일 하신다는 것을 보여주는 말씀입니다.

왜 이런 과정이 필요할까요?

"제비 뽑는 것은 다툼을 그치게 하여 강한 자 사이에 해결케 하느니라"(잠 18:18).

이 과정을 통해서 확증을 받는 것입니다. 불필요한 다툼을 없애기 위해서입니다. '이 사람은 하나님이 택한 사람이다. 그 증거가 바로 이 제비다.' 왜 이것이 중요합니까? 그렇게 하지 않으면 이 말씀처럼 '힘 있는 사람이 내가 왕이다. 나를 따르라'고 할 수 있기 때문입니다. 아무리 힘이 있어도 제비에 뽑히지 않으면 왕이 될 수 없고 하나님의 택한 사람으로 인정하지 않습니다. 비록 인간이 일을 작정하고 진행하는 것 같으나 하나님이 도와주시지 않으면 그 일은 될 수 없는 것입니다.

하나님은 우리를 도우실 때 기도 시간만 도우시는 것이 아니라, 기도 시간에 받은 그 응답이 현실에서도 이루어지도록 현실 상황까지 도우시는 것입니다. 만약 하나님이 사울에게 기름만 붓고 끝났다면 어떻게 되었을까요? 사울의 성격을 보면 아무런 일도 일어나지 않았을 것입니다. 행구 뒤에 가서 숨을 정도로 부끄러움을 많이 타는 사람이 가서 '내가 왕이 되었습니다'라고 말이나 하겠습니까?

둘째는, 사울이 이렇게 제비 뽑히니까 모든 백성이 하나님이 택하신 사람인 줄 믿고 사울을 왕으로 받아들였다는 것입니다.

"사무엘이 모든 백성에게 이르되 너희는 여호와의 택하신 자를 보느냐 모든 백성 중에 짝할 이가 없느니라 하니 모든 백성이 왕의 만세를 외쳐 부르니라"(24절).

그날 거기 모인 백성들 중에서는 아무도 이의를 제기하지 않았습니다. 모두다 하나님이 사울을 택하셨다고 인정하고 받아들였습니다. "제비뽑기 잘못되었다. 다시 하자. 어떻게 저런 사람이 우리 왕이 되느냐? 우리는 인정 못 한다. 못 받아들인다" 하면서 데모하지 않았습니다. '하나님이 하시는 일이니 받아들이고 인정하자' 하면서 집으로 돌아갔습니다.

요즘은 교회에서 제비뽑기 대신에 선거를 통해서 하나님이 택하신 사람들을 뽑습니다. 더 정확히 말씀드리면 선거를 통해서 뽑는 것이 아니라 이미 하나님께서 택하신 사람들이 있는데, 하나님만 알지 다른 사람들은 모르니까 선거라는 과정을 통해서 공적으로 인정받고 검증받게 하시는 것입니다. 그래서 사탄은 자기의 부하들을 교회 요직에 심어 놓기 위해서 선거 때 장난 치고, 술수를 부리고, 방해하는 것입니다. 사탄도 이런 제도의 약점을 아는 것입니다.

사람 한번 잘못 뽑으면 교회들이 죽을 고생을 합니다. 모임마다 시끄럽습니다. 당회를 해도, 제직회를 해도, 공동 의회를 해도 매일 싸움입니다. 중요한 결정마다 문제를 들고 나옵니다. 반대합니다. 그러면 그 교회는 아무것도 못하는 것입니다. 그래서 선거 때는 기도를 많이 해야 합니다. 감정과 기분에 치우치지 말아야 합니다. 사탄도 기승을 부리며 활동하고 이 선거로 사람을 시험에 들게도 하고, 넘어지게도 하기 때문입니다. 인간이 세운 제도는 어떤 제도든 약점이 있습니다. 그래서 깨어 있는 것이 중요합니다. 사탄이 이런 제도를 악용해서 방해하지 않도록 말입니다.

이렇게 왕을 뽑은 이후에는 어떻게 했습니까? 25절을 보면, 사무엘이 나라의 제도를 백성들에게 설명했습니다. 백성들에게 말하고, 책에 기록하여 여호와 앞에 두었다고 했습니다. 문서로 작성해서 보관하게 했다는 말입니다. 여기서 말하는 나라의 제도는 왕이 해야 할 일, 백성들이 해야 할 일, 백성의 의무와 책임, 권리, 왕을 어떻게 대우해야 하는지 등 모든 것들이 포함되어 있습니다.

지금 사울이 왕으로서 해야 할 일들을 사무엘 선지자가 다 해주고 있는 것입니다. 이렇게 한 뒤에 백성들은 집으로 돌아갔습니다. 그리고 끝났을까요? 이렇게 행사만 하고 끝나면 아무것도 아닙니다. 하나님이 사람들을 붙여주십니다.

"사울도 기브아 자기 집으로 갈 때에 마음이 하나님께 감동된 유력한 자들은 그와 함께 갔어도"(삼상 10:26).

하나님이 여러 사람의 마음을 감동시키셔서 사울을 따라가게 했습니다. 사울을 돕는 사람들이 생긴 것입니다. 더구나 이들이 별 볼일 없는 사람이 아닙니다. 26절을 보면, '유력한 자들'이란 말이 나옵니다. 다른 말로는 '용감한 자들'이라는 뜻입니다. 용감한 사람들이 사울을 따르기 시작했습니다. 하나님은 사람을 세우실 때, 사람을 불러 무슨 일을 맡기실 때, 절대 그냥 보내시지 않습니다. 반드시 그 일에 필요한 사람들을 붙여주십니다. 사울에게 있어서 이들은 돕는 자도 되고, 경호원도 되고, 군사적인 기반도 되고, 경제적인 도움도 되는 사람들이었을 것입니다. 하나님께서 사울에게 그런 사람들을 붙여주신 것입니다.

저도 지금까지의 삶을 돌아보면, 많이 산 것은 아니지만 하나님께서 꼭 필요할 때마다 돕는 자들을 붙여주셨습니다. 신학교에 갈 때 무엇을 어떻게 공부하고 준비해야 할지 모를 때, 돕는 자를 붙여주셔서 합격하게 하셨습니다. 유학 갈 때도 역시 돕는 자를 보내주셔서 안내받게 하셨습니다. 교회를 개척해서 지금까지 오는 중에도 시시때때로 돕는 손길들을 보내주셔서 오늘에 이르게 하셨습니다. 처음 개척할 때는 아무런 생각도 나지 않았습니다. 그저 하나님이 개척하라고 하시니 해야 한다는 생각만 하고 시작했습니다.

그런데 그 뒤로 지금까지 참 중요할 때, 하나님이 보내주신 사람들이 있습니다. 지금 같이 신앙생활하시는 분도 있고, 다른 교회에 나가시는 분도 있고, 다른 지역에 있는 분들도 있지만 다 그때그때마다 하나님이 보내주신 사람들이었습니다. 하나님의 일을 할 때 꼭 기억하십시오. 하나님의 일은 하나님이 하십니다. 하나님이 사람들을 붙여주십니다. 하나님이 상황을 조성하십니다. 하나님이 합법적인 방법으로 모든 과정을 거치게 해주십니다.

그런데 리더가 된다는 것은 쉬운 일이 아닙니다. 어떤 리더에게나 반대하는 사람들은 있기 때문입니다. 27절을 보십시오.

"어떤 비류는 가로되 이 사람이 어떻게 우리를 구원하겠느냐 하고 멸시하며 예물을 드리지 아니하니라 그러나 그는 잠잠하였더라"(27절).

이 기쁜 날에 성질내는 사람도 있습니다. 우리에게 하나님이 왕을 주셨다 하면서 온 백성이 기뻐하고 즐겁게 집에 돌아가는데 몇몇 사람들은 원망하고 불평하고 있습니다. 하나님이 세우신 리더가 맘에 안 들었기 때문입니다. 이들은 아예 대놓고 사울을 비난했습니다. "이 사람이 어떻게 우리를 구원하겠느냐?"라고 말만 한 게 아니라 멸시하고 선물도 드리지 않았습니다. '네깐 녀석이 무슨 왕이라고 우습다!' 이런 반응을 보인 것입니다. 자기들이 왕이 되길 기대했거나 아니면 적어도 왕이 되려면 이런 정도는 되어야 한다는 자기들만의 기준을 갖고 있었던 것 같습니다. 자기가 가지고 있는 틀에 맞는 왕이 아니기에 사울을 하나님이 세운 사람으로 받아들이지 못하는 것입니다.

리더십을 인정하는 가장 좋은 방법이 무엇인지 아십니까? 자기만이 가지고 있는 리더의 틀을 깨는 것입니다. 사람을 있는 그대로 바라보는 것입니다. 사람은 모두 자기만의 어떤 틀을 가지고 있습니다. 그래서 그 틀을 통해 사람을 바라보고, 평가하고, 대하기 때문에 그런 틀에서 벗어날 때는 받아들이지 않는 경향이 있습니다.

그런데 자기 맘에 100% 드는 리더는 없습니다. 다 좋은데 이 사람은 뭐가 부족하고, 저 사람은 뭐가 부족합니다. 부족한 게 보이고, 아쉬운 게 보이는 것이 사람이기 때문입니다. 사람의 매력은 부족한 점이 있다는 것입니다. 완벽한 것은 기계지 사람이 아닙니다.

제가 결혼해서 한동안 힘들었던 적이 있습니다. 목사상에 대한 충돌이 있었습니다. 집사람은 아주 경건하고 거룩한 목사님의 지도를 받으면서 신앙생활을 했습니다. 그래서 목사님 하면 그 목사님을 연상합니다. 그분은 추운 겨울에 불도 들어오지 않는 방에서 무릎을 꿇고 몇 시간씩 기도하는 분입니다. 한여름에도 겨울 양복을 입고 다닙니다. 양복 여기저기가 다 닳아지고 헤어져서 몇 번 기운 흔적이 있습니다. 늘 양복을 입고 사시고 사람들이 뭐라 해도 어린 양처럼 욕먹고 멱살 잡히고 가만히 있는 분입니다. 말씀하시는 스타일도 늘 거룩하고 경건합니다. 농담을 하거나 유머를 하는 일도 별로 없습니다. 개인적인 감정도 잘 표현하지 않으시고, 늘 주님의 고난을 묵상하시면서 사시는 분입니다. 교회에 있을 때는 고무신을 신고 계실 때가 많았습니다.

이 정도면 어느 정도인지 그림이 그려지시죠? 훌륭한 분입니다. 거의 예수님을 보는 것 같은 이미지입니다. 그런데 결혼해서 목사의 아내로 살아 보니 자기 남편은 다르거든요. 형식과 틀에 얽매이는 것 싫어하고, 유머와 농담도 좋아하고, 감정 표현도 자유롭습니다. 아무튼 아닌 게 너무 많습니다. 그래서 사사건건 문제를 삼는 것입니다. 저를 그 틀에 가두려고 하고, 나는 그 목사님이 아니니까 그분을 바라보는 틀로 나를 바라보지 말라고 하면서 충돌이 일어납니다. 언젠가는 한번 제가 그랬습니다. "아, 그러면 나도 겨울 양복 줘. 한여름에도 땀 뻘뻘 흘리면서 입고 다닐게."

이 사람들이 사울을 비난했던 데는 자기들이 생각했던 왕의 모습이 보이지 않았기 때문인 것 같습니다. 그러면 자기들이 리더가 되면 잘하느냐? 모든 사람의 지지를 받느냐? 그렇지 않습니다. 반대 그룹은 어디에나 있습니다. 지금 여기서 하나님이 세운 지도자를 받아들이지 않는 사람이 다른 지도자를 만나면 잘 섬길 것이라고 생각합니까? 그렇지 않습니다. 자기 안에 있는 틀을 깨고 사람을 있는 그대로 받아들이는 것이 중요합니다.

사람들이 뒤에서 불평하고 수군수군하면 앞서가는 지도자는 매우 낙심이 됩니다. 사기가 꺾입니다. 맥이 풀립니다. 목자들도 마찬가지입니다. 내 목자가 맘에 안들 수 있습니다. 답답해 보일 수 있습니다. 다른 목자를 만났으면 잘되었을 텐데 하는 아쉬움이 있을 수 있습니다. 그러기에 도와주라고 하나님이 당신을 붙여주신 것입니다. 잘 도와주십시오. 리더에게 힘을 주는 사람이 되십시오.

드디어
기회가 오다!

삼상 11:1-15

하나님의 종은 하나님이 그 뒤를 봐주십니다. 뒤를 봐주신다는 것은 다른 말로 하면 권위를 세워주신다는 말입니다. 하나님의 종이 사람의 종과 다른 것은 그들을 보호하시는 분이 하나님이시라는 사실입니다. 하나님의 종은 하나님이 택하시고, 부르시고, 훈련시키시고, 보내시기 때문입니다. 만약 어떤 사람이 정말 하나님이 세운 하나님의 종이라면 그 사람의 삶에는 분명 하나님이 함께하시는 여러 증거들이 있습니다. 만약 하나님이 그 종들을 불러 세우기만 하시고 뒤를 봐주시지 않는다면 이 세상에서 하나님의 종들처럼 불쌍한 사람들은 없을 것입니다. 그래서 하나님의 종들은 전능하신 하나님이 도와주십니다.

본문에 나오는 사울이 그랬습니다. 본문의 시간으로 볼 때 얼마 전 사울은 제비뽑기를 통해 이스라엘의 왕이 되었습니다. 사울이 제비 뽑히자 모든 백성들이 다 '저분은 하나님이 우리에게 주신 왕입니다' 하고 받아들이는 것 같았습니다. 그런데 사실은 몇몇 사람들이 공개적으로 반대하고 나섰습니다. 10장 27절에 보면, 반대자들은 이렇게 말했습니다.

"이 사람이 어떻게 우리를 구원하겠느냐?"

이렇게 공개적으로 멸시하며 사울의 왕 됨을 인정하지 않았습니다. 이것은 겉보기엔 사울에 대한 반대 같지만 실제로는 이런 사람을 왕으로 세우신 하나님에 대한 반대입니다.

"하나님, 왜 저렇게 빈약한 사람을 왕으로 세웠습니까?"

"아니, 사람이 그렇게 없습니까?"

"다른 사람이 왕을 해도 그보다는 더 나은 왕이 되겠습니다."

"우리가 어떻게 저런 사람을 믿고 이 나라를 세워갑니까?"

이런 반대에 부딪쳤습니다. 이제 하나님은 한 가지 책임을 지셔야 합니다. 이런 사람을 왕으로 세우신 것에 대해 하나님이 잘못했다고 사과하시든지, 아니면 이 사람이 얼마나 합당한 왕인지를 증명하시든지 해야 합니다.

만약 사울이 하나님이 택하여 세운 하나님의 종이 분명하다면 하나님이 함께하시는 증거들이 있어야 합니다. 누가 봐도 이 사람은 하나님의 종이 틀림없다는 보증을 하셔야 합니다. 그래서 하나님이 사울의 왕 됨을 확증하시는 장면이 이 본문입니다. 사실 하나님의 종이나 사람의 종이나 그저 사는 모습은 다 비슷해 보입니다. 하나님의 종들이 여러 평범한 사람들 중 한 사람으로 보이는 때가 있습니다. 같이 살다 보니 별로 다를 바 없는 것 같습니다.

하나님의 종이라 해서 화장실을 안 가는 것도 아니고, 하루에 한

끼만 먹고 사는 것도 아닙니다. 구름을 타고 다니는 것도 아닙니다. 감정이 없어서 누가 뭐라 해도 허허 웃으면서 성인처럼 사는 것도 아닙니다. 때로는 감정을 절제하지 못해서 드러낼 때도 있고, 때로는 속상할 때도 있습니다. 남들이 느끼는 희로애락의 감정들을 다 느끼는 것입니다. 여느 사람과 사는 것이 거의 비슷합니다. 옷도 입고, 일도 하고, 가정도 갖고 있고, 자녀들 때문에 속상할 때도 많습니다. 그러다 보니 가끔 사람들이 혼동할 때가 있는 것 같습니다.

'하나님의 종이라 해도 우리와 다를 것이 없네! 뭐 특별히 구별되는 것이 없네!'

'우리나 하나님의 종이나 뭐가 달라?'

이러다가 하나님의 사람에 대해서 너무 쉽게 말하고, 쉽게 대하는 경우가 있습니다. 대개는 초신자들이 그러거나 아니면 아주 오래 믿은 분들이 그러는 경향이 있습니다. 신앙적인 눈으로 보지 않고 인간적인 눈으로 보기 때문에 그렇습니다. 언젠가 어떤 분에게 간증을 하라고 전화를 했습니다. 물론 초신자입니다. 연세는 저보다 훨씬 많은 분입니다. 그랬더니 대뜸 하는 말이 "쓸데없는 소리 말아!" "난 아직 멀었으니까 딴 사람 알아 봐!" 그러시는 것입니다.

처음에는 제가 좀 멍했습니다. 그러다가 '아! 이분이 초신자지' 하면서 이해하고 넘어갔습니다. 초신자들은 교회 왔어도 신앙적인 눈으로 보지 못하고 인간적으로 봅니다. 나이로 보는 경향이 있습니다. 아직 신앙이 어리기 때문입니다. 그러니 훨씬 젊어 보이는 목사가 전화를 하니 그렇게 쉽게 말하는 것입니다. 오래된 신앙인이라면 그런 반응을 보이지도 않았겠지만 그랬다면 한번 지적하고 넘어갈 수 있는 문제입니다. 그런데 초신자이기 때문에 그렇구나 하고 넘어갔습니다.

교회생활 하는데 나이가 자꾸 신경 쓰이고, 어른 대접을 안 해주는 것 같고, '이 나이에 내가 무슨 훈련이냐?' 하는 생각이 드는 분들은 아직 신앙적으로 덜 자란 분들입니다. 교회생활은 그런 기준으로 하는 것이 아니기 때문입니다. 교회는 세상과 다르기 때문입니다. 영적인 공동체이기 때문입니다. 그래서 인간적인 기준으로만 보고 편하게 대하다가 큰 코 다치는 경우가 있습니다. 하나님이 어느 정도는 두고보시지만 안 되겠다 생각되면 반드시 개입하셔서 일하시기 때문입니다. 본문이 그런 상황입니다.

사울이 몇몇 사람이 비난하는 말을 듣고 가만히 있자 이제 하나님이 나섰습니다. 하나님의 종을 뭐라고 비난하는데 하나님이 가만히 계시면 안 되죠! 그래서 하나님이 일하시기 시작하는데 갑작스럽게 전쟁이 터졌습니다. 암몬이라는 나라가 쳐들어왔습니다. 암몬 군대의 나하스라는 장군이 군대를 이끌고 이스라엘을 쳐들어왔는데 보통 강한 군대가 아닙니다. 길르앗 야베스라는 곳을 치려고 진을 쳤습니다. 보니 상대가 안 되게 생겼습니다. 그래서 이스라엘에 속한 길르앗 야베스 사람들이 화친을 요청했습니다.

"우리와 언약합시다. 우리를 치지 않는다고 약속만 하면 우리가 당신들을 잘 섬기겠습니다. 꼬박꼬박 조공도 바치고 뭐도 드리고, 뭐도 드리고, 하라는 대로 다 하겠습니다."

아마 이런 식으로 협상을 제시했던 것 같습니다. 그런데 반응이

드디어 기회가 오다! **139**

너무 차가웠습니다. 2절을 보면 "내가 너희 오른 눈을 다 빼야 너희와 협상하겠다"고 하는 것입니다. 너희들을 죽이기 전에는 협상 안 한다는 말이나 같습니다. 그러니 난리가 났습니다. 저 큰 군대를 싸워 이길 힘도 없고 협상도 안 되고 진퇴양난입니다. 그래서 일주일만 시간을 달라고 하고는 바로 이스라엘 땅에 사람을 보내 이런 형편을 알렸습니다. 당연히 이 소식은 사울이 살고 있는 기브아에도 들렸습니다.

여기서 한번 생각해 보십시오.

지금 하나님이 뭐하시는 것입니까? 그 종을 위해 일하시는 것입니다. 사울의 왕 됨을 증명해 주시려고 옆나라의 군대를 불러 전쟁을 시작하게 하신 것입니다. 이것을 어떻게 알 수 있습니까? 사무엘상 9장 15절에 보면, 하나님께서 사울을 왕 삼으려 하실 때 사무엘 선지자에게 이렇게 말씀하십니다.

"내일 이맘때에 내가 베냐민 땅에서 한 사람을 네게 보내리니 너는 그에게 기름을 부어 내 백성 이스라엘의 지도자를 삼으라 그가 내 백성을 블레셋 사람의 손에서 구원하리라"(삼상 9:15).

누구 손에서 구원하신다고 했습니까? 블레셋 사람의 손에서 구원하신다고 했습니다. 그러니 사울의 사명은 블레셋이라는 나라를 쳐서 이기는 것입니다. 그런데 본문에서는 블레셋이 아니라 암몬 사람들이 쳐들어왔습니다. 왜 그렇습니까? 사울의 전공은 블레셋인데 블레셋이 아니고 암몬 사람들이 쳐들어왔다? 전쟁에 목적이 있는 것이 아니라 사울의 리더십을 확고히 해주시려고 하신 것입니다. 블레셋은 그다음 일입니다.

사울은 이 소식을 들을 때 뭐하고 있습니까? 소를 몰고 밭 갈고 있습니다. 이 모습을 보면 왕 같지 않을 것입니다. 왕이 평범한 농부 복장을 하고 소를 몰고 밭 갈고 있습니다. 이 모습을 보면서 누가 사울을 왕이라고 하겠습니까?

그런데 하나님의 사람은 외형에서 구분되는 것이 아니라 능력에서 구분됩니다. 하나님의 사람들은 위기 때 나타납니다. 하나님이 함께하시는 증거들이 있습니다. 다른 많은 하나님의 사람들도 하나님의 부르심이 임하기 전에는 다들 자기 생업의 현장에서 열심히 일하던 사람들이었습니다.

엘리사도 소들을 앞세우고 밭을 갈다가 하나님의 부르심을 받았습니다.

아모스는 뽕나무 밭에서 일하다가 하나님의 부르심을 받았습니다.

하박국의 찬양을 들어보면 그 역시 농부로 일하던 사람인 것을 알 수 있습니다.

다윗은 양치는 사람으로 일하다가 하나님의 부르심을 받았습니다.

베드로와 요한, 제자들은 어부로 일하다가 부르심을 받았습니다.

예수님은 부르심을 받기 전에 목수로 일했습니다.

그러므로 과거 이들의 모습만 보고 평가한다면 실수하기 쉬운 것입니다. 겉모습만 봐서는 하나님의 사람다운 특징이 안 보인다는 것입니다. 그래서 사람들이 실수하는 것입니다. 6절을 보십시오. 어떤 일이 일어났습니까?

"사울이 이 말을 들을 때에 하나님의 신에게 크게 감동되매 그 노가 크게 일어나서."

평소에는 멀쩡했는데 이 소식을 듣는 순간 하나님의 신이 크게 그를 감동시켰습니다. 하나님의 신이 감동되자 참을 수 없는 분노가 일어났습니다. "아니! 뭐라고! 그 이방 신을 믿는 암몬 녀석들이 우리나라 사람들 눈을 뺀다고 이런 못된 놈들!" 하면서 분노를 일으킨 것입니다. 참 이상하지요? 우리는 여기서 두 가지를 보게 됩니다.

첫째, 분노입니다.

우리는 대개 하나님의 신이 임하면 사람들이 찬송을 하거나, 기도를 하거나, 성격이 부드러워지거나 온유해지리라고 기대하는데, 여기서 보면 꼭 그렇지만도 않습니다. 엄청난 분노가 일어났습니다. 화가 나서 밭 갈고 있던 소 두 마리를 잡아서 그 자리에서 각을 뜨고, 이스라엘 각 지파에 보냈습니다. 여기서 우리는 무엇을 발견할 수 있습니까?

사탄의 일을 보고 침묵하는 것은 하나님의 사람이 아니라는 것입니다. 그 사람이 정말 하나님의 사람이라면 사탄이 일하는 것을 보았을 때 절대 침묵하지 않습니다. 침묵할 수 없습니다. 사람들을 괴롭히는 사탄의 일을 보면서 분노가 일어나고, 그 사람을 도와주고 싶은 열정이 생기고, 가만있지 못하는 뜨거운 마음이 불같이 일어나는 것입니다. 성경에 보면 이런 일들이 많이 나옵니다. 이것은 성격과 상관없습니다. 외향적이라고 되고, 내성적이라고 안 되는 것이 아닙니다. 이것은 하나님이 하시는 일이기 때문에 나도 모르게 되는 것입니다.

블레셋의 장수 골리앗이 이스라엘을 조롱할 당시 어린 다윗이 이 말을 듣고 이렇게 말했습니다.

"다윗이 블레셋 사람에게 이르되 너는 칼과 창과 단창으로 내게 오거니와 나는 만군의 여호와의 이름 곧 네가 모욕하는 이스라엘 군대의 하나님의 이름으로 네게 가노라 오늘 여호와께서 너를 내 손에 붙이시리니 내가 너를 쳐서 네 머리를 베고 블레셋 군대의 시체로 오늘날 공중의 새와 땅의 들짐승에게 주어 온 땅으로 이스라엘에 하나님이 계신 줄 알게 하겠고 또 여호와의 구원하심이 칼과 창에 있지 아니함을 이 무리로 알게 하리라 전쟁은 여호와께 속한 것인즉 그가 너희를 우리 손에 붙이시리라"(삼상 17:45-47).

다윗도 비록 어리지만 블레셋 장수 골리앗이 하나님의 군대를 모욕하는 소리를 들으면서 분노가 끌어 올라왔습니다. '제깐 녀석이 뭔데 감히 하나님의 군대를 조롱해! 내가 가서 처리하겠다.' 이런 마음으로 달려 나갔습니다. 겉으로 보기엔 상대가 안 되는 사람이었지만 믿음으로 나가 승리했습니다.

신약에 보면 예수님이 분노하시는 장면들을 볼 수 있습니다.

"성전 안에서 소와 양과 비둘기 파는 사람들과 돈 바꾸는 사람들의 앉은 것을 보시고 노끈으로 채찍을 만드사 양이나 소를 다 성전에서 내어 쫓으시고 돈 바꾸는 사람들의 돈을 쏟으시며 상을 엎으시고 비둘기 파는 사람들에게 이르시되 이것을 여기서 가져가라 내 아버지의 집으로 장사하는 집을 만들지 말라 하시니 제자들이 성경 말씀에 주의 전을 사모하는 열심이 나를 삼키리라 한 것을 기억하더라 이에 유대인들이 대답하여 예수께 말하기를 네가 이런 일을 행하니 무슨 표적을 우리에게 보이겠느뇨"(요 2:14-18).

하나님의 성전이 더러워지는 것을 보면서 예수님은 참을 수 없는 분노를 느끼셨습니다. 친히 노끈으로 채찍을 만들어서 내려치면서 상을 엎고, 동물들을 성전에서 내쫓으셨습니다. 이는 자기 기분으로 한 것이 아닙니다. 자기 감정으로 한 것이 아닙니다. 하나님을 향한 열정 때문에 이렇게 한 것입니다. 성령께서 그런 감동을 주셨기 때문입니다.

또 누가복음 13장 10-16절을 보십시오.

"안식일에 한 회당에서 가르치실 때에 십팔 년 동안을 귀신들려 앓으며 꼬부라져 조금도 펴지 못하는 한 여자가 있더라 예수께서 보시고 불러 이르시되 여자여 네가 네 병에서 놓였다 하시고 안수하시매 여자가 곧 펴고 하나님께 영광을 돌리는지라 회당장이 예수께서 안식일에 병 고치시는 것을 분내어 무리에게 이르되 일할 날이 엿새가 있으니 그 동안에 와서 고침을 받을 것이요 안식일에는 말 것이니라 하거늘 주께서 대답하여 가라사대 외식하는 자들아 너희가 각각 안식일에 자기의 소나 나귀나 마구에서 풀어내어 이끌고 가서 물을 먹이지 아니하느냐 그러면 십팔 년 동안 사탄에게 매인 바 된 이 아브라함의 딸을 안식일에 이 매임에서 푸는 것이 합당치 아니하냐"(눅 13:10-16).

안식일에 예수께서 한 회당에서 가르치시는데, 18년 동안 귀신 들려 앓고 꼬부라져 조금도 펴지 못하는 여자를 예수님께서 안식일이지만 그 자리에서 고쳐주셨습니다. 그랬더니 회당장이라는 사람이 "안식일에 일하면 안 되는데 왜 일했느냐"라고 하면서 예수님을 대적하고 화냈습니다. 자기 딸이 고침 받았다면 이렇게 말하지 않았을 것입니다. 남이라고 생각하니까 이런 반응이 나오는 것입니다. 이때 예수님이 이렇게 말씀하십니다.

"주께서 대답하여 가라사대 외식하는 자들아 너희가 각각 안식일에 자기의 소나 나귀나 마구에서 풀어내어 이끌고 가서 물을 먹이지 아니하느냐 그러면 십팔 년 동안 사탄에게 매인 바 된 이 아브라함의 딸을 안식일에 이 매임에서 푸는 것이 합당치 아니하냐 예수께서 이 말씀을 하시매 모든 반대하는 자들은 부끄러워하고 온 무리는 그 하시는 모든 영광스러운 일을 기뻐하니라"(눅 13:15-17).

예수님은 사람들이 하루라도 더 사탄에게 매여서 고통당하는 것을 볼 수 없으셨습니다. '오늘이 안식일이니까 다음에 하자!' 이렇게 할 상황이 아니었습니다. 하루라도 빨리 고쳐주는 것이 주님의 뜻입니다. 사탄이 한 여자를 18년이나 붙잡고 괴롭게 했다는 것을 생각하면 화가 나는 것입니다. 사탄이 저렇게 한 사람의 인생을 파괴하는구나 생각하니 견딜 수 없는 것입니다. 그래서 당장에 여인을 고쳐주셨습니다. 이것이 성령 받은 사람의 마음 아니겠습니까? 주님의 마음이기도 합니다.

바울도 아덴에서 우상들이 가득한 도시를 보면서 분노했습니다. 성령이 임하면 누구나 담대해집니다. 가만있지 못합니다. 사탄과 싸움을 하게 되어 있습니다. 분노하게 됩니다.

둘째, 두려움입니다.

다른 사람들은 다 두려워했습니다. 암몬 사람들이 쳐들어왔다는 말을 듣고 다 두려워 떨었습니다. 감히 싸워볼 생각도 하지 못했습니다. 그런데 사울은 이 소식을 듣고 두렵기는커녕 오히려 의분이 일어났습니다. 하나님의 영이 사람에게 임하면 어떤 일이 벌어집니까? 두려움이 사라집니다. 담대함이 생깁니다. 성경 어디를 봐도 하나님의 영이 임하면서 두려움에 빠진 사람들이 없습니다. 성령이 임하면 겁쟁이들이 변하여 용감한 자가 됩니다. 순교도 불사합니다.

하나님의 영은 두려움의 영이 아니라 담대함의 영입니다. 그래서 어떤 약한 사람도 성령이 임하면 담대해집니다. 이렇게 사울이 한 겨리 소를 취하여 각을 뜨고 사람을 보내어 그것을 이스라엘 모든 지경에 두루 보내어 가로되 누구든지 나와서 사울과 사무엘을 좇지 아니하면 그 소들도 이와 같이 하리라 하였더니 여호와의 두려움이 백성에게 임하매 그들이 한 사람같이 나왔습니다. 이때 백성들이 느꼈던 두려움은 암몬 족속들 때문에 느꼈던 두려움과는 비교도 되지 않는 두려움입니다. 그래서 '이거 전쟁에 안 나가면 다 죽겠구나!' 하고 생각되어 전부 전쟁에 나왔습니다. 세어보니 총 33만 명입니다. 대단한 숫자입니다.

성령에 붙들린 한 사람의 분노가 이렇게 많은 사람을 모이게 만든 것입니다. 하나님의 종에게는 이런 리더십을 주십니다. 이것은 결코 쉬운 일이 아닙니다. 말 한마디에 33만 명이 모이는 일이 쉬운 일입니까? 하나님이 도와주신 것입니다. 하나님의 종에게는 성령의 특별한 기름 부음이 있습니다. 하나님이 세워주시는 리더십이 있습니다.

이렇게 사람을 모아서 싸움을 했습니다. 기다릴 필요도 없이 바로 이튿날 새벽에 쳐들어갔습니다. 이런 일일수록 미루면 안 됩니다. 감동을 주셨을 때 바로 시작해야 합니다. 새벽부터 암몬 사람을 치기 시작해서 해가 뜨거워지기 전에 끝내버렸습니다. 간단하게 승리했습니다.

"이튿날에 사울이 백성을 삼대에 나누고 새벽에 적진 중에 들어가서 날이 더울 때까지 암몬 사람을 치매 남은 자가 다 흩어져서 둘도 함께 한 자가 없었더라"(11절)

그러고 나서 상황이 어떻게 바뀌는지 보십시오.

"백성이 사무엘에게 이르되 사울이 어찌 우리를 다스리겠느냐 한 자가 누구니이까 그들을 끌어내소서 우리가 죽이겠나이다"(12절).

어제까지도 사울에 대해 비난하는 소리를 듣고 가만히 있던 사람들이 누가 사울을 비난했느냐 하면서 그 사람을 죽이겠다고 난리가 났습니다. 사울은 가만히 있는데 주변 사람들이 나서서 사울의 반대자들을 죽인다고 소동이 일어났습니다. 분위기가 어땠을까요? 이날 이후로 사울은 이제 완전한 왕이 되었습니다. 리더십을 인정받았습니다. 다시는 이 문제로 누구든지 시비를 걸지 못하게 만들어 버렸습니다.

정말 멋진 하나님이십니다. 하나님은 자기 종을 세우시고 종의 권위를 스스로 세워주셨습니다. 다시는 누가 건들지 못하게 만드셨습니다. 하나님의 종에 대해 이러쿵저러쿵 함부로 말하지 마십시오. 리더십에 대해 함부로 평가하지 마십시오. 영적인 능력에 대해 능력이 있네 없네 함부로 말하지 마십시오. 위기 때 가보면 다 드러납니다. 그리고 평소에 내가 사람들 앞에서 했던 말들이 후에 나를 심판하는 말이 됩니다.

하나님의 종은 하나님이 그 뒤를 봐주십니다. 그 뒤에 하나님이 있습니다. 비록 우리 맘에 안 드는 부분이 있을지라도 하나님의 사람으로 믿고 받아들이는 지혜가 있어야 합니다.

사람은 답이 아닙니다

삼상 12:1-18

우리는 갑자기 어려운 일을 당하면 제일 먼저 주변의 아는 사람을 먼저 생각합니다. 사람들에게 전화해서 물어봅니다. "누구 아는 사람 있느냐? 이 방면에 힘 있는 사람 누구 아느냐?" 그러면서 그 방면에서 영향력을 가지고 있다고 생각되는 어떤 사람에게 이 문제를 부탁하려고 합니다. 그렇게 해서 문제가 해결되는 경우도 있습니다.

그러나 그렇게 인생을 살다 보면 원칙에 의해서 살기보다는 사람을 의지해서 살게 됩니다. 불신자라면 괜찮습니다. 그러나 그리스도인들은 이렇게 살면 안 됩니다. 우리는 사람보다 더 능력 있으신 하나님을 믿고 살기 때문입니다. 살아보면 경험하는 것이지만 사람은 아무리 위대해도 인생의 궁극적인 해답을 주지 못합니다. 사람은 해답이 될 수 없습니다. 사람을 의지하면 일이 잘 풀리는 것이 아니라 더 꼬이게 됩니다. 성경에도 그런 예가 많이 나옵니다.

요셉이라는 사람이 누명을 쓰고 억울하게 감옥에 갔을 때입니다.

그 감옥에 당시 왕의 술 맡은 자와 떡 굽는 자가 들어왔습니다. 요즘으로 말하면 청와대 경호실장쯤 되는 사람입니다. 왕의 최측근에서 왕의 음식들을 먼저 먹어 보고 확인하는 그런 직책입니다.

어느 날 두 사람이 꿈을 꾸었는데 해석을 못합니다. 그래서 꿈 해석에 재능이 있는 요셉이 듣고 해석해 주었습니다. 떡 맡은 자는 곧 죽고 술 맡은 자는 다시 복직되어 왕을 모시게 된다는 해석입니다. 그러면서 술 맡은 자에게 부탁합니다.

"당신이 내 예언대로 옥에서 나가 복직되어 왕을 모시게 되면 왕에게 내 억울한 사정을 말씀드려 나를 여기서 좀 보내주시오."

요즘으로 말하면 청탁을 한 것입니다.

하나님이 보시기에 이런 일은 어떨까요? 기뻐하시는 일일까요? 싫어하시는 일일까요? 싫어하시는 일입니다. 이후의 장들을 읽어 보면 이 술 맡은 자는 감옥에서 나가자마자 그의 부탁을 잊어버립니다. 요셉은 몇 년 더 감옥에서 고생하고야 맙니다. 요셉의 문제는 무엇입니까? 하나님을 믿는 자가 하나님 아닌 사람을 통해서 문제를 해결하려 했다는 것입니다. 만약 그렇게 해서 문제가 해결되었다면 사람들이 저 술 맡은 자가 요셉을 감옥에서 건져주었다고 할 것입니다. 그러나 이것은 하나님이 싫어하시는 것입니다.

하나님은 우리를 통해 영광 받기 원하십니다. 우리를 통해 찬양 받기 원하십니다. 그런데 우리가 가진 문제가 하나님 아닌 다른 존재를 통해서 해결되었다면 하나님이 영광 받지 못합니다. 그 사람이 영광 받아 버립니다. 무엇보다 사람이 아무리 똑똑해도 사람은 사람이지 하나님이 아닙니다. 하나님이 도와주시지 않으면 아무것도 할 수 없습니다. 그래서 믿는 자가 하나님 아닌 다른 것을 신뢰할 때 하나님은 아주 싫어하십니다. 본문을 통해 우리는 이것을 배웁니다.

본문은 두 가지로 구분됩니다. 한 가지는 1-5절에 나오는 것으로, 사무엘이 자신이 사역하는 동안 문제가 있었는가를 백성들에게 묻는 장면과 백성들이 아니라고 대답하는 장면입니다. 다른 한 가지는 6-18절로, 하나님이 지금까지 이스라엘 백성들의 역사 가운데 함께하신 이야기입니다. 여기에는 두 가지 메시지가 들어 있습니다.

먼저, 1-5절을 보십시오.
사무엘 선지자가 사울을 앞에 세워놓고 백성들에게 말합니다.
"이제 너희가 그렇게 원하던 왕이 너희 앞에 있다. 그런데 나는 늙어서 머리가 희어졌다. 내가 어려서부터 오늘날 이렇게 늙기까지 너희 앞에서 살았는데 혹시 내가 잘못한 것 있으면 지금 여기서 말하라."
가만히 읽어 보면 이야기의 진행이 앞뒤가 안 맞습니다. 왕이 너희 앞에 있으니 이제 너희들은 왕을 잘 섬기라든지, 왕의 말을 잘 들으라든지 하는 말을 해야 하는데, 그런 이야기는 안 하고 자기가 깨끗한 삶을 살았다는 것을 말하고 있습니다. '혹시 내가 누구의 소나 나귀를 취하였다면 말하라. 누구를 속였다면 말하라. 누구를

사람은 답이 아닙니다 151

압제하였다면 말하라. 누구의 뇌물을 받았다면 말하라'고 묻고 있습니다. 이 말에 백성들은 사무엘이 사는 날 동안 그런 일이 없었다고 말합니다. 그리고 5절에 보면, 사무엘이 이렇게 결론 맺고 있습니다.

> "사무엘이 백성에게 이르되 너희가 내 손에서 아무것도 찾아낸 것이 없음을 여호와께서 너희에게 대하여 증거하시며 그 기름 부음을 받은 자도 오늘날 증거하느니라 그들이 가로되 그가 증거하시나이다"(5절).

"내가 결백한 것을 하나님이 증거하시며, 그 기름 부음 받은 자도 증거하느니라"라는 말에 주목하시기 바랍니다. 그 기름 부음 받은 자는 누구를 말할까요? 사울 왕입니다. 사울 왕은 얼마 전에 기름 부음을 받았습니다. 내가 이렇게 깨끗하게 산 것을 하나님도 증거하시고, 저 새로운 왕 사울도 증거한다는 말씀입니다. 백성들과 사울을 앞에 두고 이 말을 하고 있는 것입니다. 왜 이 말을 했을까요? 아니, 사울이 왕 된 것과 사무엘이 깨끗한 삶을 산 것과 무슨 상관이 있습니까?

사무엘은 여기서 리더십에 대해 중요한 것을 말하고 있는 것입니다. 그는 자신의 삶에 대한 백성들의 평가를 물어보면서 리더가 어떻게 살아야 하는지를 말하고 있는 것입니다.

리더십의 동기는 무엇입니까? 하나님을 사랑하고, 백성을 사랑하는 것입니다. 리더가 되고, 지도자가 되고 싶은 이유가 탐욕을 채우기 위한 것이거나, 이기적인 목적이거나, 자기 사랑이 동기가 되어서는 안 된다는 것입니다. 우리나라는 과거 잘못된 동기로 국가 지도자가 된 사람 때문에 얼마나 힘들었는지 모릅니다. 사울이 왕이 된 동기가 무엇입니까? 그는 자기를 위해서가 아니라 백성들을 위하고 하나님을 위해 살아야 합니다. 탐욕이나, 명예욕이나, 자기 사랑이 동기가 되어서는 안 됩니다. 이런 사람들이 리더가 되면 백성들이 고생합니다. 나라가 힘들어집니다. 그래서 사무엘은 어떤 사람이 리더가 되어야 하는가를 자신의 삶에 대한 평가를 기초로 해서 사울에게 설명하고 있는 것입니다.

사무엘이 말하는 리더십은 어떤 것입니까? 몇 가지를 보면, 리더십의 추진력은 하나님에 대한 신뢰입니다. 하나님이 내 모든 필요를 공급하시고 채우신다는 확신이 있을 때 건강한 리더가 될 수 있습니다.

리더십의 목적은 무엇입니까? 하나님의 영광입니다.

리더에 대한 평가는 무엇이 되어야 합니까? 깨끗하다, 정직하다가 되어야 합니다.

왜 이 이야기를 하는 걸까요? "열 길 물속은 알아도 한 길 사람 속은 모른다"는 속담이 있습니다. 사실 사무엘은 새 왕을 세우면서 걱정이 되는 것입니다. '사울이 과연 리더로서의 삶을 잘살 것인가? 사울과 이스라엘 백성들이 잘 연합할 것인가? 앞으로 이스라엘은 잘될 것인가?' 하는 여러 가지 걱정들이 앞섰기 때문입니다.

그래서 사무엘은 자기의 삶을 예로 들어 리더가 어떤 삶을 살아야 하는지를 말해 주고 있습니다. 또 백성들에게 리더를 어떻게 대해야 하는지를 설명해 주고 있습니다. 왜 이런 걱정을 하고 있을까요? 자신이 리더로서 살아봤기에 리더의 자리가 유혹과 위험에 노출되기 쉬운 자리임을 잘 알고 있기 때문입니다. 처음 리더가 되었을 때의 마음을 잊어버리고 변질되기 쉬운 것이 리더입니다. 사람은 힘을 가지면 변질되기 쉽습니다. 힘을 가지면서 욕심이 생기고, 힘을 가지면 지배하려 하고, 힘을 가지면서 부정을 행하게 됩니다. 남의 것을 빼앗고자 하는 욕심이 생기고, 그 힘을 유지하려고 사람을 속이고, 제도를 바꾸고, 사람을 압제하고, 뇌물을 받기 시작하면서 병들어 가는 것입니다.

그래서 사무엘 선지자는 사울 왕에게 이렇게 말하고 있습니다.

"이제 당신은 리더가 되었는데 그 자리는 변질되기 쉽고, 유혹받기 쉽고, 무너지기 쉬운 자리이니 정신 바짝 차리고 지금 이 마음을 그대로 간직하고 평생을 사십시오. 나처럼 사십시오. 훗날 당신에 대한 평가가 오늘 나처럼 되기 원합니다."

그러면서 동시에 백성들에게도 말하고 있습니다.

"리더를 위해서 당신들은 기도해야 합니다. 사람이 변질되는 것은 자기 잘못 때문이기도 하지만, 환경 때문에 그렇게 될 수도 있습니다. 또 사탄의 공격 때문에 그렇게 될 수도 있습니다. 사탄은 리더들을 무너뜨리기 위해서 얼마나 애쓰는지 모릅니다. 리더의 자리에 있어 보십시오. 얼마나 사탄의 유혹과 시험이 심한지 모릅니다."

특히 영적인 지도자의 위치에 있는 사람들은 더 많은 시험과 공격을 받고 있습니다. 그렇기 때문에 사무엘은 백성들에게 말하고 있는 것입니다. 왕이 좋은 왕이 되기를 바란다면 '그를 위해 기도해야 한다' 고 말입니다. 사람들은 좋은 리더를 찾습니다. 그러나 좋은 리더를 찾는 일보다 더 중요한 것은 좋은 리더를 만들어 가는 것입니다. 사람은 처음부터 좋은 리더가 되는 것이 아닙니다. 그런 말이 있습니다.

"리더는 태어나는 것이 아니라 만들어지는 것이다."

좋은 리더는 리더 자신과 회중이 함께 만들어 가는 것입니다.

어떤 분이 저를 보고 그랬습니다.

"목사님은 좋겠어요."

"왜요?"

"목회 한 가지만 하잖아요. 우리는 여러 가지 것을 해야 하잖아요. 직업적인 일도 해야 하고, 교회 일도 해야 하고. 우리도 한 가지만 하면 좋겠어요."

저는 그런 말을 한 이유를 압니다. 여러 가지 일을 하려니 힘들고 신경 쓰여서 하는 말일 것입니다. 그런데 목회 한 가지만 한다고 해서 편한 것은 아닙니다. 제가 그랬습니다.

"더도 말고 딱 3개월만 목회 한번 해보시죠?"

영적인 리더의 자리에 있는 것이 쉬운 일은 아닙니다. 거기에는 많은 공격이 있습니다. 시험이 있습니다. 유혹이 있습니다. 늘 깨어 있어야 하고, 자기 관리를 잘해야 합니다. 리더라는 자리 자체가 힘든 자리입니다. 책임지는 자리이기 때문입니다. 그래서 사무엘은 좋은 리더가 되도록 백성들은 기도하고, 사울 자신은 부단히 노력하기를 바라는 마음에서 이런 말을 한 것입니다.

두 번째는, 6-18절에 나오는 말씀입니다.

이 말씀의 요지는 이것입니다. '여러분은 하나님이 함께하셔서 오늘날까지 오게 되었다. 애굽에서 종살이하던 때도 하나님이 건져주셨고, 하나님을 잊고 살다가도 회개하고 도움을 요청하면 하나님이 도와주셔서 다시 일어서게 하시고, 또 필요하면 하나님이 사람들을 세우시고 보내주셔서 도와주게 하셨다.'

다 하나님이 도와주신 것입니다. 그런데 이스라엘 백성들이 우리에게도 하나님 아닌 왕이 있어야 하겠다고 생각하고 왕을 요구했단 말입니다. 그래서 하나님이 왕을 세워주셨습니다. 이것이 문제라는 것입니다. 지금 이스라엘은 무슨 짓을 하고 있는 것입니까? 하나님 대신 사람을 원하고 있는 것입니다. 사람을 잘 세우면 모든 문제가 해결된다고 믿었습니다. 그런데 하나님의 대답은 아니라는 것입니다. 사람은 어떤 경우에도 해답이 될 수 없다는 것입니다. 인생의 모든 문제는 하나님이 해답이지 사람이 해답이 아닙니다. 사람은 답이 될 수 없고, 되어서도 안 됩니다. 하나님만이 답이십니다.

그런데 살다 보면 우리는 하나님보다는 사람을 더 신뢰합니다. 사람을 더 찾습니다. 능력 있는 사람, 유능한 사람만 만나면 모든 것이 해결되리라고 믿습니다. 그래서 실력 있는 사람, 유능한 사람을 찾습니다. 그런데 그러면 그럴수록 문제는 더 꼬이고 해결되지 않습니다. 해결되는가 싶으면 더 깊은 수렁으로 빠져들어갑니다.

사람은 해답이 아닙니다. 하나님이 해답입니다. 다시 6절부터 보십시오. 여기서 '여호와'란 단어가 얼마나 강조되고 있는지 말입니다.

"사무엘이 백성에게 이르되 모세와 아론을 세우시며 너희 열조를 애굽 땅에서 인도하여 내신 이는 여호와시니"(6절).
"야곱이 애굽에 들어간 후 너희 열조가 여호와께 부르짖으매 여호와께서 모세와 아론을 보내사 그 두 사람으로 너희 열조를 애굽에서 인도하여 내어 이곳에 거하게 하셨으나"(8절).
"여호와께서 여룹바알과 베단과 입다와 나 사무엘을 보내사 너희를 너희 사방 원수의 손에서 건져내사 너희로 안전히 거하게 하셨거늘"(11절).
"이제 너희의 구한 왕 너희의 택한 왕을 보라 여호와께서 너희 위에 왕을 세우셨느니라"(13절).

이 몇 구절만 보더라도 하나님께서 하시는 일이 무엇인지 분명하게 나타나 있습니다.

6절에서는 그 종들을 세우시며 위기 가운데서 그 백성을 인도해 내시는 하나님이십니다.

8절에서는 우리 기도를 들으시고 구원하시는 하나님이십니다.

11절에서는 그 종들을 보내사 백성들을 원수의 손에서 건져내시는 하나님이십니다.

13절에서는 백성들이 요구한 왕을 세워주시는 하나님이십니다.

이 모든 일을 누가 하십니까? 하나님이십니다. 하나님이 이런 일을 주도적으로 하십니다. 반대로 말하면, 하나님이 하시고자 안하면 아무도 할 수 없습니다. 인간이 아무리 노력하고 애써도 아무것도 이룰 수 없습니다. 하나님이 하셔야 하는 것입니다. 그런데 백성들은 이런 하나님은 못 보고 앞에 있는 사람만 보고 있습니다. 그러면서 요구하기를 '우리에게도 왕이 있어야 합니다. 왕만 있으면 됩니다. 우리가 이렇게 고생하는 것은 왕이 없어서입니다' 라고 하면서 왕을 세워달라고 요구했습니다. 이스라엘 백성들은 생각했습니다. '우리에게 왕만 있으면 이런 고생 안하고 살 것이다. 왕이 있어야 한다.' 참으로 어리석은 생각입니다.

왕을 세우시는 분이 누구입니까? 하나님이십니다. 하나님이 왕을 세우시지 않으면 아무리 위대한 사람이라도 왕이 될 수 없습니다. 또 왕이 되어서도 제대로 된 정치를 할 수 없습니다. 왜 이것을 모르는지 모르겠습니다. 바로 이런 생각이, 하나님 앞에 죄악인 것입니다. 하나님을 화나게 만드는 것입니다. 마치 사람이 손가락으로 달을 가리켰는데 달은 안보고 손가락만 본 꼴입니다. 얼마나 어리석은 일입니까? 답답한 일입니까? 그래서 하나님이 이 어리석음에 대해 징계를 하시는 장면이 17-18절에 나옵니다.

"오늘은 밀 베는 때가 아니냐 내가 여호와께 아뢰리니 여호와께서 우레와 비를 보내사 너희가 왕을 구한 일 곧 여호와의 목전에 범한 죄악이 큼을 너희로 밝히 알게 하시리라 이에 사무엘이 여호와께 아뢰매 여호와께서 그날에 우레와 비를 보내시니 모든 백성이 여호와와 사무엘을 크게 두려워하니라"(17-18절).

통상 이스라엘에서 밀 베는 때는 5월 중순에서 6월 중순으로 건기입니다. 이때는 비가 오지 않습니다. 당연히 천둥 번개도 없습니다. 그런데 사무엘이 하나님께 기도했더니 하나님이 우레와 비를 내리셨습니다. 우뢰는 보통 심판의 상징으로 알려져 있습니다. 얼마 전 장마 질 때 천둥 번개가 치는데 얼마나 크게 소리가 나는지 가슴이 콩닥콩닥 뛰었습니다. 그런데 이보다 더 큰 천둥 번개가 내리쳤다고 생각해 보십시오. 이스라엘 백성들 중에 몇 사람은 기절했을 것입니다. 사람들이 두려워하여 여호와와 사무엘을 두려워했다고 했습니다. 이것은 하나님 대신에 인간을 구하는 것이 얼마나 하나님을 화나게 만들고, 얼마나 큰 죄악인지를 보여주는 것입니다.

하나님은 언제 화를 내십니까? 우리의 모든 중요한 결정에서 하나님이 빠질 때 화를 내십니다. 무시당하는 것처럼 기분 나쁜 것이 없습니다. 또 하나님보다 사람에게서 해답을 찾으려 할 때 하나님은 화내십니다. 지금까지 이스라엘 역사에서 왕이 없어서 문제된 경우가 있습니까? 없습니다. 하나님 혼자서 다 해주셨습니다. 왕이 없어도 하나님만 계시면 문제없었습니다. 그런데 왜 왕을 구하느냐는 것입니다. 왕은 사람에 지나지 않습니다. 하나님이 세우시는 도구에 지나지 않습니다. 하나님이 다 하셨습니다. 하나님을 찾으면 됩니다. 그런데 그런 하나님을 거절하고 사람을 요구하는 것은 엄청난 죄악입니다.

오늘날 우리에게 적용해 볼까요?

혹시 어떤 사람이 변화되기를 바라고 있지 않습니까? 그 사람만 바뀌면 모든 문제가 해결될 텐데 하면서 그 사람만 바라보고 있지 않습니까? 그것이 사람을 의지하는 것입니다.

어떤 사람이 무엇을 해준다고 약속한 것 없습니까? "내가 틀림없이 취직 자리 알아볼 테니까 기다려라!" "당신 자녀 진학에 대해서 책임지겠다." 그러나 하나님이 열어주시지 않으면 사람이 열 수 없습니다. 하나님이 허락하셔야 되는 것입니다.

그런데 우리는 하나님 대신 사람을 바라보고 있습니다. 거기서 상처가 옵니다. 사람은 우리의 기대를 채울 수 없을 뿐 아니라, 우리에게 만족을 주지도 않습니다. 사람은 변질되기 쉽습니다. 그런데도 많은 사람들이 사람을 바라보고 거기서 해답을 얻거나 위로를 얻으려고 합니다. 그 사람을 변화시켜 달라고 그 사람만 변하면 된다고 기도합니다. 그런데 잘 변하지 않으니까 실망하게 되고, 낙심하게 되고 상처를 받습니다. 사람을 의지하면 꼭 그 의지하던 사람에게서 상처를 받습니다. 그것이 바로 사람 아닌 하나님만 의지하라는 사인입니다.

혹시 사람 때문에 힘들고, 사람 때문에 상처를 받으신 분이 있습니까? 아프지만 하나님의 음성을 들어야 합니다. 사람은 해답이 아니라는 것입니다. 하나님을 바라볼 때 하나님이 해결하십니다. 하나님이 해결하지 못할 문제는 아무것도 없기 때문입니다.

구경꾼이 될 것인가?
주역이 될 것인가?

삼상 14:16-23

사람은 누구나 한 번 삽니다. 그래서 일생이라고 합니다. 한 번 사는 인생, 어떻게 살아야 하겠습니까? 기왕이면 주연이 되어야 하지 않겠습니까? 본문에는 주연이 되어 인생을 사는 방법이 나와 있는데, 요나단이라는 사람을 통해 이것을 배울 수 있습니다. 본문의 상황은 이렇습니다. 이스라엘과 블레셋이 전쟁을 하게 되었는데 블레셋의 군사력 앞에 이스라엘은 기가 질려 도망가고, 숨고, 흩어지기 시작했습니다.

이때 단 두 사람, 요나단과 그의 병기 든 자가 갑자기 블레셋 군대를 쳐들어가자 놀라운 일이 일어나기 시작했습니다. 16절을 보면 이렇게 말씀합니다.

"베냐민 기브아에 있는 사울의 파수꾼이 바라본즉 허다한 블레셋 사람
이 무너져 이리저리 흩어지더라."

조용하던 블레셋 군인들이 이리저리 흩어지는 것을 보고 있던 사울 왕은 혹시 우리 중에 적진에 나간 사람이 있는지 확인해 보라고 했습니다. 요나단과 병기 든 자가 없어졌습니다. 사울은 그때까지 누가 빠져 나간지도 모르고 있었던 것입니다. 그는 확인해 보고서야 두 사람이 없어졌다는 것을 알았습니다. 그런 다음 사울의 행동을 보십시오. 사울이 이미 하나님과의 관계에서 많이 어긋나 있다는 것을 보여주는 장면이 나옵니다.

"사울이 아히야에게 이르되 하나님의 궤를 이리로 가져오라 하니 그 때에 하나님의 궤가 이스라엘 자손과 함께 있음이라"(18절).

사울은 옆에 있는 제사장 아히야에게 얼른 말하기를 하나님의 궤 곧 법궤를 이리로 가져오라고 했습니다. 요나단이 적진에 가서 싸우고 있는 것을 보면서 왜 갑자기 법궤를 가져오라고 했을까요? 두 가지 이유가 있었을 것입니다.

먼저는, 하나님의 뜻이 무엇인지 모르기에 알고 싶어서 가져오라고 한 것입니다.

지금 적진에서 싸움이 벌어졌는데 보니 큰 혼란이 일어났습니다. 그런데 저 일이 하나님의 인도하심인가? 아니면 그냥 인간이 저지른 일인가? 하나님께 물어보고 싶었던 것입니다. 하나님께 물어보려거든 일이 벌어지기 전에 물어봤어야 합니다. 그런데 물어보지도 않고 있다가 일이 터지니까 다급했던 것입니다. '주님, 이 일이 하나님이 주시는 일입니까? 아니면 그냥 인간인 우리가 저지른 일입니까? 알려주십시오' 하는 마음으로 법궤를 찾은 것입니다.

또 하나는, 지금 하나님이 우리 편인가 확인하고 싶어서 법궤를 찾은 것입니다.

법궤는 하나님의 임재의 상징이었습니다. 법궤가 있으면 하나님이 우리와 함께 있는 것이고, 하나님이 우리 편인 것입니다. 사울은 법궤를 보면서 위안을 삼고 싶었던 것입니다. 그러나 법궤는 종교적인 상징물에 지나지 않습니다. 법궤가 있다고 해서 항상 하나님이 우리 편인 것은 아닙니다. 이스라엘 역사를 보면 법궤를 가지고도 패배한 적이 있습니다. 법궤가 하나님의 임재를 상징해 주기는 하지만 그것 자체가 하나님은 아닙니다. 법궤가 힘 있는 것이 아니라 하나님 그분에게 힘이 있는 것입니다.

그런데 사울은 자신이 없었습니다. 지금 이 전쟁이 하나님이 우리에게 승리를 주시려고 하는 것인지, 아니면 망하게 하려는 전쟁인지 알 수 없었습니다. 그래서 법궤를 통해서 확신을 얻으려고 한 것입니다. 법궤를 마술램프 정도로 생각한 것입니다. 법궤만 있으면 이길 수 있다고 생각한 것입니다. 참 우습지 않습니까? 법궤가 있어야 이기는 것 아니고 하나님이 함께 계셔야 이기는 것입니다. 그런데 우리는 종종 이렇게 착각할 때가 많습니다.

아주 오래전 이야기입니다만 사업하시는 어떤 분이 회사에 와서 예배를 드려 달라고 했습니다. 왜 그러는가 물어보니, 지금까지

매달 첫 월요일에 회사 종업원들과 함께 안전을 기원하는 제사를 드려 왔는데, 이제부터는 예배로 드려야겠다는 것입니다. 얼마나 귀한 일입니까? 기쁘게 가서 예배를 드려주었습니다. 처음에는 종업원들이 아주 생소해하고, 어색해하고, 찬송도 부르지 않고, 아는 찬송도 없고 해서 저 혼자서 예배를 드렸습니다.

이렇게 몇 번 가다 보니 이제는 사람들이 제법 적응해서 찬송도 따라 부를 줄 알고, 설교도 잘 들어서 속으로 참 좋아했습니다. 그래서 내심 기대했습니다. 이제 이 회사 크게 부흥하겠다는 생각이 들었습니다. 그런데 몇 달 못 가서 회사가 문을 닫았습니다. 그러니 얼마나 부끄러운 일이 되었습니까? 하나님께 예배를 드리면 더 잘되어야 하지 않겠습니까? 하나님이 도와주시는데 안 된다면 말이 안 되잖아요? 그런데 망했습니다. 부도가 났습니다. 이것 때문에 여러 사람을 힘들게 했습니다. 이 일로 인해서 저도 많은 시간을 고민했습니다. 왜 안 되었을까요?

나중에 알고 보니 이 회사가 잘되다가 어느 날부터 잘 안 되니 이거 혹시 예배를 안 드려서 그런가 해서 예배로 방법을 바꾸었습니다. 그런데 이미 그때는 회사가 기울대로 기운 상태였습니다. 경영이 잘못되었고, 방법이 잘못되었고, 많은 부분에서 문제가 있었는데, 예배만 드리면 이 모든 것이 회복될 것이라고 생각한 것입니다.

이 본문을 보면서 이 사건이 떠올랐습니다. 법궤만 있으면 하나님이 우리 편이라고 착각하는 사울이나 예배만 드리면 다 된다고 생각하는 사람이나 같다는 생각을 했습니다. 예배나 법궤나 다 종교적인 상징에 지나지 않습니다. 예배를 드려도 거기에 하나님이 계시지 않는다면 어떻게 예배라고 할 수 있겠습니까? 마치 십자가 목걸이만 하고 있으면 모든 일이 잘될 것이라고 믿는 것과 같은 것입니다.

중요한 것은 사람입니다. 하나님이 정말 복 주시는 사람이 되면 복을 받습니다. 손대는 일마다 잘됩니다. 분명히 축복이 옵니다. 아브라함이 그랬고 이삭이 그랬습니다. 이삭은 한 해 농사에서 100배나 더 수확을 한 사람입니다. 성경에서 이삭처럼 많은 복을 받은 사람이 없습니다. 한번에 100배나 받았으니까요! 그런데 이때는 법궤도 없었습니다. 어떤 종교적인 상징을 가지고 있었기에 복 받은 것이 아닙니다. 그가 복 받은 이유는 간단합니다. 하나님의 축복을 받을 만한 사람이 된 것입니다. 그는 하나님이 원하시는 곳에서, 하나님이 원하시는 방법대로 순종하고 있었습니다. 하나님이 기뻐하시는 사람이 된 것입니다. 그랬더니 하나님이 넘치도록 복을 주신 것입니다.

많은 사람들의 문제가 무엇입니까? 하나님이 원치 않는 곳, 하나님이 원치 않는 모습, 하나님이 원치 않는 일을 하면서도 예배만 드리면 다 된다고 생각하는 것입니다. 정말 오랫동안 고민했던 문제가 이것이었습니다. 예를 들면, 개업 예배를 드리고 하나님의 축복을 구했으면 잘되고 성공해야 하는데, 안 되는 게 이상하지 않습니까? 모든 사업장이 다 잘되는 것이 아니라는 말입니다. 그러면 저도 고민이 됩니다. '내가 가서 예배 드려준 사업체인데, 왜 안 될까? 내 기도가 부족했나?' 하고 말입니다.

예배를 드리면 더 잘되어야 하는데, 이상하게 안 되는 경우를 보면 저도 마음이 답답합니다. 우리는 사울처럼 법궤 만능주의에 사로잡혀 있는지도 모릅니다. 예배 만능주의에 사로잡혀 있는지도 모릅니다. 예배만 드리면 다 됐다고 생각하는 것입니다. 그러면서 안 되면 하나님께 예배드렸는데, 기도했는데 왜 안 도와주시는가 하고 원망을 합니다.

예배보다 더 중요한 것은 그 사람의 영적 상태입니다. 하나님의 복을 받을 만한 상태이면 그 사람이 드리는 예배는 분명 큰 복을 가져다줍니다. 그 예배에 하나님이 함께하십니다. 그러나 사람이 잘못되면 아무리 감동적인 예배 현장에 있어도 복을 받을 수가 없습니다. 위대한 설교자가 설교해도, 위대한 제사장이 예배를 인도해도 아무런 복도 임하지 않습니다. 하나님과의 기본적인 관계가 잘못되었기 때문입니다.

하나님은 어떤 사람과 함께하십니까? 하나님의 음성을 듣고 순종하는 사람입니다. 예수님의 삶의 특징을 보면 예수님은 늘 하나님 아버지께 주파수를 고정하고 사셨다는 것을 알 수 있습니다. 무슨 일을 하든지 아버지의 뜻을 묻고, 아버지의 때를 기다리고, 아버지의 말씀을 기다렸습니다. 혼자서 맘대로 일하신 적이 한 번도 없으십니다. 그러니 무슨 일을 해도 100% 성공합니다. 병자를 고칠 때도 하나님의 뜻을 따라, 하나님의 때에 행했기 때문에 100% 성공입니다. 하나님이 하라고 하신 일을 하나님의 때에 했는데 실패할 이유가 없는 것입니다.

누가 능력 있는 신자입니까? 하나님의 음성을 듣고 하나님께 순종하는 자들입니다. 그들 자신이 능력 있는 것이 아니라 하나님이 그들과 함께 계시므로 능력 있는 것입니다. 그 사람이 손대는 일마다 되는 것입니다. 사울은 신앙적인 모양은 갖추었으나 능력이 없었습니다. 하나님이 함께 계시지 않았습니다. 사울이 이 전쟁 상황에서 얼마나 정신없었는가는 다음 구절을 보면 바로 알 수 있습니다. 19절을 보십시오.

"사울이 제사장에게 말할 때에 블레셋 사람의 진에 소동이 점점 더한지라 사울이 제사장에게 이르되 네 손을 거두라 하고."

조금 전에는 제사장에게 '법궤를 가져오라!' 해놓고 이제는 '네 손을 거두라!' 하고 말하고 있습니다. 법궤를 가져와야 할지 그대로 놔둬야 할지 갈팡질팡하고 있는 것입니다. 우리가 중요한 문제를 결정해야 할 때 알아야 할 것이 있습니다. '내가 지금 하나님이 원하시는 곳에 있는가? 하나님이 하라고 하신 일을 하고 있는가?' 먼저 자신을 돌아보시기 바랍니다.

하나님이 정리하라고 하신 것이 있으면 정리하시고, 순종하라고 하신 것이 있으면 순종하시고, 포기하라고 하신 것이 있으면 포기하시고, 끊으라고 하신 것이 있으면 끊으십시오. 그러면 당신의 예배가 하나님이 함께하시는 놀라운 예배가 될 것입니다. 하나님이 기뻐하시는 사람이 드리는 예배는 하나님이 받으십니다. 결정의 지혜를 얻게 될 것입니다. 20절 이하에서는 하나님을 믿고 담대했던 두 사람의 믿음이 얼마나 놀라운 결과를 가져오는가를 보여주고 있습니다.

"사울과 그와 함께한 모든 백성이 모여 전장에 가서 본즉 블레셋 사람이 각각 칼로 그 동무를 치므로 크게 혼란하였더라."

어떤 일이 벌어지고 있습니까? 전쟁터에 가서 보니까 블레셋 사람들이 자기들끼리 칼로 치고 있습니다. 서로가 서로를 죽이고 있는 것입니다. 조금 위로 올라가 13-14절을 보면, 처음에 이 싸움은 블레셋과 요나단의 싸움처럼 보였습니다. 요나단과 병기 든 자 둘이 블레셋을 향해 가면서 적을 쳤는데 약 20명 정도 죽였습니다. 여기까지만 보면 분명 블레셋과 요나단 일행과의 싸움입니다.
그런데 그다음을 읽어보면 싸움의 양상이 바뀌었습니다.
이제는 하나님과 블레셋의 싸움이 되었습니다. 하나님이 개입하시지 않았다면 블레셋 사람들이 자기들끼리 서로 죽이는 일이 있을 수 없는 것입니다. 이 싸움이 어떻게 전개되는가를 한번 비교해 보십시오.

"들에 있는 진과 모든 백성 중에 떨림이 일어났고 부대와 노략꾼들도 떨었으며 땅도 진동하였으니 이는 큰 떨림이었더라 베냐민 기브아에 있는 사울의 파수꾼이 바라본즉 허다한 블레셋 사람이 무너져 이리저리 흩어지더라"(15-16절).

"사울이 제사장에게 말할 때에 블레셋 사람의 진에 소동이 점점 더한지라……사울과 그와 함께한 모든 백성이 모여 전장에 가서 본즉 블레셋 사람이 각각 칼로 그 동무를 치므로 크게 혼란하였더라"(19-20절).

갈수록 상황이 더 심각해지고 있습니다.

21절에서는 블레셋 편에 있었던 히브리 사람들도 이스라엘 편에 붙어서 연합하기 시작했습니다. 22절에서는 무서워 산에 숨어 있던 사람들도 나와 블레셋을 추격하기 시작했습니다. 23절에서는 이렇게 결론을 내리고 있습니다.

"여호와께서 그날에 이스라엘을 구원하시므로 전쟁이 벧아웬을 지나니라."

여호와께서 그날에 이스라엘을 구원하셨다! 이것이 이 전쟁에 대한 평가입니다. 하나님께서 언제부터 이스라엘을 구원하시기 시작하셨을까요? 요나단과 그 병기 든 자가 믿음으로 블레셋을 향해 공격해 들어갈 때입니다. 분명 이들이 공격해 들어갈 때는 둘이 갔습니다. 처음에는 20여 명 정도밖에 죽이지 못했습니다. 그런데 그 다음부터는 하나님이 개입하셨습니다. 큰 떨림이 일어나더니 그들이 꼼짝 못하게 되었습니다. 나중에는 자기들끼리 서로 죽이게 했습니다. 요나단과 병기 든 자가 이 많은 군대를 죽이려 했다면 한 일주일간은 밥도 안 먹고 싸워야 했을 것입니다. 결국은 싸우다 싸우다 지쳐서 쓰러지고 말았을 것입니다. 그런데 블레셋 군이 자기들끼리 서로 죽였습니다. 가만히 있어도 승리한 것입니다.

실제로 요나단과 병기 든 자가 죽인 사람은 그렇게 많지 않을 것입니다. 처음 몇 사람만 죽였을 뿐입니다. 그런데 나머지는 하나님이 하셨습니다. 여기서 우리가 얻을 수 있는 교훈은 무엇입니까?

1) 인간이 믿음으로 순종하면 그 나머지는 하나님이 하신다는 것입니다.

하나님이 우리 삶에 개입하시는 데는 우리의 믿음이 필요합니다. 도전이 필요합니다. 늘 안정적인 것만 바라면서 믿음의 모험을 하지 않는 사람은 하나님의 기적을 경험하지 못합니다. 참된 믿음은 때로 적진을 향해 돌진하는 모험을 하게 만듭니다. 신앙생활에도 모험이 필요합니다. 이렇게 믿음으로 모험할 때 하나님은 그 사람의 삶에 개입하셔서 불가능해 보이는 일들을 하게 만드십니다. 가만히 보면 처음에는 내가 하는 것 같은데 시간이 지나면서 하나님이 하고 계십니다. 우리는 시작할 뿐이요, 완성은 하나님이 하십니다. 이것이 신비입니다.

2) 하나님은 믿음으로 응답하는 소수의 사람들을 통해 많은 사람들을 구원하신다는 것입니다.

요나단과 병기 든 자, 둘밖에 안 되는 숫자입니다. 그런데 이 두 사람 때문에 이스라엘 나라 전체가 살았습니다. 구원받았습니다. 이

시대도 이런 사람들이 필요합니다. 숫자에 주눅 들지 않는 사람, 하나님을 숫자에 가두어 두지 않는 사람, 하나님의 능력은 숫자에 있지 않다고 믿는 사람들을 통해 하나님은 놀라운 일을 행하십니다.

지금도 우리 교회를 건축한 것을 생각하면 기적 같습니다. 교인 70명이 될 때, 그것도 대부분 청년들일 때 땅 415평을 샀습니다. 4억 5천을 주고 산 것입니다. 전 교인이 건축 헌금을 작정할 때 사람들은 저에게 그렇게 말했습니다.

"우리 교회 형편을 볼 때 5천만 원 나오면 많이 나올 겁니다."

그런데 저는 1억 5천은 나올 것이라 생각하고 기도했습니다. 작정하는 날이 다가오자 우리 성도들은 액수가 너무 적어서 제가 상처 받고 낙심할까 봐 걱정했습니다. 그런데 뚜껑을 열어보니 1억 5천이 넘게 작정되었습니다. 그리고 작정한 헌금의 98% 이상이 작정한 기한에 다 채워졌습니다.

어떤 교회들은 작정은 많이 했는데 작정한 대로 지키지 않아서 아주 힘들었다고 하는데, 웬일인지 우리 교회는 그런 일이 없었습니다. 작정한 것보다 더 낸 분들도 있습니다. 지금도 교회 건축을 어떻게 했는지 생각하면 신기합니다. 하나님이 하신 것입니다. 우리는 믿음의 씨앗을 뿌렸을 뿐이요 나머지는 하나님이 하신 것입니다. 우리가 뿌린 믿음의 씨앗을 사용하셔서 놀라운 일을 이루신 것입니다. 처음에는 우리가 우리 돈으로 건축한다고 생각했습니다. 그런데 하다 보니 하나님이 하셨습니다. 그때 70명밖에 안 되는 사람들의 헌신이 오늘 이렇게 많은 사람들을 행복하고 편하게 만들어 주고 있는 것입니다. 개척부터 지금까지 하나님께서 필요할 때마다 기막히게 채워 주셨습니다.

우리가 하나님 앞에서 바르게 행하고, 남의 교인을 빼앗아 오려 하지 않고, 불신자를 전도해서 제자 삼겠다는 마음으로 바로 행할 때 하나님이 넘치게 채워주셨습니다. 우리가 바르게 살면 하나님이 채워주십니다. 하나님이 그 예배 가운데 함께하십니다. 교회 돈 갖고 이상한 짓 하니까 돈 문제, 경제 문제가 생기는 것이지 바로 행하면 하나님이 채워 주십니다. 우리는 믿음을 갖고 있고, 돈은 하나님이 갖고 계십니다.

3) 하늘 창고는 믿음으로 나아가는 자에게 늘 열려 있다는 것입니다.

하늘나라 창고는 지금 가득 차 있습니다. 지금도 열려 있습니다. 믿음으로 하나님께 나아가는 자들에게만 열려 있습니다. 하늘나라 창고를 여는 열쇠 이름이 뭔지 아십니까? 믿음입니다. 믿음이라는 열쇠로 열어야만 하늘나라 창고는 열리게 되어 있습니다. 이 땅에 살면서 하늘나라의 보화를 누리는 방법이 믿음입니다. 이번 휴가 기간에 세 권의 책을 읽었는데, 그중 한 권이 오랄 로버츠라는 사람이 쓴 《내 안에 역동적으로 역사하시는 성령님》이란 책이었습니다.

이 책에 보면 오랄 로버츠라는 목사님이 약 30년 전에 하나님께 비전을 받고 미국에 가장 기독교적인 대학을 세우게 된 과정이 나와 있습니다. 지금 이 학교는 오클라호마 주 털사라는 곳에 위치해 있는데, 400에이커의 부지에 22동의 건물들이 있고, 수천 명의 학생들이 공부하고 있습니다. 학사 학위에서 박사 학위까지 학문적으로도 인정된 종합대학입니다. 의과대학, 신학대학까지 소유하고 있습니다. 하나님께 비전을 받은 한 사람이 믿음으로 세운 대학입니다. 다른 많은 기독교적 대학들이 거의 무너졌고, 기독교적 영성을 상실하고 세속화되었지만, 여전히 영성과 지성을 겸비한 대학으로서 성공적으로 운영되고 있습니다.

이 사람이 사업해서 돈 벌어서 세운 대학이 아닙니다. 돈이 많아서 세운 것도 아닙니다. 오직 믿음과 기도로 세운 대학입니다. 하나님께서 하늘 창고를 여시고 그 믿음에 응답하사 필요한 모든 것들을 공급해 주신 것입니다.

지금도 하나님은 믿음으로 하늘 창고를 여는 사람을 찾고 계시고 그 사람에게 모든 것을 부어주십니다. 하나님은 오늘도 성경을 통해 말씀하십니다. 하나님이 얼마나 부자이신지 말입니다.

"땅과 거기 충만한 것과 세계와 그중에 거하는 자가 다 여호와의 것이로다"(시 24:1).

"은도 내 것이요 금도 내 것이니라 만군의 여호와의 말이니라"(학 2:8).

"만물이 그로 말미암아 지은 바 되었으니 지은 것이 하나도 그가 없이는 된 것이 없느니라"(요 1:3).

"나의 하나님이 그리스도 예수 안에서 영광 가운데 그 풍성한 대로 너희 모든 쓸 것을 채우시리라"(빌 4:19).

요나단과 병기 든 자의 믿음의 모험이 이처럼 놀라운 일을 만들었습니다. 반면에, 사울과 이스라엘 백성이 이 전쟁에서 한 일이 무엇입니까? 이들은 가서 구경만 하고 있었습니다. 요나단을 통해 하나님이 하시는 일들을 보고만 있었습니다. 그런데 요나단과 병기 든 자는 이 사건의 주연으로 쓰임 받고 있는데, 나머지 사람들은 구경꾼으로 있습니다.

당신은 구경꾼이 되겠습니까? 주연으로 쓰임 받는 사람이 되겠습니까? 믿음으로 모험을 시작하십시오. 자리를 박차고 일어나 믿음으로 도전하십시오. 하나님의 기적을 기대하십시오. 당신의 인생에도 놀라운 일들이 일어날 것입니다.

맹세가 아니라
태도입니다

삼상 14:24-35

〈도마 안중근〉이란 영화를 보면 '단지동맹' 이라는 것이 나옵니다. 한국을 강제 점령한 일제를 몰아내기 위해 목숨을 내놓은 사람들이 함께 뜻을 모아서 만든 단체입니다. 이 단체는 전부 손가락을 절단하여 조국에 대한 사랑과 애국심을 표현했습니다. '그렇게까지 해야만 하는가?' 하는 의문이 들기는 했지만 그 마음만큼은 이해할 수 있었습니다. 조국의 독립을 위해서라면 손가락이 아니라 그보다 더한 것도 바칠 각오가 되어 있는 모습이었습니다.

그런데 어떤 경우에는 전혀 의미도 없고 할 필요도 없는데 헛된 맹세를 해서 여러 사람을 힘들게 만드는 경우가 있습니다. 본문 24절은 이렇게 시작합니다.

"이날에 이스라엘 백성이 피곤하였으니 이는 사울이 백성에게 맹세시켜 경계하여 이르기를 저녁 곧 내가 내 원수에게 보수하는 때까지 아무 식물이든지 먹는 사람은 저주를 받을지어다 하였음이라 그러므로 백성이 식물을 맛보지 못하고."

여기서 '이날' 은 요나단이 그 병기 든 자와 함께 블레셋 군대를 쳐들어가서 싸워 승리한 날을 말합니다. 그런 날에 이스라엘 백성은 피곤했습니다. 사울 왕 때문이었습니다. 사울이 백성들에게 맹세를 시켰습니다. '원수 블레셋 사람들에게 복수하기까지는 아무 식물이든지 먹으면 저주를 받을지어다.'

전쟁터에서 일종의 금식 명령을 내린 것입니다. 전쟁에서는 잘 먹어도 승리할까 말까 할 판인데 금식 명령을 내렸습니다. 왜 갑자기 금식 맹세를 시켰을까요? 너무 다급했기 때문일 것입니다. 물론 사람이 갑작스런 일을 당하거나 아주 심각한 문제를 만나면 금식할 수도 있습니다. 지금 죽느냐 사느냐 하는 판인데 금식이 문제입니까?

그런데 이스라엘의 상태가 그랬습니다. 전쟁하러 모였던 사람들이 블레셋 군대를 보고 무서워서 산으로 굴속으로 도망가 숨었습니다. 이리저리로 다 흩어지고 사울 왕 곁에 남은 군사가 이제 겨우 600명입니다. 이미 대세가 기울었고, 누가 봐도 지게 되었습니다. 바닷가의 모래같이 많은 블레셋 군대, 더구나 월등한 첨단 무기로 중무장한 군대를 이긴다는 것은 불가능해 보이는 상황이었습니다. 이런 사람들을 대상으로 싸우려면 특단의 조치가 필요합니다. 죽음을 각오하고 싸우지 않으면 안 됩니다. 그래서 '우리, 승리하기 전에는 무엇이라도 먹지 말자' 하는 맹세를 하게 함으로써 전쟁에 대한 결단을 하게 한 것입니다. 이런 상황에서는 그보다 더한 것도 할 수 있습니다. 그러므로 금식한다는 것 자체는 이해할 수 있습니다.

그런데 본문에서의 문제는 금식 맹세이기보다는 금식 명령을 내린 동기가 문제입니다. 본문의 흐름을 볼 때 적어도 한 가지 잘못된 동기가 있었던 것 같습니다.

금식 맹세하면 하나님이 도와주시리라고 생각했던 것 같습니다. '우리가 이렇게 금식하면서 죽기를 각오하고 싸우는데 하나님이 안 도와주시겠나? 금식까지 하는데 도와주시겠지?' 하는 기대를 했던 것 같습니다. 금식을 통해서 하나님의 도움을 끌어오려는 시도를 했습니다. '아무리 냉정한 하나님이라도 우리가 이렇게 금식하면서 힘들게 싸우는 것을 보시면 가만 있지 않겠지. 뭔가 도와주시겠지' 하는 마음이 있었습니다.

어떻습니까? 바른 방법입니까? 이렇게 금식하면 하나님이 도와주시는 것입니까? 이 부분을 보면서 느끼는 것은 참 안타깝다는 것입니다. 사울과 하나님의 관계가 잘못되니까 자꾸 다른 것들을 통해서 하나님의 도움을 얻어 보려고 시도하는 것입니다. 오늘날도 이와 비슷하게 신앙생활하는 분들이 있습니다. 일이 터지면 갑자기 금식합니다. 철야합니다. 서원 기도를 합니다. 헌물을 기증합니다. 그러면서 하나님이 즉시 도와주시기를 바랍니다.

이런 태도가 무조건 잘못되었다는 것은 아닙니다. 문제는, 하나님과의 관계를 회복하려고 하지는 않고 금식이나 다른 것들을 통해서 문제만 해결하면 된다는 식의 시도가 잘못되었다는 것입니다.

물론 하나님과의 관계가 바른 상태에서 이런 일들을 행한다면 좋겠지요. 그런데 문제는 하나님과의 관계는 회복되지 않았는데 이런 것들을 통해서 하나님을 설득해 보려고 했다는 것입니다. 이렇게라도 해서 하나님의 마음을 바꾸어 보려고 한 것입니다.

그런데 사실은 하나님이 금식보다 더 중요하게 여기시는 것이 있습니다. 평소 하나님의 음성을 듣고, 하나님께 순종하는 것입니다. 평소에 하나님과의 관계를 바르게 갖는 것입니다. 이것만 되어 있으면 위기 때도 하나님이 도우십니다. 어디 있든지, 무엇을 하든지 하나님이 도우십니다.

"순종이 제사보다 낫고 듣는 것이 숫양의 기름보다 나으니"(삼상 15:22).

이 말씀에서 우리는 하나님이 원하시는 중요한 것 두 가지를 알게 됩니다. 평소 하나님의 음성을 듣고, 하나님께 순종하는 것입니다. 평소에 이것이 되면 우리의 위기 때 하나님도 외면치 않으십니다. 도우십니다. 다시 말씀드리면, 평소 하나님 앞에서 우리 삶이 바르면 위기 때 금식하고 맹세하지 않아도 하나님이 도우신다는 것입니다. 한마디로 예배와 삶이 연결된 삶, 하나님은 이것을 원하십니다.

일주일간 하나님의 뜻과는 아무 상관없이 살다가 갑작스런 일을 당했다고 금식하고 기도하면 하나님이 들으실까요? 아닙니다. 이때는 먼저 회개해야 합니다. 삶의 태도를 고치는 것이 더 중요합니다. 결론적으로 말하면, 사울의 금식은 아무런 효과도 가져오지 못했습니다. 하나님이 도와주시지 않았습니다. 금식을 통해서도 전쟁의 승리를 얻지 못했습니다. 오히려 이런 잘못된 결정 때문에 더 많은 백성들이 하나님 앞에 범죄하게 되었습니다.

그런데 참 이상한 것은 이스라엘 백성 전체가 금식하며 기도해도 응답하지 않으시던 하나님이 반대로 금식도 하지 않은 두 사람을 통해서 이스라엘을 구원하셨다는 것입니다. 요나단과 그 병기 든 자입니다. 이들은 사울이 명령을 내릴 때 그 자리에 없어서 듣지 못하고 맹세하지도 않았습니다. 사울이 명령을 내리기 전에 이들은 이미 적진을 향해 싸우러 나갔기 때문입니다.

그런데 승리는 누구를 통해 왔습니까? 그 두 사람을 통해서 왔습니다. 이들은 금식하지도 않았습니다. 맹세하지도 않았습니다. 철야 기도나 서원 기도를 한 것도 아닙니다. 그러나 이 두 사람이 믿음으로 적진을 향해 돌격해 들어가자 하나님이 도와주셨습니다. 전쟁할 때도 처음에는 이들 두 사람이 싸우는 것 같았습니다. 그런데 조금 지나자 하나님이 싸워주셨습니다. 블레셋 군인들이 자기들끼리 서로 칼로 쳐서 죽였습니다. 승리했습니다. 이상하지 않습니까? 이스라엘 백성 전체가 금식하며 배고픔을 참아가며 전쟁에 임했을 때는 아무런 도움도 주지 않던 하나님이십니다. 그저 침묵하셨습니다.

그런데 요나단과 그의 병기 든 자는 금식도 하지 않았는데 하나님이 도와주셨습니다. 왜 그랬을까요? 하나님이 차별하시는 것입니까? 금식 무용론을 말씀드리는 것이 아닙니다. 금식보다 더 중요한 것이 있다는 것입니다. 평소 하나님 앞에서의 삶입니다. 요나단은 평소에 하나님과의 관계가 되어 있습니다. 사무엘상 14장 앞부분을 읽어 보면 요나단이 하나님 앞에 어떤 믿음을 갖고 살았는가를 볼 수 있습니다.

그는 평소에 믿음으로 살았습니다. '숫자가 아무리 많아도 하나님이 도와주시지 않으면 아무것도 아니다. 반대로 숫자가 아무리 적어도 하나님이 도와주시면 승리할 수 있다.' 이런 믿음은 하루아침에 갖는 것이 아닙니다. 평소 믿음으로 보는 연습이 되어 있기 때문에 가능한 것입니다. 그러다가 블레셋과 전쟁이 나자 평소 믿음대로 산 두 사람이 적진을 향해 돌진한 것입니다. 하나님 앞에서 바른 태도로 살아가니 위기 때 금식하지 않았어도 하나님이 도우신 것입니다.

성경에 나오는 또 다른 예 중에 대표적인 것이 가인과 아벨의 제사입니다.

창세기 4장 1-7절을 보면, 가인의 제사는 하나님이 받지 않으셨는데 아우 아벨의 제사는 하나님이 받으셨습니다. 이것 때문에 가인은 속이 상해서 나중에 동생 아벨을 죽여 버렸습니다. 그런데 하나님이 왜 가인의 제사는 받지 않으셨는지 설명이 되어 있습니다.

"가인과 그 제물은 열납하지 아니하신지라 가인이 심히 분하여 안색이 변하니 여호와께서 가인에게 이르시되 네가 분하여 함은 어찜이며 안색이 변함은 어찜이뇨 네가 선을 행하면 어찌 낯을 들지 못하겠느냐

선을 행치 아니하면 죄가 문에 엎드리느니라 죄의 소원은 네게 있으나 너는 죄를 다스릴지니라"(창 4:5-7).

당시에는 예배드리면 하늘에서 불이 내려와 제물을 태웠기 때문에 누구 제사는 받으셨고 누구 제사는 안 받으셨는지 단번에 알 수 있습니다. 아벨의 제사는 그 자리에서 받으셨는데 가인의 제사는 받지 않으셨습니다. 아벨의 제물은 불이 내려와 태웠는데 가인의 제사는 그대로 있습니다. 가인이 얼마나 부끄럽고 창피했겠습니까? 고개를 들 수 없었을 것입니다. 왜 이런 일이 일어났을까요?

여기서 우리는 이 말씀을 통해 가인의 삶에 적어도 두 가지 문제가 있었다는 것을 알 수 있습니다.

1. 평소 가인의 삶이 선을 행하는 삶이 아니었다는 것을 알 수 있습니다.

"네가 선을 행하면 어찌 낯을 들지 못하겠느냐"(7절).

평소의 삶은 엉망이었습니다. 하나님의 뜻을 묻고 순종하는 삶이 아니라 자기 맘대로 살았습니다. 악을 행했습니다. 하나님의 뜻과 상관없이 살았습니다. 그러다 주일이라고 와서 예배드렸습니다. 하나님이 그 예배를 받으시겠습니까? 받지 않으십니다. 예배 전에 충분히 회개했다면 받으시겠지만, 회개 없이 엉망으로 살다가 주일날이라고 와서 예배드렸다면 하나님을 기만하는 행위입니다. 하나님은 속지 않으십니다. 겉과 속이 다른 사람, 가면 쓴 사람이 드리는 예배를 하나님은 받지 않으십니다.

　이 말을 오해하면 안 됩니다. 우리가 완전해야 하나님 앞에서 예배드릴 수 있다는 말이 아닙니다. 우리는 다 부족한 사람들입니다. 그러나 적어도 죄를 즐기는 삶을 살아서는 안 됩니다. 무엇이 하나님의 뜻인지 알고 선을 행해야 한다는 것도 알고, 어떻게 살아야 하는지도 압니다. 그런데 그렇게 살지 않았습니다. 의도적으로 불순종했습니다. 연약해서가 아니고 부족해서가 아니라 알고도 안 한 것입니다. 이런 사람이 드리는 예배는 하나님이 받지 않으십니다.

2. 죄를 즐기며 살았습니다.

7절의 표현을 주목해 보십시오.

"죄의 소원은 네게 있으나 너는 죄를 다스릴지니라"(7절).

　가인의 마음속에는 죄에 대한 소원이 있었습니다. 죄짓고 싶은 마음, 죄의 유혹이 있었습니다. 그런데 가인은 이런 잘못된 소원이 생길 때마다 물리치고, 하나님 앞에 바로 서려고 노력하지 않았습니다. 죄의 소원을 다스리기보다 죄를 즐기는 삶을 살았습니다. 죄에게 다스림을 받았습니다. 이렇게 살다가 예배드리러 왔다고 해서 하나님이 받으십니까? 아닙니다. 아벨처럼 평소 하나님 앞에서 삶이 아름다워야 합니다. 아벨은 하나님의 뜻대로 살려고 하고, 매

순간 하나님의 뜻을 묻고, 내 뜻과 내 맘대로 하지 않고 하나님이 기뻐하시는 일을 하려고 했습니다.

물론 우리가 사람인 이상 완전한 성인이 될 수는 없습니다. 약점도 있고 허물도 있습니다. 그러나 살아보려고 했는데 안 되는 것과 아예 그렇게 살아보려고도 하지 않은 것은 다릅니다. 이것은 하나님도 이해하십니다. 어쨌든 아벨의 삶의 태도는 하나님이 보시기에도 합당했기 때문에 그가 드리는 예배는 받으신 것입니다. 만약 여기서 가인이 금식하며 뭔가를 기도했다면 하나님이 들어주실까요? 아닙니다. 왜 그렇습니까? 하나님과의 관계가 바르지 않기 때문입니다. 가인이 금식이 아니라, 철야, 서원을 하고 40일 금식을 해도 하나님은 들어주시지 않을 것입니다.

사울의 경우가 그렇습니다. 많은 사람들은 가끔 이런 불평을 합니다. "나는 예배드렸는데도 하나님은 내게 복을 주시지 않는다", "나는 금식하며 기도했는데, 나는 헌금했는데, 나는 봉사했는데……하나님은 아무것도 내게 해주신 것이 없으시다", "하나님은 내 기도를 듣지 않으신다. 차별하신다" 등등.

거기에 문제가 있는 것이 아닙니다. 평소 하나님 앞에서의 삶이 문제입니다. 삶의 태도가 바르게 되어 있으면 무슨 일을 해도, 어디에 있어도 하나님이 도우십니다. 창세기 39장에는 요셉에 대한 기록이 나옵니다. 요셉은 애굽에 노예로 팔려갔으나 하나님이 그와 함께 계셔서 손대는 일마다 잘됩니다.

"요셉이 이끌려 애굽에 내려가매 바로의 신하 시위대장 애굽 사람 보디발이 그를 그리로 데려간 이스마엘 사람의 손에서 그를 사니라 여호와께서 요셉과 함께하시므로 그가 형통한 자가 되어 그 주인 애굽 사람의 집에 있으니 그 주인이 여호와께서 그와 함께하심을 보며 또 여호와께서 그의 범사에 형통케 하심을 보았더라 요셉이 그 주인에게 은혜를 입어 섬기매 그가 요셉으로 가정 총무를 삼고 자기 소유를 다 그 손에 위임하니 그가 요셉에게 자기 집과 그 모든 소유물을 주관하게 한 때부터 여호와께서 요셉을 위하여 그 애굽 사람의 집에 복을 내리시므로 여호와의 복이 그의 집과 밭에 있는 모든 소유에 미친지라 주인이 그 소유를 다 요셉의 손에 위임하고 자기 식료 외에는 간섭하지 아니하였더라"(창 39:1-6).

말씀에 보면, 비록 요셉이 노예로 팔려갔어도 하나님이 도우시니 안 되는 일이 없습니다. 모든 일에 형통합니다. 그렇다고 요셉이 40일 금식 기도를 한 것이 아닙니다. 작정 기도를 한 것도 아니고, 철야 기도를 한 것도 아닙니다. 그런데도 하나님이 요셉에게 복을 주셔서 형통한 자가 되었습니다. 평소에 그가 하나님의 음성을 듣고 하나님의 뜻대로 살려고 했기 때문입니다. 요셉의 평소 신앙을 볼 수 있는 장면이 바로 다음에 나옵니다.

"그 후에 그 주인의 처가 요셉에게 눈짓하다가 동침하기를 청하니 요셉이 거절하며 자기 주인의 처에게 이르되 나의 주인이 가중 제반 소유를 간섭지 아니하고 다 내 손에 위임하였으니 이 집에는 나보다 큰 이가 없으며 주인이 아무것도 내게 금하지 아니하였어도 금한 것은 당신뿐이니 당신은 자기 아내임이라 그런즉 내가 어찌 이 큰 악을 행하여 하나님께 득죄하리이까 여인이 날마다 요셉에게 청하였으나 요셉이 듣지 아니하여 동침하지 아니할 뿐더러 함께 있지도 아니하니라"(창 39:7-10).

요셉이 일을 잘하고 똑똑하고 준수한 외모를 지녔기 때문에 주인 보디발의 아내가 좋아했습니다. 날마다 유혹하고, 눈짓을 하면서 별의별 수단을 다 써서 자기와 동침하기를 원했습니다. 나중에는 의도적으로 계획을 꾸민 것 같습니다. 요셉이 일하는 시간에 사람들을 다 내보내고 야한 복장을 하고 왔을 것입니다. 그러고는 유혹을 합니다.

"이제 여기에는 당신과 나밖에 없다. 우리가 무슨 짓을 해도 아무도 모른다. 당신과 나만 입 다물면 귀신도 모른다. 이제 즐기자!"

이에 요셉이 어떻게 말합니까? 특별히 중간에 한 표현을 주목해서 보십시오.

"그런즉 내가 어찌 이 큰 악을 행하여 하나님께 득죄하리이까."

누구에게 득죄한다고 되어 있습니까? 하나님께 범죄한다고 하였습니다.

"내가 이 큰 악을 행하면 사람은 모를 수 있어도 하나님이 보고 계시는데, 내가 어떻게 이런 일을 합니까? 하나님 앞에서 그럴 수 없습니다. 사람은 속여도 하나님은 속이지 못합니다. 지금 영이신 하나님이 이곳에서 당신과 내가 하는 모든 것을 다 보고 있습니다. 그래서 나는 할 수 없습니다. 못합니다. 안 됩니다."

물론 이런 대답을 할 때는 이로 인해 후에 받을 모든 고난과 핍박을 각오한 것입니다. 죄의 유혹을 거절하는 데도 대가를 지불해야 합니다. 결국 이 거절로 인해서 요셉은 누명을 쓰고 감옥에 갔습니다. 그래도 하나님 앞에 범죄할 수 없다! 이것이 요셉의 삶이요 신앙이었습니다. 이것은 어느 날 갑자기 되는 것이 아닙니다. 평소에 하나님의 뜻을 묻고, 하나님의 뜻대로 살려는 연습이 안 된 사람은 이런 말을 할 수 없습니다. 하나님 앞에 바르지 않은 것은 할 수 없다는 이 태도가 하나님의 마음에 든 것입니다. 누가 이런 사람을 축복하지 않겠습니까?

그런데 평소 하나님과 관계가 잘못된 사람일수록 위기를 당하면 종교적 사건을 계획합니다. 사건을 통해서 하나님을 설득하려고 합니다. 사울처럼 말입니다. 하나님 앞에서 바르게 살려고 하는 사람들이 더 바르게 살고, 하나님의 도움을 받고자 금식하고, 철야하고, 작정 기도를 한다면 이보다 더 귀한 일은 없습니다. 금상첨화입니다. 이렇게 안 사는 사람들이 어려운 일이 터지면 어떤 종교적인 일을 통해 하나님을 설득해 보려고 하는 것이 문제입니다.

사울의 잘못된 결정이 많은 사람을 힘들게 만들었습니다. 전쟁 중에 금식을 맹세시킨 것은 상식적으로도 납득되지 않는 장면입니다. 전쟁 때는 먹어야 하지 않겠습니까? 기도는 평소에 해야 합니다.

이런 잘못된 결정으로 어떤 일이 생겼습니까? 승리는커녕 배고픔과 피곤함만 더했습니다. 하나님 앞에 범죄하게 만들었습니다.

사울의 이 결정으로 인해 백성들이 먹지 못하자 너무 허기졌습니다. 그래서 블레셋이 놓고 도망간 것을 빼앗아 먹는데 하도 배고프니까 동물들을 잡아서 피째 먹어 버렸습니다. 하나님의 백성들에게 금한 것을 어긴 것입니다. 하나님의 백성들에게 고기를 피째 먹는 것은 절대 금하고 있습니다. 그런데 너무 배가 고프니 이것저것 가릴 것 없이 닥치는 대로 먹은 것입니다. 이 소식을 들은 사울은 이렇게 말합니다.

"무리가 사울에게 고하여 가로되 보소서 백성이 고기를 피째 먹어 여호와께 범죄하였나이다 사울이 가로되 너희가 무신하게 행하였도다" (33절).

'무신하게 행하였도다' 라는 말을 잘 보시기 바랍니다. 이 말은 '하나님을 배신하였다' 는 말입니다. '너희가 하나님을 배신하였다.' 혹시 갑작스럽게 어려운 일을 당해 결정해야 할 일이 있을 때 혼자 결정하기 어렵다면, 먼저 깨어 있는 자들에게 조언을 구하십시오. 그리고 무엇을 결정하기 전에 먼저 회개하십시오. 회개와 함께 삶의 태도를 고치시기 바랍니다. 그리고 하나님의 음성을 듣고, 하나님의 음성을 기다리십시오. 하나님을 설득하려 하지 말고 하나님께 겸손히 자신을 낮추는 연습을 하시기 바랍니다.

자기 생각을 버려야
신앙생활이 됩니다

삼상 14:36-46

묵은 밥을 좋아하는 사람은 없습니다. 하나님은 묵은 밥을 싫어하신다는 말이 있습니다. 밥을 많이 해놓고 전기밥솥에 오래 놓아두면 밥맛이 변하고 색깔도 어두워지면서 맛이 현저하게 떨어집니다. 그래서 엄마들은 할 수 있으면 새 밥을 지어서 아이들을 먹이려 합니다. 그래야 살로 간다고 믿기 때문입니다. 햅쌀이 잘나가고 비싼 이유도 바로 이런 이유 때문인 것 같습니다. 묵은 쌀로 할 때보다 훨씬 맛있기 때문입니다.

하나님도 마찬가지입니다. 하나님은 묵은 은혜를 주시지 않습니다. 하나님은 날마다 새로운 은혜를 주십니다. 오래 전에 주신 은혜를 가지고 몇 년씩 지내게 하지 않는다는 말입니다. 오늘 주시는 은혜가 다르고 내일 주시는 은혜가 다릅니다. 날마다 새롭습니다. 하나님은 우리가 과거 한때 뜨거울 때 받은 은혜로 몇 년씩 버티면서 겨우 굶주림을 면할 정도로 살기 원치 않으십니다. 오히려 날마다 새로운 은혜를 주셔서 과거의 것을 벗어버리고 새롭게 살기 원하십니다. 찬양만 해도 그렇습니다. 성경에 보면 하나님께서 얼마나 새로운 것을 좋아하시는지 알 수 있습니다.

> "새 노래로 그를 노래하며 즐거운 소리로 공교히 연주할지어다"(시 33:3).
> "새 노래 곧 우리 하나님께 올릴 찬송을 내 입에 두셨으니 많은 사람이 보고 두려워하여 여호와를 의지하리로다"(시 40:3).
> "하나님이여 내가 주께 새 노래로 노래하며 열 줄 비파로 주를 찬양하리이다"(시 144:9).
> "저희가 보좌와 네 생물과 장로들 앞에서 새 노래를 부르니 땅에서 구속함을 얻은 십사만 사천 인밖에는 능히 이 노래를 배울 자가 없더라"(계 14:3).

그렇기 때문에 신앙생활을 잘하려면 과거의 어떤 것에 매여 있으면 안 됩니다. 내 생각을 날마다 새롭게 바꿀 수 있어야 합니다. 내 생각을 붙들고 있으면 새로운 은혜를 받는 데 장애물이 됩니다. 신앙생활의 최대 장애물은 자기 생각을 버리지 못하는 것입니다. 성경에 보면 이스라엘 백성들이 하나님의 징계를 받았을 때는 과거에 애굽에서 종살이하던 때의 생각과 습성을 버리지 못했을 때입니다. 그 대표적인 예가 출애굽기 32장 1-6절에 나옵니다.

그 말씀에 보면 모세가 하나님의 명령에 따라 율법을 받기 위해 시내 산에 들어갔습니다. 40일을 하나님과 함께 있었습니다. 그랬더니 산 아래에서는 난리가 났습니다. 눈에 보이던 모세가 안 보이니 모세가 죽었는가 보다 하면서 바로 아론에게 이런 요구를 합니다.

"백성이 모세가 산에서 내려옴이 더딤을 보고 모여 아론에게 이르러 가로되 일어나라 우리를 인도할 신을 우리를 위하여 만들라 이 모세 곧 우리를 애굽 땅에서 인도하여 낸 사람은 어찌되었는지 알지 못함이니라"(출 32:1).

그래서 온 백성들이 함께 힘을 모아 금을 모았습니다. 그 금으로 송아지 형상을 만들었습니다. 그리고 그 형상을 하나님이라고 믿고 단을 쌓고, 예배드리고 기뻐하면서 뛰어놀았습니다. 이 일로 인해서 그들은 하나님의 징계를 받았습니다. 이스라엘 사람 3천 명이 죽었습니다. 이것을 통해 알 수 있는 것은 무엇입니까?

이스라엘 백성들이 하나님의 이적과 기적을 경험했음에도 불구하고 과거 애굽에서 했던 태도와 생각들을 버리지 못했다는 것입니다. 하나님을 믿는다고 했지만 겉만 변했지 속까지 변한 것은 아닙니다. 그래서 위기 때가 되면 다시 옛날 모습이 나옵니다. 옛 생각, 옛 습관, 옛 기질이 나오는 것입니다. 우상 섬길 때 했던 태도들이 나오는 것입니다. 아직 옛것을 버리지 않은 상태에서 하나님을 믿은 것입니다. 그러니까 위기 때가 되면 다시 옛날로 돌아가 버립니다. 예수 믿으면 그때부터 옛것을 버리는 연습을 해야 합니다. 특히 과거의 자기 생각을 버리는 연습을 해야 합니다. 이것이 안 되면 오랫동안 고생합니다.

어떤 그리스도인이 이런 경험을 했습니다. 어느 날 어머니가 뭘

사가지고 와서 옷에 달아 주더랍니다. 뭔가 봤더니 부적입니다. 옷에 달고 다니라는 것입니다. 아들이 물었습니다.

"아니, 어머니, 교회 다니는 사람이 이런 것 하면 안 되잖아요?"

그러자 어머니 하시는 말씀 좀 보십시오.

"얘, 아무리 예수 믿어도 지킬 것은 지켜야 한다. 예수도 믿고 부적도 하면 더 좋지 않냐? 다 너 잘되라고 그런 것이다. 잔말 말고 지니고 다녀라. 너에게는 액이 끼어 있단다."

많은 믿는 사람들이 이런 식으로 신앙생활을 합니다. 중요한 일을 할 때는 택일, 즉 날짜를 잡습니다. 사주를 맞추어 봅니다. 궁합도 봅니다. 잘하는 것입니까? 아닙니다. 이것은 예수 믿는 것이 아닙니다. 여러 잡신을 믿는 중에 예수라는 신 하나를 더 믿는 것입니다. 예수 신이 하나 더 늘어난 것입니다. 말로는 믿는다고 하지만 사실은 과거의 모든 것을 그대로 갖고 있는 것입니다. 예수 믿으면 다 버리고 새롭게 시작해야 합니다. 몸, 마음, 영까지 전부 새로워져야 합니다. 그런데 이런 것들을 안 버리니까 어려운 일을 당할 때 다시 옛날로 돌아가 버립니다. 옛날 생각, 경험들이 다 나옵니다. 이것 때문에 더 고생하게 되는 것입니다.

"그런즉 누구든지 그리스도 안에 있으면 새로운 피조물이라 이전 것은 지나갔으니 보라 새것이 되었도다"(고후 5:17).

예수님 안에 있으면 누구나 새로운 피조물이 됩니다. 몸만 아니라, 마음, 정신, 생각까지 다 새롭게 되는 것입니다. 또 로마서 7장에서는 이렇게 말씀하고 있습니다.

"이제는 우리가 얽매였던 것에 대하여 죽었으므로 율법에서 벗어났으니 이러므로 우리가 영의 새로운 것으로 섬길 것이요 의문의 묵은 것으로 아니할지니라"(롬 7:6).

그런데 과거의 것을 버리지 못하고 있다면 그것은 문제가 있는 것입니다. 예수를 믿은 다음부터는 영적인 부분까지 새로워져야 한다는 말씀입니다. 이스라엘의 역사 중에 가장 암울한 시기가 있었습니다. 사사시대입니다. 구약성경에서 이때의 일을 기록한 '사사기'를 읽어 보면 가장 많이 반복되는 표현이 하나 있습니다. 무엇입니까?

"자기 소견에 옳은 대로 행하였더라"는 표현입니다.

이스라엘이 가장 어두운 시간을 가지게 된 이유가 이것입니다. 사람마다 각자 자기 소견에 옳은 대로 행했습니다. 하나님이 계시고 하나님의 종들이 있음에도, 하나님의 말씀이 있음에도 하나님의 말씀을 따라 행동하지 않았습니다. 각기 자기 소견대로 행했습니다. 하나님을 믿지만 자기 생각을 버리지 못한 것입니다. 그러다 보니 사람마다 기준이 다릅니다. 100명이면 100가지 생각이 나오고, 1만 명이면 1만 가지 생각이 나오는 것입니다. 다 다릅니다. 논리가 다르고, 주장이 다르고, 철학이 다릅니다. 그러니 어떻게 되겠습니까? 서로 싸우게 되는 것입니다. 힘이 하나로 모아지지 않는 것입니다. 그래서 사사시대엔 적들에게 매번 먹히고, 빼앗기고, 고난당하고, 밥이 되었습니다. 하나 된 의견을 가질 수 없었기 때문입니다. 자기 소견에 옳은 대로 행했기 때문입니다.

예수 믿으면서도 가장 안 버리는 것이 무엇입니까? 자기 생각입니다. '하나님이 말씀하셨습니다' 해도, '그래도 내 생각에는……' 이라고 합니다. 필요없는 고생을 하는 것입니다. 고난이 많습니다. 실패를 맛봅니다. 빠른 길을 놔두고 돌아가는 것입니다.

우리도 시대를 따라서 자신을 새롭게 바꾸는 것이 필요합니다. 약 20년 전만 해도 교회에서 통성 기도를 하거나 소리를 내서 찬양하면 혼이 났습니다. 못하게 했습니다. 그렇게 하는 사람들을 보면 이상한 사람 취급했습니다. 그러나 지금은 이런 교회들이 거의 없습니다. 시대가 바뀌었습니다.

그리고 15년 전만 해도 교회에서 찬양할 때 드럼을 사용할 수 없었습니다. 오직 피아노만 사용하거나 전자오르간만 사용해야 했습니다. 이런 악기들만 하나님을 영화롭게 한다고 믿었기 때문입니다. 또 복음성가를 부르지 못하게 했습니다. 오직 찬송가만 불러야 한다고 했습니다. 예배 시간에 복음성가를 불렀다 하면 그날은 난리가 나는 것입니다. 박수도 치면 안 되었습니다. 경건치 않다는 것입니다. 그런데 성경의 시편에는 이미 오래 전에 그렇게 하라고 했습니다.

"너희 의인들아 여호와를 기뻐하며 즐거워할지어다 마음이 정직한 너희들아 다 즐거이 외칠지어다"(시 32:11).

"너희 만민들아 손바닥을 치고 즐거운 소리로 하나님께 외칠지어다" (시 47:1).

"여호와 앞에서 큰물이 박수하며 산악이 함께 즐거이 노래할지어다" (시 98:8).

"주의 제사장들은 의를 입고 주의 성도들은 즐거이 외칠지어다"(시 132:9).

이처럼 외치라, 손바닥을 치며 외치라, 제사장들도 성도들도 다 외치라고 했습니다. 이렇게 성경에 기록되어 있지만 사람들은 성경을 따라 행하지 않고 자기 생각대로 행동합니다. 자기 의견, 감정, 기분을 따라 행동합니다. 그래서 더 큰 혼란과 문제에 빠지는 것입니다.

약 10년 전만 해도 교회에서 커피숍을 운영하거나 서점을 운영하는 것에 대해서 아주 부정적으로 바라보았습니다. '교회가 타락했다. 세속화되었다. 예수님이 성전을 정화시켰던 것처럼 성전을 정화시켜야 한다' 는 등등 말이 많았습니다. 그러나 요즘 불신자를 전도하는 교회들을 보면 교회 시설들을 개방해서 지역 주민들을 위해 사용하고 있습니다.

이번 휴가 때 안양에 갔는데 한 교회에서 커피숍을 운영하는데, 주변의 불신자들이 얼마나 많이 와서 마시고 대화하는지 아주 인기가 좋았습니다. 성도들이 봉사하고 밤늦게까지 사람들이 끊이지 않는 것을 볼 수 있었습니다. 어떤 교회는 그 지역에 수영장이 없다고 해서 교회에서 수영장을 짓고 개방해서 마을 사람들이 이용하게 하는 것도 들었습니다.

또 과거에는 교회에서 귀신을 쫓아낸다든지, 치유 사역을 한다든지, 기도하다 넘어진다든지 하는 일들도 이상하게 여겼던 때가 있었습니다. 그러나 지금은 이런 사역에 대해서 이상한 눈초리로 보지 않습니다. 이런 현상들은 전 세계적으로 일어나고 있는 일이기 때문입니다. 그때 반대하던 사람들은 다 어디 갔는지 모르겠습니다. 사람이 자기 생각을 버리지 못하면 여러 사람들이 고생합니다.

본문에서 우리는 사울의 이런 모습을 보게 됩니다. 하나님의 말씀이나 음성을 듣기보다는 자기 소견에 옳은 대로 행하는 사울의 모습입니다. 본문에서는 두 번이나 이런 표현이 나옵니다.
"왕의 소견에 좋은 대로 하소서."
하나님의 사람이 하나님의 말씀을 듣고 따르기보다는 자기 소견에 좋은 대로 행했습니다. 여기서 사울은 자기 소견에 옳은 대로 행하다가 문제를 더 어렵게 만들었습니다. 하마터면 자기 아들을 죽일 뻔했습니다. 사울이 자기 생각을 이렇게 말합니다.

"사울이 가로되 우리가 밤에 블레셋 사람을 쫓아 내려가서 동틀 때까지 그들 중에서 탈취하고 한 사람도 남기지 말자 무리가 가로대 왕의 소견에 좋은 대로 하소서 할 때에 제사장이 가로되 이리로 와서 하나님께로 나아가사이다 하매"(36절).

사람들은 사울의 의견이 그럴듯해서 '왕의 소견대로 합시다' 라고 했습니다. 여기서 생각할 것이 있습니다. 사람의 소견에 좋다고

자기 생각을 버려야 신앙생활이 됩니다 **195**

해서 하나님도 좋은가 하는 문제입니다. 인간이 보는 것과 하나님이 보시는 것은 다를 수 있습니다. 인간은 바로 앞의 일밖에 보지 못하지만 하나님은 전체를 보십니다. 하나님은 우리에게 무엇을 지시하시거나 말씀하실 때 우리의 인생 전체를 보시면서 말씀하십니다. 영원부터 영원까지의 계획 속에서 우리를 이끌어 가시고 그 계획 속에서 우리를 인도하십니다. 그래서 때로 우리가 볼 때 지금 이 사건이 내게 안 좋은 것 같아도 후에 돌아보면 그것이 내 인생에 가장 중요한 시점이 되기도 합니다.

하나님의 인도하심에는 실수가 없으십니다. 후회도 없으십니다. 지금은 하나님이 잘못하신 것 같고, 지금은 하나님의 뜻이 틀린 것 같아 보이지만 전 인생을 놓고 볼 때는 아닙니다. 하나님이 맞았습니다. 나의 의도와 하나님의 인도하심이 다른 것은 나를 향한 또 다른 하나님의 인도하심일 때가 많습니다. 그러니 내게 좋게 보인다고 해서 그것이 하나님의 뜻이라고 생각해서는 안 됩니다. 내게는 이렇게 하는 것이 더 좋아 보여도 하나님께는 아닐 수 있습니다. 하나님께 확인하고 검증 받는 것이 필요합니다.

그러나 제사장은 달랐습니다. "왕의 소견에 옳은 대로 하지 마시고 먼저 하나님께 물어봅시다"라고 하였습니다. 얼마나 답답했으면 이렇게 말했겠습니까? 사울이 항상 충동적이고 혼자서 좋게 보이는 일은 무조건 몰아붙인다는 것을 알고, 먼저 하나님께 나아가자는 말을 한 것입니다. 36절과 40절을 읽어 보면 사울이 사람들의 말에 얼마나 잘 넘어가는 사람인지 알 수 있습니다. 백성들이

"왕의 소견에 좋을 대로 하소서"라고 한마디 하자 바로 그들의 의견을 따릅니다.

그런데 본문을 읽어 보면 그것은 옳은 행동이 아니었습니다. 기껏 머리 써서 한다는 것이 더 일을 복잡하고 힘들게 만들어 버렸습니다. 자기 생각대로 해서 된 것이 없습니다. 그러면 눈치 빠른 사람 같으면 뭔가 문제가 있다는 것을 알 것입니다. 그런데 그는 그것도 모르고 자기 생각대로 하다가 문제를 더 크게 만듭니다. 37절에 보면 제사장이 "하나님께 물어 봅시다"라고 하자 두 가지 질문을 하나님께 합니다.

"내가 블레셋 사람을 쫓아내려 가리이까? 주께서 그들을 이스라엘의 손에 붙이겠나이까?"

그런데 하나님이 응답하시지 않습니다. 그러자 바로 자기 생각이 나옵니다. 문제가 무엇인지 하나님께 알려 달라고 조용히 기도하며 기다리면 방법을 알려주시고 인도해 주실 텐데, 하나님이 침묵하시자 바로 본성이 나옵니다. 자기 생각대로 추진해 버립니다.

"사울이 가로되 너희 백성의 어른들아 다 이리로 오라 오늘 이 죄가 뉘게 있나 알아보자"(38절).

사울은 이렇게 죄인을 찾으려고 시도했습니다. 더구나 39절을 이해할 수 없습니다.

"이스라엘을 구원하신 여호와의 사심으로 맹세하노니 내 아들 요나단

자기 생각을 버려야 신앙생활이 됩니다 **197**

에게 있다 할지라도 반드시 죽으리라 하되 모든 백성 중 한 사람도 대답지 아니하매"(39절).

이 글의 전체적인 흐름을 읽어 보면 사울은 이 전쟁이 아들 요나단의 헌신과 용기로 승리하게 되었다는 것을 알고 있습니다. 그리고 요나단은 자기의 금식 명령을 듣지 못하고 전쟁터에 나갔기에 금식하지 않고, 뭔가를 먹었다는 것을 알았던 것 같습니다. 그러면 누구 탓인가를 물어볼 때 아들 요나단이 뽑히기 쉽겠다는 것도 짐작했을 것입니다. 그런데도 39절과 같은 맹세를 해버립니다. 이런 바보 같은 아버지가 어디 있습니까? 이런 기막힌 경우가 어디 있습니까? 그런데도 제 생각대로 해버립니다. 그러고는 기막힌 말을 합니다.

"사울이 가로되 요나단아 네가 반드시 죽으리라 그렇지 않으면 하나님이 내게 벌을 내리시고 또 내리시기를 원하노라"(44절).

"내가 너를 죽이지 않으면 하나님이 내게 벌을 내리시고 또 내리시기를 원하노라."

그냥 벌을 내리리라 했다든지, 대가를 지불하게 하겠다는 말이 아닙니다. "네가 반드시 죽으리라, 아니면 하나님이 내게 벌을 내리시고, 또 내리시기를 원하노라!" 이렇게 맹세했습니다. 그러니 안 할 수도 없는 일입니다. 정말 이렇게까지 해야 합니까? 종교의 이름으로 사람을 죽여도 됩니까? 더구나 승리의 일등공신이요, 아들인 요나단을 죽여야 합니까? 종교란 것은 살리는 것이지 죽이는 것이 아닙니다.

  그런데 사울은 죽이는 맹세를 했습니다. 약속을 지키려는 의도였다고 해도 이해되지 않는 장면입니다. 그러다가 아들을 죽이게 되었습니다. 아무튼 사울은 무슨 일만 있으면 맹세하려고 합니다. 전쟁에 불리하자 바로 금식 맹세를 통해서 전세를 바꾸어 보려 시도하지 않았습니까? 그것이 잘못된 결정이라는 것을 알았습니다. 그 결정 때문에 이스라엘 백성들이 동물들을 피채 먹어서 범죄했습니다. 맹세는 함부로 하는 것이 아닙니다. 그런데 여기서 또 맹세합니다. 참 이상한 사람입니다.

  그런데 더 이상한 것은, 그렇게 죽음을 각오하고 맹세했는데도 백성들이 반대하자 금방 없었던 일로 해버립니다(45절). 도대체 믿을 수 없는 사람입니다. 앞뒤가 다릅니다. 이런 사람을 어떻게 믿고 지도자라고 따르겠습니까? 왜 이런 일이 일어났습니까? 하나님께 물어보지 않고, 하나님의 음성을 듣지 않고 자기 생각대로 결정해 버렸기 때문입니다. 이러는 사이에 블레셋 사람들은 도망가 버렸습니다. 왜 그렇게 필요치 않은 맹세를 했는지 알 수 없습니다.

  내가 보기에 좋은 것과 하나님이 보시기에 좋은 것은 다릅니다. 무슨 일을 결정하기 전에 하나님께 물어보는 것이 중요합니다. 물어보고 결정하는 사람은 후회하지 않습니다. 내 생각을 버리고 하나님께 물어보고 하나님의 응답을 따라 행동하는 사람은 결코 후회하지 않을 것입니다. 하나님은 좋으신 분이기에 우리를 가장 좋은 길로 인도하시기 때문입니다.

그럼에도 불구하고 은혜 주시는 하나님

삼상 14:47-52

출애굽기 34장 6절에 보면, 하나님의 종 모세가 십계명을 받으러 다시 시내 산에 올라갔을 때 하나님이 모세를 만나 자신을 소개하는 장면이 나옵니다. 여기서 하나님은 자신을 이렇게 소개하십니다.

"여호와께서 그의 앞으로 지나시며 반포하시되 여호와로라 여호와로라 자비롭고 은혜롭고 노하기를 더디 하고 인자와 진실이 많은 하나님이로라"(출 34:6).

여기서 보면 하나님은 자비롭고, 은혜롭고, 노하기를 더디 하시고, 인자와 진실이 많은 분이시라고 소개하고 있습니다. 다섯 가지로 하나님의 성품을 소개하고 있는데, 4가지는 긍정적이고 한 가지는 약간 부정적인 면이 있습니다. 노하기를 더디 하신다는 말입니다. 하나님도 진노하신다는 면에서는 약간 부정적인 뉘앙스가 보입니다. 그러나 분노하시되 인간들처럼 그렇게 쉽게 노하지는 않으십니다. 노하기를 더디 하신다 했으니 분노하지 않는 것은 아닙니다. 하나님도 분노하십니다. 그러나 그렇게 쉽게 노하지는 않으십니다. 할 수 있는 한 참으시고, 길이 참으시고, 또 참아주십니다. 그러다가 정 안 되면 분노하시는 것입니다.

하나님이 이렇게 참아주신다고 했을 때 여기에 내포되어 있는 의미가 있습니다. 여전히 기대와 소망을 가지고 계신다는 것입니다. 사람들이 말 안 들을 때, 속상할 때, 아무리 해도 변화될 것 같지 않을 때 한번 다 쓸어버리고 싶은 생각이 들 수 있습니다. 그런데 혹시 변화될지 모르기 때문에 참고 기다려 주시는 것입니다. 기다려 주시면 언젠가 깨닫고 돌아올 날이 있으리라 믿기 때문입니다. 소망이 있으니까 기다려 주시는 것이지 아니면 바로 심판하시고 끝내 버리실 것입니다.

이렇게 하나님의 성품을 다섯 가지로 소개하고 있지만, 이 중에서 이 모든 것을 포함하는 단어 하나만 찾으라 한다면 어떤 단어일까요? '은혜로우신 하나님' 일 것입니다.

'은혜' 라는 단어는 하나님께만 적용되는 단어입니다. 왜입니까? 인간은 은혜로울 수 없기 때문입니다. 인간은 이기적입니다. 자기중심적입니다. 남이 잘해 주면 나도 잘하고 좋은 반응을 가집니다. 반대로 잘못해 주면 나도 관심이 없거나 잘해 주지 않습니다. 인간은 'give and take' 관계입니다. 오는 것이 있어야 가는 것도 있습니다. 받는 게 있어야 주는 게 있습니다.

그런데 하나님은 그렇지 않습니다. 하나님은 '기브 앤 테이크'가 아니라 '주시고 끝'입니다. 뭘 주었다고 해서 더 달라고 하지도 않으시고 뭘 요구하지도 않으십니다. 특별히 인간 중에 그런 것을 받을 자격이 안 되는 사람들에게도 많은 것들을 주신다는 말입니다. 품어주고, 베풀고, 받아주고, 많은 것들을 주십니다. 기도에 응답해 주십니다. 예배를 받아주십니다. 하나님께 나아갈 때마다 환영해 주십니다. 용납해 주십니다.

하나님이 얼마나 은혜로우신지 한 가지 예를 들어보겠습니다. 하나님은 기도에 있어서 은혜로우십니다. 히브리서 4장을 보면 이렇게 말씀하고 있습니다.

> "우리에게 있는 대제사장은 우리 연약함을 체휼하지 아니하는 자가 아니요 모든 일에 우리와 한결같이 시험을 받은 자로되 죄는 없으시니라 그러므로 우리가 긍휼하심을 받고 때를 따라 돕는 은혜를 얻기 위하여 은혜의 보좌 앞에 담대히 나아갈 것이니라"(히 4:15-16).

우리가 기도할 때마다 하나님이 들어주시는 이유, 응답하시는 이유는 기도할 때 우리가 하나님의 은혜의 보좌 앞으로 나아가기 때문입니다. 그곳은 은혜의 보좌이지 심판의 보좌가 아닙니다. 그래서 어떤 죄인이 나가서 기도해도 하나님은 들어주십니다. 받아주십니다. 거절하지 않으십니다. 그곳은 은혜의 보좌이기 때문입니다. 또 우리가 좀 기도를 잘못해도 하나님은 무엇을 구하는지 아시기에 들어주십니다. 왜입니까? 그곳은 은혜의 보좌이기 때문입니다.

많은 사람들은 기도에 대해서 부담을 가지고 있습니다. 혹시 우리가 잘못 기도해서 기도가 엉뚱하게 이루어지면 어떡하나 하는 부담이 있기 때문입니다. 그러나 걱정 마십시오. 우리가 기도할 때 설령 표현을 잘못했다 하더라도 하나님은 우리가 무엇을 기도하려 하는지 아십니다. 그래서 우리가 구하고 싶었던 바로 그것을 주십니다. 왜입니까? 그곳은 은혜의 보좌이기 때문입니다. 또 우리의 기도에 대해 하나님은 최고로 좋은 것을 주십니다. 왜냐하면 우리가 나아가는 곳은 은혜의 보좌이기 때문입니다.

또 다니엘 9장을 보면 하나님이 얼마나 빨리 응답해 주시는지 모릅니다.

"다니엘아 내가 이제 네게 지혜와 총명을 주려고 나왔나니 곧 네가 기도를 시작할 즈음에 명령이 내렸으므로 이제 네게 고하러 왔느니라 너는 크게 은총을 입은 자라 그런즉 너는 이 일을 생각하고 그 이상을 깨달을지니라"(단 9:23).

기도를 시작할 때 이미 하늘나라에서는 기도 응답이 이루어지고 있습니다. 얼마나 응답이 빠른지 모릅니다.

"너희 중에 누가 아들이 떡을 달라 하면 돌을 주며 생선을 달라 하면 뱀을 줄 사람이 있겠느냐 너희가 악한 자라도 좋은 것으로 자식에게 줄 줄 알거든 하물며 하늘에 계신 너희 아버지께서 구하는 자에게 좋은 것으로 주시지 않겠느냐"(마 7:10-11).

하나님은 기도하는 자들에게 좋은 것으로 주십니다. 그것도 가장 좋은 것으로 주십니다. 왜 그렇습니까? 자신이 은혜로우신 분이기 때문입니다. 하나님이 얼마나 은혜로우신 분인가에 대해서 말하자면 끝이 없을 것입니다. 그래서 기도에 있어서 얼마나 은혜로우신가만 살펴보았습니다. '그러면 하나님은 얼마나 은혜로우신가?' 하나님은 은혜를 모르는 사람에게조차 은혜를 베푸십니다.

> "이같이 한즉 하늘에 계신 너희 아버지의 아들이 되리니 이는 하나님이 그 해를 악인과 선인에게 비취게 하시며 비를 의로운 자와 불의한 자에게 내리우심이니라"(마 5:45).

이처럼 하나님은 악인이라고 해서 햇빛을 안 비추어 주시고, 선한 사람에게만 주시는 분이 아닙니다. 악인에게도 해를 비추어 주십니다. 햇빛에 대해 감사하지 않고, 하나님이 주신다고 믿지 않는 사람들에게도 해를 비추어 주십니다. 또 비를 내리실 때도 의인과 악인에게 다 내려주십니다. 능력이 없어서가 아닙니다. 악인에게는 안 주시고 의인에게만 주실 수 있지만 그렇게 안 하시는 것입니다. 이렇게 악한 사람, 불의한 사람에게조차도 은혜를 주시는 분이 하나님이십니다. 어떻게 이 일이 가능합니까? 하나님은 은혜로우신 분이기 때문입니다.

어떤 사람은 전혀 하나님 앞에 잘하는 것도 없는데 하나님이 도와주시고, 잘되게 해주시는 것 같습니다. 그런 사람들을 보면 우리 이성으로 이해되지 않을 때가 있습니다. 어떻게 저런 사람이 잘되나? 우리는 그렇게 믿음으로 살려고 하고, 하나님 뜻대로 살려고 해도 잘 안 되는데 저 사람은 그런 노력도 안하는 것 같고, 하나님을 별로 기쁘시게 하는 것 같지도 않은데 하는 일마다 잘되는 것 같습니다. 이것 때문에 비교되고, 낙심되고, 가끔 시험에 들기도 하지만 살다 보면 이런 사람들을 만난단 말입니다. 물론 끝까지 가봐야 알겠습니다만 이런 일들은 쉽게 설명되지 않는 부분입니다. 오직 하나님의 은혜라는 말로만 설명될 뿐입니다.

본문에 나오는 사울도 그런 사람입니다. 그는 자기 실력보다 하나님의 은혜 때문에 산 사람입니다. 지금까지 우리가 알고 읽어 왔던 사울의 모습은 어떤 사람입니까? 하나님의 은혜를 받기에 합당한 사람이 아닙니다. 불순종하고 자기 맘대로 예배드렸다가 혼난 사람입니다. 답답한 사람입니다. 헛된 맹세를 해서 여러 사람을 잘못된 길로 인도한 사람이요, 리더십에 문제가 있는 사람입니다. 무명의 사람을 왕으로 세워준 하나님의 은혜를 보답하지 못하는 사람입니다. 아마 보통 사람 같으면 이런 사람을 만나면 전혀 상대하지 않을 것입니다.

그런데 하나님은 그렇지 않습니다. 이런 사람에게도 은혜 주시고 도와주십니다. 47-48절을 보면 이렇게 기록하고 있습니다.

"사울이 이스라엘 왕위에 나아간 후에 사방에 있는 모든 대적 곧 모압과 암몬 자손과 에돔과 소바의 왕들과 블레셋 사람을 쳤는데 향하는 곳마다 이기었고 용맹 있게 아말렉 사람을 치고 이스라엘을 그 약탈하는 자의 손에서 건졌더라."

우리가 사무엘상 13장과 14장을 읽고 설교를 들었기 때문에 알 수 있습니다만, 지금까지 사울의 모습과는 전혀 다른 모습이 소개되고 있습니다. 앞에서 본 사울과 여기서 보는 사울은 전혀 다른 사람입니다. 앞뒤가 안 맞는 것 같습니다. 앞에서 본 사울의 모습은 어떻습니까? 승승장구하는 모습이 아닙니다. 미숙함과 어리석음, 고집과 교만함, 이로 인한 사무엘 선지자의 실망, 리더십의 부재로 인한 전쟁의 어려움, 블레셋 군대 앞에서 떨고 있는 모습, 헛된 맹세로 인한 백성들의 고난, 옹고집으로 아들 요나단까지 죽이려 했던 아주 무력하고 무능한 왕의 모습이었습니다. 이렇게 가다가는 얼마 안 되어 사울의 왕 노릇은 끝날 수밖에 없을 것 같습니다.

그런데 47절에서는 전혀 다릅니다. 전쟁마다 승리하고 있습니다. 48절에서는 가장 무서운 적인 아말렉 군대와 싸웠는데 용기 있게 아말렉을 쳤다고 기록하고 있습니다. 또 47절 하반절에서는 "향하는 곳마다 이기었고"라는 표현이 나옵니다. 얼마 전까지만 해도 패배자요, 겁쟁이요, 무능한 사람이었는데 여기서는 반대입니다. 능력자요, 승리자요, 훌륭한 리더입니다. 그는 6개 나라와 전쟁해서 이겼습니다. 용감한 군인이요, 왕이 되어 있습니다.

이것을 어떻게 이해해야 합니까? 아무리 설명하려 해도 안 됩니다. 사람이 이렇게 갑자기 변한다는 게 이해되지 않습니다. 이것을 설명할 수 있는 단 한마디 말이 있습니다.

바로 '하나님의 은혜'라는 말입니다. 하나님의 은혜가 아니고는 설명할 길이 없습니다. '은혜'란 무슨 뜻입니까? 한마디로 '자격 안 되는 사람에게 일방적으로 베푸시는 선물'이란 뜻입니다. 사울에게 하나님이 일방적으로 은혜를 주셔서 이렇게 만드신 것입니다. 못난이 사울이 용기 있는 사울이 된 것입니다. 하나님의 은혜가 아니고는 설명할 길이 없습니다. 왜 하나님께서 사울에게 이런 은혜를 주셨을까요? 마땅한 답이 없습니다. 왜 하나님께서 그렇게 하셨는지 모르겠습니다. 사울이 이런 은혜를 얻을 자격이 있어서 그런 것이 아닙니다. 사울이 정신 차리고 변해서 그랬다는 것도 설득력이 없습니다. 사무엘상 15장에 가면 또 사울이 무너지는 장면이 나오기 때문입니다.

사람이 오래된 기질을 버리고 변한다는 것이 쉽지 않습니다. 그런데 왜 하나님께서 이런 은혜를 주셨습니까? 아무리 생각해도 답을 찾을 수 없는데 굳이 찾는다면 세 가지 이유가 있습니다.

1) 하나님 자신이 그런 분이시기 때문입니다.

하나님 자신이 은혜 주시기를 기뻐하시는 분이기에 자격 없는 사람, 합당치 않는 사람에게도 은혜를 주시는 것입니다. 하나님은 인간의 한계나 연약함 안에 갇히시는 분이 아닙니다. 오히려 그런 부족한 사람들을 통해서 영광을 나타내시고, 영광을 받으시는 분입니다. 사울은 문제가 많은 사람이지만 하나님은 그런 한계 안에 갇히지 않으시고 더 큰 은혜를 주셔서 영광을 받으시는 것입니다.

2) 사무엘의 기도 때문입니다.

사무엘상 12장 23절에서 사무엘은 이런 약속을 했습니다.

"나는 너희를 위하여 기도하기를 쉬는 죄를 여호와 앞에 결단코 범치 아니하고 선하고 의로운 도로 너희를 가르칠 것인즉"(삼상 12:23).

이후로 사무엘은 이스라엘을 위해 계속 기도하는 삶을 살았을 것입니다. 하나님께서 이스라엘을 전쟁에서 이기게 하신 데는 이런 사무엘의 기도가 결정적이었을 것이라고 보여집니다. 하나님은 한 사람의 기도도 외면치 않으시고 들으시기 때문입니다.

3) 한번 하나님의 자녀가 되었기 때문입니다.

사무엘상 12장 22절을 보면 하나님께서 이스라엘 백성들에게 이렇게 말씀하십니다.

"여호와께서는 너희로 자기 백성 삼으신 것을 기뻐하신 고로 그 크신 이름을 인하여 자기 백성을 버리지 아니하실 것이요"(삼상 12:22).

우리가 보호받고 안전한 이유는 우리 자신의 능력이나 실력 때문이 아닙니다. 하나님 때문입니다. 한번 택하시면 끝까지 책임지시는 하나님, 어떤 일이 있어도 버리지 않으시는 하나님, 영원히 변치 않으시는 하나님 때문입니다. 가끔 이런 생각을 해봅니다. 만약 하나님께서 우리를 한번 구원하시고 난 다음부터 우리 실력으로 살아가라고 한다면, 우리 능력으로 그 구원을 유지하라고 한다면 구원받을 사람이 몇이나 될까? 구원받았다가 다시 지옥으로 떨어지는 사람들이 정말 많을 것입니다. 아니, 거의 대부분이 그렇게 될 것입니다.

그런데 하나님이 끝까지 돌보시는 것입니다. 책임지십니다. 우리가 잘나서가 아니라 하나님 그분의 신실하심 때문입니다. 하나님의 이름 때문에 자기 백성을 버리지 않으시는 것입니다. 우리가 하나님의 자녀가 되었다는 사실이 얼마나 놀라운 일입니까? 이 본문을 통해서 우리는 무엇을 발견합니까? 몇 가지 느끼는 것이 있습니다.

1. 희망을 발견합니다.

우리가 연약하고 부족해도 하나님은 우리를 쓰시는 데 제한받지 않으신다는 것입니다. 우리는 늘 이렇게 생각하는 경향이 있습니다. 이것도 완전주의의 영향이라고 봅니다만 '나는 부족하고 문제가 많기 때문에 하나님이 쓰시지 못할 것이다. 하나님이 나를 통해서 일하시지 못할 것이다.' 아닙니다. 하나님은 제한 받지 않으십니다. 하나님이 쓰시고자 한다면 어떤 방법으로든 쓰십니다. 부족해도 하나님이 쓰신다고 할 때 '아멘!' 하고 순종하면 하나님은 기꺼이 우리를 쓰십니다. 오히려 우리가 부족하다는 것이 하나님이 나를 더 쓰실 이유가 되기도 합니다. 하나님은 다 갖춘 자를 들어 쓰시는 것이 아니라 부족하지만 순종하는 자를 들어 쓰시기 때문입니다.

이것이 은혜입니다. 실력으로 쓰임 받는 것이 아니라 은혜로 쓰임 받는 것입니다. 우리 하나님이 은혜의 하나님이시고 능력의 하나님이신 한, 우리는 열등감에 빠질 이유가 없습니다. 패배감과 절망감에 사로잡힐 이유가 없습니다. 낙심, 두려움에 사로잡힐 이유가 없습니다. 하나님의 은혜는 이런 모든 것을 다 넘어서서 일하시기 때문입니다.

2. 하나님의 자녀 되었다는 사실이 감사합니다.

내가 하나님의 자녀가 되었다는 사실이 너무 감사합니다. 그리고 그 자녀들을 돌보시는 하나님의 은혜가 너무 감사됩니다. 요한복음 10장에서 하나님은 이렇게 말씀하십니다.

"내 양은 내 음성을 들으며 나는 저희를 알며 저희는 나를 따르느니라 내가 저희에게 영생을 주노니 영원히 멸망치 아니할 터이요 또 저희를 내 손에서 빼앗을 자가 없느니라 저희를 주신 내 아버지는 만유보다 크시매 아무도 아버지 손에서 빼앗을 수 없느니라"(요 10:27-29).

또 히브리서에서는 이렇게 말씀하십니다.

"돈을 사랑치 말고 있는 바를 족한 줄로 알라 그가 친히 말씀하시기를 내가 과연 너희를 버리지 아니하고 과연 너희를 떠나지 아니하리라 하셨느니라 그러므로 우리가 담대히 가로되 주는 나를 돕는 자시니 내가 무서워 아니하겠노라 사람이 내게 어찌하리요 하노라"(히 13:5-6).

아무도 우리를 하나님의 손에서 빼앗을 자가 없다고 했습니다. 하나님이 우리를 확실하게 지켜주십니다. 또 고아처럼 버려두지 않고 떠나지 않는다고 약속하셨습니다. 하나님이 우리 편이 되어 주신다고 했습니다. 그러므로 두려워하지 마십시오. 담대하십시오. 요한복음 14장 18절에서는 이렇게 말씀하십니다.

"내가 너희를 고아와 같이 버려두지 아니하고 너희에게로 오리라"(요 14:18).

우리는 하나님을 따른다 하지만 때로 연약해서 범죄하기도 하고, 불순종하기도 하고, 하나님을 실망시키는 행동들도 많이 합니다. 그러나 하나님은 우리를 버리지 않으십니다. 내팽개치지 않습니다. 타이르고, 깨닫게 하시고, 권면하시고, 기다려 주십니다. 그래도 안 되면 때려서라도 바꾸십니다. 그러나 버리지는 않습니다. 영적인 흔적을 지워 버리지는 않는다는 말씀입니다. 하나님의 자녀가 되었다는 사실 앞에 감격하시기를 바랍니다.

3. 중보 기도의 힘입니다.

누군가를 위해 기도하는 중보 기도의 힘이 얼마나 놀라운가 하는 것입니다. 사무엘 한 사람의 기도가 이스라엘을 승리하게 만들었습니다. 문제 많은 리더인 사울을 승리하게 만들었습니다. 나중에는 향하는 곳마다 승리하게 했습니다. 기도가 얼마나 놀라운 능력이 있습니까? 우리가 기도하면 나라가 삽니다. 교회가 삽니다. 자녀가 살고, 회복되고, 돌아오고, 개인이 변합니다. 어느 때는 우리가 하는 기도가 별것 아닌 것처럼 느껴질 때가 있습니다. 이것은 사탄의 미혹입니다. 우리 기도가 별것 아닌 것같이 보이고, 아무런 힘도 없는 것같이 보여도 실제는 그렇지 않습니다.

우리 기도는 능력이 있습니다. 권세가 있습니다. 파워가 있습니다. 우리 한 사람의 기도의 힘은 결코 작지 않습니다. 작은 물방울도 계속해서 내리면 바위를 뚫는 것입니다. 기도의 물방울, 이것도 작은 것 같지만 놀라운 일이 벌어집니다. 우리 한 사람의 기도는 결코 작지 않습니다. 헛되지 않습니다. 혹시 가족 중에 당신이 유일한 그리스도인입니까? 그런 분들은 명절이 힘든 시간이 될 수 있습니다. 그러나 걱정하지 말고 낙심하지 마십시오. 당신의 끈질긴 기도가 가족을 살리고, 가문을 살리고, 나라와 민족을 바꾸는 것입니다.

또 한 번의 기회를 주시는 하나님

삼상 15:1-6

사람들은 누구나 실패를 두려워합니다. 실패를 두려워하는 데는 많은 이유가 있지만 무엇보다도 한 번 실패하면 다시 회복하기 어렵다는 생각 때문인 것 같습니다. 믿는 사람들도 실패에 대한 두려움이 있습니다. 이 두려움은 한 번 하나님의 도구로 쓰임 받는 데 실패하면 다시 하나님이 쓰지 않으실 것 같다는 생각 때문입니다. 하나님께 쓰임 받지 못하는 인생처럼 비참한 인생은 없기 때문입니다.

그렇습니다. 사람들이 아무리 알아주고 인정해 주어도 하나님이 써주지 않는다면 아무것도 아닙니다. 그래서 사람들은 하나님께 쓰임 받기를 원합니다. 그런데 하나님은 사람을 불러 쓰실 때 한 번 쓰시고 버리시는 분이 아닙니다. 다시 기회를 주시고 회복할 시간을 주시는 하나님입니다. 본문에서 보면 사울이 그렇습니다. 하나님께서 처음 사울을 부르실 때는 블레셋을 치라고 부르셨습니다. 사무엘상 9장 16절을 보면 사울을 부르실 때의 장면이 이렇게 나와 있습니다.

"내일 이맘때에 내가 베냐민 땅에서 한 사람을 네게 보내리니 너는 그에게 기름을 부어 내 백성 이스라엘의 지도자를 삼으라 그가 내 백성을 블레셋 사람의 손에서 구원하리라 내 백성의 부르짖음이 내게 상달하였으므로 내가 그들을 돌아보았노라 하시더니"(삼상 9:16).

그래서 사울은 요나단의 도움으로 블레셋을 쳤습니다. 완전히 정리한 것은 아니지만 그래도 블레셋을 쳤습니다. 그런 다음 하나님은 사울에게 두 번째 큰 사명을 주십니다. 그것은 아말렉을 치는 것입니다. 먼저 1절을 보십시오.

"사무엘이 사울에게 이르되 여호와께서 나를 보내어 왕에게 기름을 부어 그 백성 이스라엘 위에 왕을 삼으셨은즉 이제 왕은 여호와의 말씀을 들으소서"(삼상 15:1).

하나님이 사울을 왕 삼으신 데는 나름대로 목적이 있어서입니다. 하나님이 하시려는 일이 있는데 그것을 사울을 통해서 하시려고 왕을 삼으신 것입니다. 이에 사무엘 선지자는 "이제 왕은 하나님이 하시는 말씀을 들으소서"라고 말합니다. 하나님은 영적 지도자인 사무엘 선지자를 통해서 말씀하기도 하시기 때문입니다.

하나님은 그 백성들에게 말씀하실 때 여러 가지 통로를 사용하시지만 그중에 하나가 세우신 종들, 곧 영적 지도자를 통해 말씀하십니다. 그래서 우리가 하나님의 음성을 듣기 원할 때, 인생의 안내를 받고자 할 때, 영적 지도자들을 통해서 들려오는 말씀을 주의 깊게 들어야 합니다. 개인적으로 하나님의 음성을 듣는 방법 중에는 큐티도 있고, 성경 읽기도 있고, 성구 암송이나 성경 공부도 있지만, 설교를 통해서 들려오는 하나님의 음성을 듣는 것이 매우 중요합니다.

저는 이런 본문을 읽을 때마다 가끔 이런 생각이 들곤 합니다.

'왜 하나님께서는 사울에게 직접 말씀하지 않으시고 꼭 사무엘 선지자를 통해서 이렇게 간접적으로 듣게 하셨을까? 직접 말씀하셔도 되지 않았을까?'

그런데 여러 가지 이유가 있을 것입니다. 하나님의 음성을 듣고 분별하는 훈련이 되어 있는가도 중요하고, 하나님과 평소 교통하는 삶을 통해 자주 대화하는 연습이 필요하기도 합니다. 또한 인간이 이해할 수 있도록 전달하는 것도 필요할 것입니다. 사울의 경우는 하나님의 음성을 듣는 연습이 잘 안 된 것 같습니다. 하나님이 아무리 말해 주셔도 듣지 못하니 어쩔 수 없이 사무엘 선지자를 보내서 듣게 하신 것입니다.

그러나 분명한 것은 오늘도 하나님은 그 세우신 종들을 통해서 여전히 말씀하신다는 것입니다. 언젠가 어떤 분이 이런 말을 하는 것을 듣고 정말 대화에 신중해야겠다는 생각을 했습니다. 이분은 살면서 나름대로 내면의 아픔이 있고, 치유 받아야 할 부분들이 있었습니다. 그런데 이 자매는 그동안 이렇게 기도해 왔다고 합니다.

'하나님께서 목사님을 통해 말씀해 주십시오. 목사님을 통해서 하나님의 음성을 듣기 원합니다.'

저는 이 자매가 그런 기도를 했는지 안했는지 모릅니다. 그런데 어느 날 제가 그 자매를 보면서 이렇게 말했습니다.

"자매가 여자로 태어난 것은 정말 잘한 것 같아."

그런데 그 말을 들은 이후로 이 자매는 마음의 상처가 치유되고 자유함을 받았습니다. 직접 들을 수도 있지만 목회자를 통해 듣기 원할 때 하나님은 오늘도 들려주신다는 것입니다. 그러니 참 조심스럽습니다. 더구나 저같이 유머 좋아하고, 농담 좋아하는 사람은 더 조심해야겠다는 생각을 했습니다. 2-3절에 보면 하나님께서 말씀하신 내용이 나와 있습니다.

"만군의 여호와께서 이같이 말씀하시기를 아말렉이 이스라엘에게 행한 일 곧 애굽에서 나올 때에 길에서 대적한 일을 내가 추억하노니 지금 가서 아말렉을 쳐서 그들의 모든 소유를 남기지 말고 진멸하되 남녀와 소아와 젖 먹는 아이와 우양과 약대와 나귀를 죽이라 하셨나이다."

하나님이 왜 이렇게 아말렉을 전부 죽이라고 하셨습니까? 과거 아말렉이 이스라엘에게 행한 일 때문입니다. 신명기 25장을 보면 그때의 일이 기록되어 있습니다.

"너희가 애굽에서 나오는 길에 아말렉이 네게 행한 일을 기억하라 곧 그들이 하나님을 두려워하지 아니하고 너를 길에서 만나 너의 피곤함을 타서 네 뒤에 떨어진 약한 자들을 쳤느니라 그러므로 네 하나님 여호와께서 네게 주어 기업으로 얻게 하시는 땅에서 네 하나님 여호와께서 너로 사면에 있는 모든 대적을 벗어나게 하시고 네게 안식을 주실 때에 너는 아말렉의 이름을 천하에서 도말할지니라 너는 잊지 말지니라"(신 25:17-19).

이 사람들은 이스라엘 백성이 애굽을 나와 가나안으로 향하는 도중에 이스라엘을 공격했던 사람들입니다. 그런데 이들은 다른 사람들과는 달랐습니다. 가장 비겁하고 잔인하게 공격했습니다. 사람들이 피곤할 때 공격했습니다. 뒤에서 공격했습니다. 약한 자들부터 공격했습니다. 이스라엘을 가장 괴롭혔던 사람들입니다. 그래서 하나님은 사울에게 이들을 공격하여 진멸하라고 하신 것입니다.

그런데 과거 아말렉이 이스라엘을 공격한 것은 약 500년 전 일입니다. 이 500년 전의 일을 하나님이 기억하고 있으면서 이스라엘에게 아말렉을 공격하라고 하신 것입니다. 왜 그동안은 가만히 계시다가 이제야 이런 명령을 내리셨을까요? 그동안은 이스라엘이 제대로 정비되지 않아 아말렉을 칠 수 없었기 때문입니다. 이제는 왕국을 이루고 나라가 강해지면서 아말렉을 칠 수 있기에 치라고 말씀하십니다. 이것을 보면서 느끼는 것이 있습니다.

1) 하나님의 백성들을 괴롭힌 사람들은 언젠가 반드시 하나님이 심판하신다는 것입니다.

그 정도 세월이 지나면 잃어버릴 만도 합니다. 세대가 바뀌고 사람도 바뀌었습니다. 그냥 묻어두고 넘어가도 될 것 같습니다. 그런데 하나님은 그렇지 않습니다. 하나님의 백성을 괴롭힌 사람들에 대해 반드시 심판하시고 보응하시는 하나님이십니다.

2) 하나님의 일을 방해하는 사람에 대해서도 반드시 징계를 하십니다.

이들은 이스라엘 백성들을 가나안으로 인도하려는 하나님의 일을 방해했습니다. 방해한다고 하나님의 일이 안 되는 것은 아니지만, 피조물인 인간이 거룩하신 하나님의 일을 방해했다는 사실만으로도 심판받기에 마땅한 일입니다. 2절은 영어 성경에 이렇게 되어 있습니다.

"Thus says the Lord of hosts, 'I will punish Amalek.'"

'내가 아말렉을 처벌하겠다.' 그렇습니다. 하나님은 하나님의 일을 방해하는 이들을 가만 두지 않으십니다. 반드시 심판하시고 보응하셔서 그 대가를 받게 하십니다. 그러나 우리가 직접 원수 갚는 것은 허락지 않으십니다. 대신 이렇게 말씀하십니다.

"내 사랑하는 자들아 너희가 친히 원수를 갚지 말고 진노하심에 맡기라 기록되었으되 원수 갚는 것이 내게 있으니 내가 갚으리라고 주께서 말씀하시니라"(롬 12:19).

하나님께 맡기라는 것입니다. 맡기면 하나님이 알아서 심판하십니다. 그러므로 속상하다고 억울하다고 자신이 직접 원수를 갚으려 하지 말고 하나님께 맡기십시오. 살아오면서 나를 힘들게 하고, 억울하게 하고, 속상하게 하고, 상처 준 많은 사람들, 떠올리기도 싫고, 기억도 하기 싫은 사람들이 있습니까? 그 사람들을 직접 어떻게 해보려고 하지 말고 하나님께 맡기십시오. 하나님이 지금까지 다 보고 알고 계시니 맡기면 하나님이 가장 확실하게 해결하십니다.

아마 어떤 분들은 이렇게 묻는 분들이 있을 것입니다. 원수를 사랑하란 말씀은 어떻게 되었습니까? 우리는 모든 것을 하나님께 맡겼기 때문에 하나님이 하실 줄 믿고 하나님의 말씀에 순종하는 것입니다. 원수를 사랑하며 용서하는 것은 그들을 위해서가 아니라 바로 우리 자신을 위해서 하신 말씀입니다. 용서하지 못하고 사랑하지 못하면 그 감정에 매여서 내가 자유함을 얻지 못하게 됩니다. 그로 인해 은혜 받지 못하고 하나님의 축복을 받지 못하므로 하나님이 그렇게 말씀하시는 것입니다.

'아들아, 원수 갚는 것은 내게 맡기라. 내게 맡기고 너는 이런 문제 때문에 세상 살면서 스트레스 받지 말고, 신앙생활하는 데 죄책감 느끼지 말라. 이런 것은 내가 해결할 테니 내게 맡기라. 대신 너는 가서 용서하고 축복하고 너의 할 일을 하라! 그러면 내가 알아서 처리하리라!'

하나님은 우리가 당한 것, 속상한 것, 눈물 흘리는 것을 다 보시고 아십니다. 과거에 우리 삶에 어떤 일이 있었는지 다 알고 계십니다. 정확하게 기억하고 계십니다. 누구의 잘못이고, 무엇이 문제였는지도 알고 계십니다. 그러므로 하나님이 손보기 시작하시면 막을 사람이 없습니다. 약 500년 전의 일까지도 이렇게 세세하게 기억하시는 하나님이라면, 우리가 한평생 살면서 당했던 모든 것 다 기억하시고 가장 멋지게 해결하실 것 아닙니까? 하나님은 그 종들의 고난과 아픔, 눈물을 그냥 지나치지 않으십니다. 억울한 것, 속상한 것 다 주님께 맡기십시오.

하나님이 사울에게 아말렉을 치라고 하신 또 하나의 이유는 무엇입니까? 사울에게 한 번 더 기회를 주시는 것입니다. 사울은 본래 블레셋을 치는 데 쓰시기 위해 불렀습니다. 결국 블레셋을 치기는 쳤는데 불완전하게 쳤습니다. 요나단의 공로로 이 일을 했습니다. 그것도 요나단을 죽이는 문제로 흩어지는 블레셋을 다 치지 못하고 일부를 살려두었습니다. 일을 하기는 했지만 하나님 마음에 들 만큼 잘하지 못했습니다. 깔끔하게 처리하지 못했습니다. 그래서 하나님께서는 사울에게 두 번째 기회를 주시는 것입니다. 다시 하나님의 일을 할 기회, 다시 하나님께 쓰임 받을 수 있는 기회, 순종할 기회, 하나님의 영광을 드러낼 수 있는 기회를 주신 것입니다.

부족함에도 불구하고 일을 맡겨 주신다는 것이 복입니다. 하나님이 쓰시려고 한다는 것이 기쁨입니다. 이것은 아직도 기대한다는 의미요, 더 쓰고 싶다는 사인이기 때문입니다. 이것을 보면 우리가 일을 잘해서만 하나님의 일을 맡겨주시는 것은 아닌 것을 알수 있습니다. 때로는 잘하지 못하지만 다시 한 번 기회를 주시는 때가 많습니다. 하나님이 사울에게도 또 한 번의 기회를 주시는 것입니다. 이때 잘해야 합니다.

그런데 본문을 읽어 보면 이해 안 되는 부분이 있습니다. 어떤 분들은 3절을 읽다가 시험 드는 분들도 있습니다.

"지금 가서 아말렉을 쳐서 그들의 모든 소유를 남기지 말고 진멸하되 남녀와 소아와 젖 먹는 아이와 우양과 약대와 나귀를 죽이라 하셨나이다"(3절).

'좀 잔인하지 않는가? 사랑의 하나님이시라면서 너무 하지 않은가?' 하는 생각이 들기 때문입니다. 왜 이렇게 어린아이까지 다 죽이라고 했을까요? 우리가 평소 알고 믿어 왔던 하나님과는 좀 다른 것 같습니다. 왜 그럴까요? 적어도 두 가지 이유가 있다고 봅니다.

첫째, 믿는 자들을 위해 그렇게 하라고 명령하신 것입니다.

이들을 남겨 놓으면 결국 그 남겨 놓은 사람들 때문에 누가 당하느냐? 이스라엘 백성들이 당하는 것입니다. 내가 남겨 놓은 그것이 올무가 되고, 가시가 되고, 장애물이 됩니다. 그래서 하나님은 전부 없애라고 하신 것입니다. 과거 이스라엘이 애굽에서 떠나오면서 가나안을 향해 가는데 애굽에서 묻었던 우상 숭배의 흔적을 씻어내는 데 40년이 걸렸습니다. 그것도 완전히 씻어 낸 것이 아니라 부분적으로만 씻어 냈습니다. 이 우상 숭배는 가나안 땅에 들어가서도 이스라엘 백성을 괴롭혔습니다. 처음에 완전히 씻지 못하면 두고두고 괴롭힘을 당합니다.

죄도 그렇습니다. 한번 손대면 씻기 어렵습니다. 그래서 하나님께서는 아예 처음부터 전부 없애라고 하신 것입니다.

둘째, 아말렉은 육신을 상징합니다.

육신의 소욕은 우리가 하나님의 사람이 되는 데 장애물이요, 걸림돌입니다. 그래서 육신의 소욕은 철저히 다스려야지 남겨 놓으면 안 됩니다. 출애굽기 17장을 보면, 모세 때도 아말렉과 싸운 적이 있습니다. 이때 모세가 어떻게 승리했는가를 배우는 것이 중요합니다. 모세는 여호수아에게 군사들을 데리고 나가서 싸우라 하고, 본인은 아론과 훌과 함께 하나님의 지팡이를 들고 산에 올라가서 이 전투를 보면서 기도합니다. 그런데 모세가 기도하면 이스라엘이 이기고, 기도의 손을 내리면 아말렉이 이겼습니다. 그래서 나중에는 아론과 훌이 양쪽에서 손을 붙들고 함께 기도해 주어 이기게 되었습니다.

영적인 삶을 방해하는 육신의 소욕은 어떻게 이길 수 있습니까? 기도와 순종을 통해서 이길 수 있습니다. 모세는 산에 올라가서 기도했습니다. 상황들을 보면서 기도했습니다. 기도를 통해서 이겼습니다. 불같이 일어나는 육신의 소욕을 이길 수 있는 방법이 무엇인지 아십니까? 기도밖에 없습니다. 기도하지 않으면 육신의 생각, 육신의 욕망이 일어나서 나를 넘어뜨리고 시험에 들게 합니다. 기도해야 합니다. 조금이라도 타협하면 안 됩니다. 끝까지 기도해야 합니다. 기도로 잡지 않으면 이런 육신의 욕망은 절대 잡히지 않습니다.

또 하나는 순종입니다. 여호수아는 모세의 명령을 듣고 바로 군사를 모집해서 전쟁터로 나갔습니다. 순종했습니다. 여호수아는 앞에서 싸우고, 모세는 뒤에서 기도한 것이 승리의 비결이었습니다. 육신의 소욕은 기도와 순종 외에 이길 수 없습니다. 더구나 육신의 소욕은 하나도 남겨두지 않고 다 처리해야 합니다. 그래야 다시 유혹에 빠지지 않습니다.

예를 들어, 이런 사람이 있다고 봅시다. 오늘부터 담배를 끊기로 했습니다. 그런데 담뱃갑에 어제 산 담배가 들어 있습니다. 한 개비 피고 그대로 남아 있습니다. 버리기가 아깝습니다. 어떻게 해야 합니까? 그래도 다 버려야 합니다. 다 쏟아야 합니다. 아깝다고 남겨 놓았다가는 힘들 때 다시 생각나서 피게 됩니다. 아예 모든 흔적을 지워 버려야 합니다. 담배는 꽁초까지 다 없애 버려야 합니다. 옆에도 가지 말아야 합니다. 술이 있다면 다 쏟아 버려야 합니다. 진열장에 남겨 놓은 술까지도 다 버려야 합니다. 남겨 놓으면 언젠가 다시 손대게 되기 때문입니다.

아말렉의 모든 것을 다 진멸하라는 말은 육신의 소욕을 하나도 남겨놓지 말고 다 없애버리라는 말씀입니다. 하나님은 무자비한 분이 아니십니다. 오히려 정확하신 분입니다. 6절을 보면 알 수 있습니다.

"사울이 겐 사람에게 이르되 아말렉 사람 중에서 떠나 내려가라 그들과 함께 너희를 멸하게 될까 하노라 이스라엘 모든 자손이 애굽에서 올라올 때에 너희가 그들을 선대하였느니라 이에 겐 사람이 아말렉 사람 중에서 떠나니라"(6절).

아말렉을 공격하는데 같이 있는 겐 사람들에게 미리 기별해서 아말렉에서 떠나라고 말합니다. 왜냐하면 그들이 과거 이스라엘 백성들을 선하게 대접했기 때문입니다. 역시 이것도 한 500년쯤 전에 있었던 일입니다. 그런데 하나님은 이것을 잊지 않고 기억하셨다가 은혜를 베푸시는 것입니다. 이것을 보면 하나님께 드린 헌신이나 호의는 어떤 경우도 공짜가 없다는 것을 알 수 있습니다. 지금 못 받으면 나중에라도 받습니다. 우리 대에 못 받으면 후손 대에라도 받습니다. 특별히 주의 백성들에게 주의 이름으로 물 한 컵 대접하는 것도 하나님은 그냥 지나치지 않으십니다. 상을 주십니다. 언젠가는 받게 됩니다.

겐 사람들이 베푼 호의는 당대에 돌려받지 않았습니다. 이들이 다 죽고 오랜 세월이 지난 뒤 그 후손들이 다 받았습니다. 아말렉이 멸망하는 중에 구원을 얻었습니다. 하나님은 절대 잊어버리지 않으십니다. 그래서 성경은 이렇게 말씀합니다.

> "우리가 선을 행하되 낙심하지 말지니 피곤하지 아니하면 때가 이르매 거두리라"(갈 6:9).

하나님께 드려진 헌신은 절대 공짜가 없습니다. 때가 되면 반드시 거두게 됩니다. 사실 이 땅에서 사는 동안 우리는 씨를 심는 것입니다. 믿음의 씨, 헌신의 씨, 수고의 씨, 섬김의 씨, 선을 행하는 씨, 헌금의 씨 등등 우리가 뿌린 씨앗들은 때를 따라 어느 날 열매가 되어 거두게 됩니다. 우리가 거둘 수도 있고, 아니면 우리 자손들이 거둘 수도 있습니다. 중요한 것은 뿌린 자가 반드시 거둔다는 것입니다.

지금 당장 눈에 보이는 보상이 없다고 해서 낙심하지 마십시오. 하나님과 하나님의 백성들에게 인색하지 마십시오. 지금은 뿌리는 시간이기 때문에 그렇습니다. 그러나 언젠가 추수 때가 되면 지금 뿌려 놓은 사람들은 수많은 열매들을 거둘 것입니다. 뿌릴 수 있고, 심을 수 있을 때 열심히 뿌리시기 바랍니다. 주님의 일을 하고 주님께 쓰임 받는 것이 가장 큰 축복입니다.

백성 앞에만 서면
약해지는 사울

삼상 15:7-16

어느 교회에 아주 귀가 얇은 장로님이 있었습니다. 이분이 이상한 것은 당회에서 어떤 결정을 내릴 때 함께 동의하고 결의를 하지만, 집에만 갔다 오면 의견이 바뀌는 것입니다. 집에 다녀오면 이렇게 말한답니다.

"그때 그 의견은 잘못되었으니 이렇게 하자."

이렇게 말을 바꾸는 것입니다. 목사님도 다른 당회원들도 다 이분 때문에 힘이 듭니다. 실컷 중요한 결정을 해놓고는 다음날 바뀌는 일이 많기 때문입니다.

왜 그런가 하고 알아 보니, 집에 가서 부인에게 그날 당회에서 있었던 일을 말하면 부인이 자기 생각을 다시 말합니다. 그러면 그 장로님의 생각이 그쪽으로 기울어 버립니다. 부인 말에 따라 좌지우지되는 것입니다. 그래서 나중에는 다른 당회원들이 회의할 때 아예 이런 말을 한답니다.

"집에 가서 물어보고 오세요. 또 나중에 다른 말 하지 마시고."

그러면 이분은 또 집에 가서 물어보거나 전화해서 물어보고 결정을 내린다는 것입니다. 이런 사람을 귀가 얇다고 말합니다.

우리 주변 사람들 중에서도 이렇게 귀가 얇은 사람을 볼 수 있습니다. 실컷 어떤 결정을 하고 생각을 했다가도 남이 뭐라 하면 금방 달라지는 것입니다. 마음이 약해져서 홀딱 넘어가는 사람들입니다. 이런 사람들은 유혹에 잘 넘어가는 경향이 있습니다. 자기 소신이 약한 사람들입니다. 남의 의견에 귀를 기울인다는 것은 좋은 태도이지만 이 사람이 리더일 때는 잘못하면 큰 문제가 되는 경우가 있습니다. 리더가 소신 없이 일하기 때문입니다.

본문의 사울에게서 우리는 이런 모습을 보게 됩니다. 그는 귀가 얇아서 아주 큰 손해를 본 사람입니다.

사울은 사무엘 선지자를 통해서 하나님의 명령을 직접 들었습니다. 가서 아말렉을 진멸하되 하나도 남김없이 다 진멸하라는 것이었습니다. 어린아이, 어른, 동물 할 것 없이 전부 없애라는 것입니다. 그런데 본문 8-9절을 보면, 사울은 그 명령대로 순종하지 않았습니다. 자기 생각에 좋은 것은 남기고 나쁜 것만 진멸했습니다.

> "아말렉 사람의 왕 아각을 사로잡고 칼날로 그 모든 백성을 진멸하였으되 사울과 백성이 아각과 그 양과 소의 가장 좋은 것 또는 기름진 것과 어린 양과 모든 좋은 것을 남기고 진멸키를 즐겨 아니하고 가치 없고 낮은 것은 진멸하니라"(8-9절).

이 일로 인해서 하나님은 아주 실망하셨습니다. 사무엘 선지자는 이 일로 인해 마음이 아파서 하나님께 밤새도록 기도했습니다. 너무 마음이 아팠습니다. 하나님은 이렇게 말씀하십니다.

"내가 사울을 세워 왕 삼은 것을 후회하노니 그가 돌이켜서 나를 좇지 아니하며 내 명령을 이루지 아니하였음이니라 하신지라 사무엘이 근심하여 온 밤을 여호와께 부르짖으니라"(11절).

하나님의 사람이 하나님을 근심하게 만들었습니다. 하나님의 종을 근심하게 만들었습니다. 11절을 잘 보면 사울이 처음부터 하나님의 말씀을 듣지 않으려고 했던 것 같지는 않습니다. 처음에는 하나님의 말씀대로 하려고 하다가 도중에 생각을 바꾼 것입니다. 변질되었습니다. 11절의 표현을 잘 보십시오. "그가 돌이켜서 나를 좇지 아니하며 내 명령을 이루지 아니하였음이니라."

'돌이켜 나를 좇지 않았다'는 말씀을 주목하십시오. '돌이켰다'는 말은 가다가 뒤돌아섰다는 말입니다.
"He has turned back from following Me."
가다가 돌아선 것입니다. 왜 처음에 들은 하나님의 말씀대로 가다가 돌이켰을까요? 참 안타까운 장면입니다. 하나님이 다시 한 번 두 번째 기회를 주시는데 그 기회를 놓치고 있습니다. 이 장면을 읽다 보면 화가 납니다. 아무리 사람이 눈치가 없어도 이렇게 눈치가 없을까요? 지난번 블레셋을 치라는 말씀을 순종하지 못해서 하나님이 다시 기회를 주시는 것이지 않습니까?

사무엘상·하를 읽어 보면, 이때 블레셋을 완전히 멸하지 못해서 이스라엘이 두고두고 블레셋에게 고난당하며 고생하는 것을 볼 수 있습니다. 후손들이 사울 왕을 많이 원망했을 것입니다. 사울은 블레셋을 멸하라는 명령에 순종하지 못했습니다. 대신 아들 요나단을 통해 승리를 얻었습니다. 그것도 잔당을 다 죽일 수 있었는데 필요없는 맹세로 인해서 다 놓쳐 버렸습니다. 블레셋을 쳐야 할 시간에 요나단이 맹세를 지키지 않았다고 죽이려 하다가 그 사이에 블레셋이 다 도망가서 잡지 못했습니다. 그래서 이번에 다시 하나님이 기회를 주시는 것입니다. 하나님께 쓰임 받을 기회를 주시는 것입니다. 하나님이 버려버리고 다른 사람을 쓸 수도 있는데 한 번 더 기회를 주시는 것입니다. 그런데 또 이런 짓을 하는 것입니다. 왜 그랬을까요? 사울의 문제가 무엇입니까?

사무엘상 15장을 보면 몇 가지 문제를 발견할 수 있습니다. 가장 큰 것은 사울이 백성들을 두려워했기 때문입니다. 사람 무서워하는 사람 치고 하나님의 명령 제대로 순종하는 사람 못 보았습니다. 사람이 하나님보다 더 무섭고, 사람의 눈치 보는 것이 더 중요한 사람이 어찌 하나님의 말씀을 순종할 수 있었을까요? 사무엘 선지자가 사울 왕을 만나서 물었습니다.

"(다 죽였다면서) 그러면 내 귀에 들어오는 이 양의 소리와 내게 들리는 소의 소리는 어찜이니이까"(14절).

사울은 이렇게 대답합니다.

"사울이 가로되 그것은 무리가 아말렉 사람에게서 끌어온 것인데 백성이 당신의 하나님 여호와께 제사하려 하여 양과 소의 가장 좋은 것을 남김이요 그 외의 것은 우리가 진멸하였나이다"(15절).

사울은 무리 핑계를 대고 백성들 핑계를 댑니다. '백성이 원했기 때문에 어쩔 수 없이 했습니다'라는 말입니다. 21절을 보면 더 구체적입니다.

"다만 백성이 그 마땅히 멸할 것 중에서 가장 좋은 것으로 길갈에서 당신의 하나님 여호와께 제사하려고 양과 소를 취하였나이다"(21절).

24절에서는 더 사실적으로 고백합니다.

"사울이 사무엘에게 이르되 내가 범죄하였나이다 내가 여호와의 명령과 당신의 말씀을 어긴 것은 내가 백성을 두려워하여 그 말을 청종하였음이니이다"(24절).

왕이지만 백성을 두려워하여 그 말을 청종했습니다. 사울은 백성들에게서 인기를 잃어버리고 말 듣는 것이 무서웠던 것입니다. 그래서 하나님이 원치 않으시는 일임에도 불구하고 백성들의 말을 들어준 것입니다. 사울이 얼마나 백성들을 신경 썼느냐 하면 30

절을 보십시오. 약하다 못해 비겁하다는 생각이 들 만큼 무서워합니다.

"사울이 가로되 내가 범죄하였을지라도 청하옵나니 내 백성의 장로들의 앞과 이스라엘의 앞에서 나를 높이사 나와 함께 돌아가서 나로 당신의 하나님 여호와께 경배하게 하소서"(30절).

하나님 앞에 범죄했다는 사실보다 백성들 앞에서 창피 당할까 봐 걱정하고 있습니다.
"백성들 앞에서는 나를 높여주십시오."
백성들 앞에서는 부끄러움을 당치 않게 해달라는 요청을 사무엘에게 하고 있는 것입니다. 참 사울이 많이 약해졌습니다. 사람이 이렇게 비참해질 수 있을까요? 왕이 아니라 백성들의 종이 되었습니다. 하나님의 뜻을 이루는 것보다 사람의 비위를 맞추고 눈치를 보는 일에 더 신경 쓰는 사람이 되었습니다. 도대체 하나님을 믿는 사람인지 아닌지 모르겠습니다. 사울이 왜 이렇게 되었습니까?
한 가지 발견할 수 있는 것은 사울이 변질되었다는 것입니다
사무엘상 9장에서 사무엘 선지자가 하나님께서 사울을 왕으로 삼으려 한다는 말을 했을 때 사울이 이렇게 말합니다.

"사울이 대답하여 가로되 나는 이스라엘 지파의 가장 작은 지파 베냐민 사람이 아니오며 나의 가족은 베냐민 지파 모든 가족 중에 가장 미약하지 아니하니이까 당신이 어찌하여 내게 이같이 말씀하시나이까"

(삼상 9:21).

처음 부름 받을 때 사울 안에는 가장 작은 지파, 가장 미약한 사람이라는 의식이 있었습니다. 여기까지는 좋습니다. 나같이 부족하고 보잘것없는 사람을 왕으로 삼으셨다는 사실에 감격한 것입니다. 도저히 감당치 못할 은혜입니다. 너무 황송합니다. 그런데 왕이 되고 나서 이 마음을 잃어버렸습니다. 하나님의 은혜로 왕이 된 것이 아니라 내 실력으로 된 것처럼 착각했습니다. 이제 내가 직접 왕으로서 나 자신을 관리해야 된다고 생각한 것입니다. 은혜로 부름 받은 자가 어느 날부터 실력으로 살려고 했습니다. 계산으로 살려고 했습니다. 하나님의 도움을 바라지 않고 내가 만들어 가야 한다고 생각한 것입니다.

여기서 문제가 시작되었습니다. 사울을 왕 삼으려고 제비뽑을 때 사울이 어떻게 했습니까? 행구(짐 꾸러미) 뒤에 가서 숨었습니다(삼상 10:22). '나는 도저히 자격이 안 됩니다. 나는 할 수 없습니다'라는 생각 때문입니다. 그런데 이런 사람을 하나님이 세우셨습니다. 그러면 더욱 하나님을 의지해야 하지 않겠습니까? 그런데 시간이 지나면서 하나님보다는 사람을 더 의지하게 됩니다. 사울이라는 사람을 알아가는 데 필요한 구절이 하나 더 있습니다. 다윗이 블레셋 장수 골리앗을 죽이고 성으로 돌아올 때 성에서 환영식이 열렸는데 여자들이 이렇게 말합니다.

"여인들이 뛰놀며 창화하여 가로되 사울의 죽인 자는 천천이요 다윗은 만만이로다 한지라 사울이 이 말에 불쾌하여 심히 노하여 가로되 다윗에게는 만만을 돌리고 내게는 천천만 돌리니 그의 더 얻을 것이 나라 밖에 무엇이냐 하고"(삼상 18:7-8).

물론 여인들이 한 말이 듣기 좋은 말은 아닙니다. 그러나 틀린 말도 아닙니다. 사울은 구경만 했고 골리앗과 싸운 사람은 다윗입니다. 그런데 그는 이 말을 들으면서 지나치게 불쾌해하며 심히 노했습니다. 그럴 정도는 아닙니다. 이 말은 여인들이 한 말이고, 당시 왕은 사울이고, 사울이 실권을 잡고 있었습니다. 다윗은 소년에 불과했습니다. 왕위를 그렇게 쉽게 빼앗기지 않습니다. 그렇게까지 민감하지 않아도 될 텐데 사울은 지나치게 반응합니다. 왜 그랬을까요?

사울 안에 두려움이 있었던 것입니다. 내 왕좌를 빼앗길 것에 대한 두려움, 하나님이 은혜로 주셨다는 생각을 잊어버리면서 자기 실력으로 지켜야 한다고 생각한 것입니다. 그러니 걱정이 되는 것입니다. 염려가 되는 것입니다. 실력으로 비교해 볼 때 사울보다 똑똑한 사람이 한둘입니까? 다윗은 어려서부터 이름을 날리기 시작했습니다. 자기보다 낫습니다. 이렇게 하다가는 곧 왕좌를 빼앗길 것 같습니다. 그러니 민감하게 반응하는 것입니다. 이런 뿌리가 뭔지 아십니까? 내가 해야 한다고 생각하는 것입니다. 내가 다 해야 하는데 안 되니까 비교되고, 열등감을 느끼고 스트레스를 받는 것입니다.

비교의식을 가진 사람들이 가장 싫어하는 것은 비교당하는 것입니다. 남이 비교하면서 말하는 것입니다. 남들이 나를 어떻게 평가하고 내가 어떻게 평가받고 있는가 하는 것이 가장 큰 관심이고 가장 민감한 부분입니다. 이런 것이 치유되지 않은 상태로 지도자가 되다 보니 백성들의 말에 더 민감하게 되고 신경 쓰게 되는 것입니다. 아말렉을 전부 진멸하라는 명령을 백성들에게 그대로 전달했을 때 백성들이 뭐라고 말했을까요?

"아니, 젖 먹는 아이들까지 죽여야 합니까? 그 아이들이 무슨 죄가 있다고 그 아이들까지 죽여야 합니까? 하나님이 너무 잔인한 것 아닙니까? 우리 하나님은 그렇게 잔인한 하나님이 아니라고 생각합니다. 아닐 것입니다. 그리고 저 양이나 소들까지 다 죽일 필요는 없지 않습니까? 우리가 하나님께 제사 지낼 때 항상 우리 양이나 소를 잡아왔는데, 이제 우리 것 대신 저 사람들의 것을 드립시다. 대신 가장 건강하고 살찌고 흠 없는 것으로 하나님께 드리면 되지 않습니까? 저 동물들을 다 죽이고 또 우리가 키우던 동물들을 죽여서 제물로 드린다는 것은 어리석은 일입니다. 저 사람들의 동물로 대신 제사드립시다."

아마 이런 말들이 오고 가지 않았을까 생각해 보았습니다.

사울이 왜 백성들을 두려워했습니까? 백성들에게 비춰진 자신의 모습이 융통성 없는 왕, 잔인한 왕, 앞뒤 꽉 막힌 왕, 우리 의견은 전혀 듣지 않는 왕, 이런 모습이 될까 두려웠던 것입니다. 이러다 백성들의 지지를 받지 못할까 걱정되었던 것입니다. 그러다 보니 남의 말에 너무 좌우됩니다. 자기 확신이 없습니다. 남이 칭찬하면 바로 좋아하고, 비판하는 말을 하거나 반대하는 말을 하면 금방 낙심되어 버립니다. 자기 의견보다 주변 사람들의 의견에 너무 흔들리는 것입니다.

리더가 가지고 있는 위험이 이런 것들입니다. 우리 목자들도 그럴 수 있습니다. 영적으로 건강치 못한 목자들은 목원들의 한마디 말에 이리저리 흔들립니다. 목원들의 평가에 민감합니다. 좋지 않은 평가를 받을 때, 다른 목자들과 비교될 때 낙심하고 좌절합니다. 목원들에게 신앙적으로 권면해야 한다는 필요성을 느끼지만 하지 못하고 있습니다. '혹시 한마디 했다가 목장 안 나온다 하면 어떻게 하나? 교회 안 다닌다고 하면 어떻게 하나? 나를 싫어하면 어떻게 하나?' 하는 걱정 때문에 속만 태우고 있습니다. 문제의 출발점이 어디입니까?

목자가 은혜보다 실력으로 살려고 하기 때문입니다. '나 같은 사람을 불러서 목자 삼아 주셨는데 죽도록 충성하자. 목원 한 명이라도 붙여주신 것이 감사다. 기적이다' 하는 맘으로 해야 합니다. 그런데 은혜로 부름 받은 사람이 나중에 은혜는 버리고 실력으로 살려고 합니다. 내 실력으로 목장을 해보려고 합니다. 목원들을 실력으로 잡아보려 합니다. 잡아집니까? 안 됩니다. 목자 자신이 먼저 하나님의 은혜 앞에 깨어져야 합니다. 하나님의 은혜의 손길에 목장을 맡겨야 합니다. 그러면 됩니다. 그때부터 하나님이 하십니다.

사역은 은혜로 하는 것이 가장 좋습니다. 인간적으로 상당한 실력을 갖춘 사람도 하나님께 맡기지 않고 자기 손으로 무엇을 하려고 할 때 실패합니다. 좌절합니다. 열등감을 느낍니다. 하물며 우리들이야 오죽하겠습니까? 마찬가지로 은혜로 부름 받은 사람은 은혜로 살아가야 합니다. 사울은 은혜 대신 인기와 실력으로 살아가려고 했습니다.

사울이 자신의 명예와 인기에 대해서 얼마나 깊은 관심을 가지고 있었는가는 12절을 보면 알 수 있습니다. 사울은 자기를 위해 갈멜이라는 곳에 기념비를 세우고 돌아갔습니다. 승전 기념비를 세운 것입니다. 기념비는 내가 세우는 것이 아니라 남들이 세워주는 것입니다. 살아생전에 자기를 위해 기념비 세우고 끝까지 잘된 사람 없습니다. 이것은 교만의 극치입니다. 남들이 나를 알아주기 바라는 마음에서 기념비를 세우고 기분 좋게 돌아갔습니다. 처음 부르심 받을 때의 모습과는 너무나 달라졌습니다. 자신의 이름을 드러내는 일에만 관심을 가졌습니다. 그러니 무너지게 되는 것입니다.

영적 리더는 사람의 의견보다 하나님의 음성을 먼저 들어야 합니다. 사람의 여론, 사람의 평가, 인기에 지나치게 신경 쓰면 무너집니다. 그래서 교회는 때로 다수결이 안 좋습니다. 하나님의 명령이 절대가 되어야 합니다. 하나님의 명령이 확실하다면 많은 사람들이 반대해도 가야 합니다. 순종해야 합니다. 왜 이것이 중요합니까? 사탄은 가끔 여론몰이를 통해 교회를 공격하고 리더를 공격하기 때문입니다.

우리 교회도 사역하면서 제 기억에 두 번 정도 아주 심한 반대에 부딪친 적이 있습니다. 그러나 안 된다던 사람들도 나중에는 다 되니까 할 말을 잃었습니다. 이런 일을 몇 번 경험하고 나니 지금은 반대 안합니다. 기도하고 순종하면 된다고 믿고 따라옵니다.

우리는 사탄의 믿음 없는 여론몰이에 주의해야 합니다. 믿음 없는 말로 교회를 흔들고, 목장을 흔들고, 성도들을 흔드는 말을 주의해야 합니다. 특히 사탄은 주변 사람들의 말을 통해 우리를 흔들어 댑니다. 주의하시기 바랍니다. 얼마 전 제가 듣고 웃었던 말이 있습니다. 이번 저희 교회 여름수련회 때 성령이 강하게 임해서 귀신들이 떠나고, 사람들이 넘어지기도 하고, 병이 낫고, 내면의 상처가 치유되는 일들이 일어났습니다. 이에 놀란 사람도 있고, 하나님께 영광 돌린 사람도 있습니다. 그런데 이 이야기를 직장에 가서 했더니 어떤 사람들이 이렇게 말하더랍니다.

"에이, 그런 일이 어떻게 일어나? 그것 짜고 한 것이야."

"꼭 성령의 역사라고 볼 수만은 없어 성령이 아니라 사람이 인체에 있는 기만 모아도 넘어져."

"치유된 것이 아니라 치유되었다고 상상하는 거겠지. 다 심리적인 질병이 나은 걸 거야."

이런 말을 들으면 시험 들거나 믿음이 떨어지게 됩니다. 이것이 우리 믿음을 떨어뜨리려는 사탄의 여론몰이인 것입니다.

사탄은 우리가 하나님 말씀에 전적으로 순종하면, 사람들이 우리를 융통성 없는 사람, 앞뒤 꽉 막힌 사람, 종교에 중독된 사람으로 바라보게 될 것이라고 말합니다. 융통성 없는 나 때문에 하나님의 영광을 가리고 복음의 문을 가리게 될 것이라고 속삭입니다. 아무도 너를 좋아하지 않을 것이라고, 친구도 잃고, 인기도 잃고, 상사들의 기대와 관심도 잃을 것이라고 속삭입니다. 아닙니다. 그럴수록 더 도우시는 하나님의 손길을 경험하게 됩니다.

사탄의 여론몰이에 넘어가지 마십시오. 사람의 말에 흔들리지 마십시오. 하나님께 순종하면 하나님이 도와주십니다. 하나님의 말씀이 첫째 되면 하나님도 우리 삶에 첫째로 개입하십니다. 다시 은혜를 회복하십시오. 주님의 일은 은혜로 되는 것이지 실력으로 되는 것이 아닙니다.

두 번째 이유는 탐욕 때문입니다.

"어찌하여 왕이 여호와의 목소리를 청종치 아니하고 탈취하기에만 급하여 여호와의 악하게 여기시는 것을 행하였나이까"(19절).

사울이 아말렉을 전부 멸하지 않은 것은 자기 안에 있는 욕심을 채우려고 그랬다는 것입니다. 물론 표면적인 이유는 그것이 아니었습니다. 좋은 것은 살려서 하나님께 제사드리려고 했다는 것입니다. 그는 하나님을 핑계대면서 욕심을 숨겼습니다. 예배를 빙자해서 자기 욕심을 챙겼습니다. 그는 말씀을 따른 것이 아니라 내면의 욕심을 따랐습니다. 하나님께 순종한 것이 아니라 욕심에 끌려 다녔습니다. 그러면서 예배라는 이름으로, 하나님을 섬긴다는 말로 그것을 적당하게 포장했습니다.

매일같이 옷을 사 입는 한 사람이 있었습니다. 사람들이 너무 옷만 산다고 하자 그는 이렇게 말합니다. "하나님께 예배드리러 갈 때 깨끗한 새 옷 입고 가야지 헌옷 입고 가면 안 된다. 그래서 옷을 자주 산다." 이해가 됩니까? 예수님은 어떻게 하셨을까요? 진정한 예배는 마음을 새롭게 하는 것이지 옷을 바꾸는 것이 아닙니다. 9절을 보면 이것을 지지해 주는 말씀이 있습니다.

"사울과 백성이 아각과 그 양과 소의 가장 좋은 것 또는 기름진 것과 어린 양과 모든 좋은 것을 남기고 진멸키를 즐겨 아니하고 가치 없고 낮은 것은 진멸하니라"(9절).

자기들에게 좋은 것은 다 남겨두고, 가져가 봐야 도움이 안 될 것만 죽였습니다. 왜 이렇게 했을까요? 본문을 통해 두 가지 문제를 찾을 수 있습니다.

첫째, 하나님의 말씀을 귀담아 듣지 않았습니다.
이 사건에 대해 사무엘 선지자는 이렇게 지적했습니다.

"어찌하여 왕이 여호와의 목소리를 청종치 아니하고 탈취하기에만 급하여……."

사울 왕은 하나님의 목소리를 듣는 것 같았으나 실제는 자신의 내면의 음성을 더 들었습니다. 사울의 행동을 미루어볼 때 이런 내면의 소리들이 있었을 것입니다. "좋은 건데 어때? 하나님께 드리면 되잖아! 어차피 죽으면 없어지는 건데 살아있을 때 하나님께 드리면 좋지 않아?" 이런 내면의 소리들입니다. 우리가 조심할 것이 바로 이것입니다. 우리 안에는 하나님의 음성도 있지만, 사탄의 음성도 있고, 내 자신의 내면의 소리도 있습니다. 이런 것들 중 하나님의 음성을 분별하지 못하면 육신의 욕심을 따라 치우치게 되어 있습니다.

둘째, 믿음보다 계산이 앞섰습니다.
하나님께서 뭔가를 말씀하실 때 우리는 그 뜻을 100% 이해할 수는 없지만 하나님의 선하심과 온전하심을 믿어야 합니다. 뭔가 그럴 만한 이유가 있겠지, 우리 생각보다 더 뛰어나신 하나님의 계획이 있겠지, 하며 순종해야 합니다. 하나님의 뜻을 100%보다 더 뛰어나신 하나님의 계획이 있겠지 하며 순종해야 합니다. 하나님의 뜻을 100% 이해해야만 순종한다면 순종할 사람 없습니다. 하나님께서 설명해 주신들 인간의 머리로 다 이해하지도 못합니다. 이해되지 않는 부분에서는 믿음이 필요합니다. 이때는 하나님의 말씀과 인격을 믿고 순종하기로 선택하는 것입니다. 그런데 사울은 이해되지 않으면서 믿음으로 순종하기를 선택하지 않고, 계산하기 시작했습니다.

"저만한 동물들도 없는데, 저것들 아까운데 왜 죽이나?"
사울과 백성들의 눈에는 하나님이 이상한 하나님으로 보였을 것입니다. 그래서 그들 보기에 좋은 것과 가치 없는 것을 구분하기 시작했습니다. 여러분! 하나님께서 귀하게 보시는 것은 제물이 아니라 우리의 순종입니다. 이 순종을 보시고, 그 순종을 통해 영광을 받으시는 것입니다. 앞으로 살다 보면 내 생각에 '저건 아닌데?', '내 생각이 더 나은 것 같은데……' 하는 때가 있을 것입니다. 그 때 기억해야 합니다. 하나님은 순종을 귀하게 보시지, 우리가 드리는 제물이 아니라는 것을! 순종은 하나님을 신뢰하는 믿음으로 내 생각을 누를 때 얻을 수 있는 열매입니다.

하나님이 원하시는
두 가지

삼상 15:12-23

사람들이 신앙생활하면서 즐겁지 않은 이유를 보면 하나님에 대한 오해 때문입니다. 하나님은 신실하시고 순수하신데 하나님을 바라보는 사람들은 그렇게 순수하게 바라보지 않습니다. 하나님을 오해하고 왜곡된 시선으로 바라봅니다. 그러므로 하나님을 믿는다는 것이 부담스럽습니다. 하나님은 귀찮은 존재에 지나지 않습니다. 단적인 예로, 하나님이 무엇을 명령하실 때는 우리의 유익을 위해 말씀하시는데도 나를 귀찮게 하려고, 내게 짐을 지우려고, 내게서 즐거움을 빼앗아 가려고, 내 길을 가로막으려 한다고 오해합니다. 그래서 하나님께 헌신하거나 하나님의 말씀 듣는 일을 아주 부담스러워합니다. 하나님을 방해꾼으로 생각하기 때문입니다.

그런데 하나님은 실수하지 않으십니다. 하나님께 순종해서 잘못되거나 후회하는 일은 없습니다. 그래서 신앙생활을 할 때는 하나님이 어떤 분인지 제대로 알고 해야 합니다. 그렇지 않으면 잘 가다가 변질되거나 옆길로 샐 수 있기 때문입니다. 사울이 그랬습니다. 잘 믿다가 어느 날부터 옆으로 새버렸습니다. 사울이 어떤 사람으로 변질되었습니까?

"사무엘이 사울을 만나려고 아침에 일찍이 일어났더니 혹이 사무엘에게 고하여 가로되 사울이 갈멜에 이르러 자기를 위하여 기념비를 세우고 돌이켜 행하여 길갈로 내려갔다 하는지라"(12절).

하나님의 영광을 위해 살기로 했던 사람이 자기 영광을 위한 사람으로 변했습니다. 그는 갈멜에 가서 자기를 위한 기념비를 세웠습니다. 기념비나 비석은 사람이 죽은 다음에 세우는 것입니다. 그것도 내가 세우는 것이 아니라 남들이 세워주는 것입니다. 그런데 사울은 자기가 자기를 위해 세웠습니다. 백성들이 세우자 한 것이 아니고 스스로 세웠습니다.

여기서 우리는 사울이라는 사람의 한 단면을 볼 수 있습니다. 사울의 인생관은 어떤 것일까요? '하나님이 기억해 주는 인생보다 사람 앞에 더 기억되는 인생을 살자' 였습니다. '하나님 앞에서 어떻게 살 것인가?' 하는 것은 사울에게 중요한 문제가 아니었습니다.

'사람들이 나를 어떻게 평가해 주는가? 내가 사람들 앞에 어떻게 보이는가?' 에 더 관심이 있었습니다.

그는 자기의 업적을 드러내기 원했습니다.

그러나 이것을 알아야 합니다. 사람이 아무리 멋지고 화려한 삶을 살았다 하더라도 하나님 앞에 기억되지 못하는 인생은 실패한 인생입니다.

하나님 앞에 기억되는 인생만이 진정 아름다운 인생입니다. 하나님이 기억해 주시면 두고두고 사람들도 기억하기 때문입니다. 다윗을 보십시오. 하나님이 인정해 주시고 기억해 주시니까 오늘날까지도 수많은 사람들이 다윗을 기억하며 닮기 원하고 있습니다. 다윗은 살아생전 자신을 위한 기념비를 세워본 적이 없습니다. 오직 하나님의 말씀을 따라서 살았습니다. 자기의 명예와 영광에는 관심이 없었습니다. 그러나 하나님이 기억해 주시니 기념비 하나 세우지 않았지만 오늘날 전 세계 사람들이 기억해 주고 닮고 싶어하는 인물이 되었습니다. 우리는 하나님 앞에 인정받는 사람이 되어야 합니다.

사람 앞에 인정받으려고 하면서 사울은 하나님 앞에서는 대충 살기 시작합니다.

"사무엘이 사울에게 이른즉 사울이 그에게 이르되 원컨대 당신은 여호와께 복을 받으소서 내가 여호와의 명령을 행하였나이다"(13절).

여기서 보면 사울은 하나님의 말씀에 다 순종하지 않았으면서도 다 했다고 생각하는 것 같습니다. 사무엘 선지자를 만나 이렇게 말했습니다. "당신은 여호와께 복을 받으소서 내가 여호와의 명령을 행하였나이다."

참 능청스럽게 보이죠? 다 하지도 않고 다 했다고 자랑하고 있습니다. 다 죽이라고 했는데 그렇게 하지 못했습니다. 일부를 남겨 놓았습니다. 굳이 비율로 말하면 한 80% 정도 순종한 것입니다. 전혀 안한 것은 아닙니다. 그러나 하나님은 100%를 원하십니다. 왜냐하면 하나님이 우리를 위해 무엇을 하실 때는 100% 다 하시기 때문입니다.

예수님은 우리 죄를 위해 십자가에 돌아가실 때 물과 피를 아낌없이 다 쏟으셨습니다. 완전히 돌아가셨습니다. 죽는 척하다가 살아난 것이 아닙니다. 죽을 뻔한 것도 아닙니다. 부상당했다가 살아난 것도 아닙니다. 완전히 죽으셨습니다. 우리를 위해 모든 것을 다 주신 것입니다.

하나님이 100% 진실되게 사랑하시기 때문에 하나님도 우리가 100% 순종하기를 원하십니다. 아마 사울은 이렇게 생각했을 것입니다. '이 정도면 많이 순종했지! 이것조차도 안하는 사람들이 있는데 그래도 80%면 많이 한 것 아닌가?'

조금하고 전부했다고 생각하는 것,

조금하고 다 했다고 생각하는 것,

내 생각대로 하고 하나님 뜻대로 했다고 생각하는 것,

이 정도 하면 다 했다고 생각하는 것, 이것이 문제입니다.

《순종》이란 책을 읽어 보면 이런 말이 있습니다. "99%의 순종은 순종이 아니다." 가짜 휘발유는 전부 가짜가 아닙니다. 진짜에 가짜가 약간 들어가 있습니다. 가짜가 1%만 들어가도 진짜 아닙니다. 그 1% 때문에 진짜가 될 수 없는 것입니다. 하나님께는 1%의 가짜도 들어가면 안 됩니다. 하나님 자신이 우리를 그렇게 대하시기 때문입니다.

14-15절에서 두 사람의 대화를 보십시오.

"사무엘이 가로되 그러면 내 귀에 들어오는 이 양의 소리와 내게 들리는 소의 소리는 어찜이니이까 사울이 가로되 그것은 무리가 아말렉 사람에게서 끌어온 것인데 백성이 당신의 하나님 여호와께 제사하려 하여 양과 소의 가장 좋은 것을 남김이요 그 외의 것은 우리가 진멸하였나이다"(14-15절).

사울의 대답에서 우리는 죄인들의 전형적인 특성을 읽을 수 있습니다. 사무엘이 "그러면 이 양과 소의 소리는 무엇입니까?"라고 물으니 뭐라고 대답합니까? "그것은 무리가 아말렉 사람에게서 끌어온 것입니다"라고 핑계를 댑니다.

"내가 한 것이 아닙니다. 무리들이 한 것입니다."

이렇듯 남을 탓합니다. 남에게 책임을 전가합니다. 설령 사울의 말대로 무리가 그렇게 했다고 하더라도 그 책임은 지도자가 지는 것입니다. 그래서 지도자의 위치가 어려운 것이고 책임이 따르는 것입니다.

그다음에 뭐라고 하는지 보십시오. 갈수록 태산입니다. "백성이 당신의 하나님 여호와께 제사하려 하여 양과 소의 가장 좋은 것을 남김이요 그 외의 것은 우리가 진멸하였나이다."

핑계에서 합리화로 넘어갑니다.

"우리가 저 좋은 것을 남긴 이유는 하나님께 제사를 드리려고 그랬습니다. 하나님께 드리는데 어떻게 천한 것을 드릴 수 있습니까? 좋은 것은 하나님께 드려야 한다고 생각해서 남겼습니다."

인간의 생각은 이렇게 주도면밀합니다. "하나님도 좋아하실 것입니다"라는 식으로 말하고 있는 것입니다. 불순종을 합리화했습니다. 심각한 죄인들의 특징이 여기에 그대로 드러나 있습니다. 죄에 대한 합리화입니다. 죄인들은 회개하지 않고 합리화합니다. 내가 이렇게 한 것은 정당하다는 것을 주장합니다. 이에 하나님은 이렇게 말씀하십니다.

"저희가 이 같은 일을 행하는 자는 사형에 해당하다고 하나님의 정하심을 알고도 자기들만 행할 뿐 아니라 또한 그 일을 행하는 자를 옳다 하느니라"(롬 1:32).

사람들은 죄를 지으면서 어떤 모양으로든지 자신 안에 문제가 있다는 것을 느낍니다. '내가 이러다 벌 받지', '이러다 한번 크게 혼나지', '이러면 안 되는데.' 양심의 가책도 있고 마음에 찔림도 있습니다. 그러면서도 이상한 것은 회개하지 않습니다. 도리어 그것을 합리화합니다. 어떻게 합리화합니까? '이러면 안 되지' 하면서 자기들만 행할 뿐 아니라 또한 그 일 행하는 자들을 옳다고 박수쳐 줍니다. 선동해서 같이 죄짓게 만듭니다. 늘 말씀드리지 않습니까? 죄는 친구가 많습니다. 왜 그렇습니까? 여러 사람이 하면 괜찮다고 생각하기 때문입니다.

'나만 죄짓나? 누구도 짓고, 누구도 짓는데.'
'그래도 이 정도는 별것 아니야. 이 정도면 양호하지 뭐.'
이렇게 많은 사람이 죄를 짓는데 다 처벌하지는 못하겠지 생각하는 것입니다. 온 백성을 다 심판하지는 못하겠지 하는 마음이 사울 안에 있는 것입니다. 그래서 사울은 백성을 핑계대고 일부를 남겨 놓은 것입니다.

그런데 신앙생활에서 가장 방해되는 것이 무엇인지 아십니까? 내가 아깝다고 버리지 못하고 남겨놓은 것입니다. 내가 남겨놓은 그것이 결국 나를 무너뜨리게 됩니다. 사울이 좋은 양과 소를 남겨 놓은 표면적인 이유는 하나님께 제사드리려고 했다고 했습니다. 그러나 이것은 핑계입니다. 욕심 때문입니다. 미련 때문입니다. 남겨놓았다 나중에 다시 써먹으려고 한 것입니다.

그런데 성경을 보면 결단해야 할 때 결단하지 못하고 남겨놓은 것이 항상 신앙생활의 가장 큰 적이었습니다. 별것 아니라고 생각하고 남겨놓은 것이 결정적인 장애물이 됩니다. 사울도 그런 마음이었을 것입니다. '이 토실토실한 양과 소를 왜 죽이나? 살려서 하나님께 제사하면 되지. 너무 아깝지 않나? 꼭 죽여야 하나? 용도만 잘 구분해서 잘 쓰면 되지 않나?'

이것이 문제입니다. 우리가 신앙생활할 때는 맘먹고 해야 합니다. 작정하고 해야 합니다. 하다가 힘들면 '적당히 하지 뭐. 바쁘면 쉴 수 있지. 상황이 변하면 바뀔 수 있지' 하는 맘으로 하면 성장하지 못합니다. 이런 면에서 모세는 우리에게 아주 좋은 모범이 됩니다. 모세와 애굽 왕 바로가 대화하는 장면을 보십시오.

"바로가 모세를 불러서 이르되 너희는 가서 여호와를 섬기되 너희 양과 소는 머물러 두고 너희 어린것은 너희와 함께 갈지니라"(출 10:24).

"하나님을 섬기러 가기는 가되 너희 양과 소는 머물러 두고 어린아이는 너희와 함께 가도 좋다"라고 바로가 말했습니다. 노예였던 사람들을 풀어준다는 것입니다. 감지덕지 아닙니까? 그러면 "감사합니다!" 하고 얼른 가야 합니다. 그런데 모세가 뭐라고 말합니까?

"모세가 가로되 왕이라도 우리 하나님 여호와께 드릴 희생과 번제물을 우리에게 주어야 하겠고 우리의 생축도 우리와 함께 가고 한 마리도 남길 수 없으니 이는 우리가 그중에서 취하여 우리 하나님 여호와를 섬길 것임이며 또 우리가 거기 이르기까지는 어떤 것으로 여호와를 섬길는지 알지 못함이니이다 하나"(출 10:25-26).

"다 가야 하고 한 마리도 남길 수 없습니다. 그러니 다 주십시오. 우리는 양 한 마리도 남겨놓고 가지 못합니다"라고 모세는 단호하게 말했습니다. 왜 그렇습니까? 남겨놓고 가면 가다가 남겨놓은 것 생각이 나서 다시 돌아가고 싶기 때문입니다. 세상에서 죄악 가운데 살다가 하나님을 믿기로 작정했으면 그날로 모든 것을 정리하는 것이 중요합니다. 하나라도 남겨두면 남겨둔 것 때문에 발걸음이 떨어지지 않아 다시 돌아가게 되기 때문입니다.

찰스 콜슨은 미국 닉슨 대통령의 보좌관을 했던 분인데, 워터게이트 사건을 통해 그만두게 되었습니다. 그러다 예수님을 만나 새로운 인생을 살게 되었습니다. 그가 예수님을 만난 후 가장 먼저 한 일이 무엇인지 아십니까? 집에 가서 진열장에 있는 모든 술병의 술을 쏟아 버린 것입니다. 한 방울의 술도 남겨두지 않고 전부 쏟아 버렸습니다. 신앙에 방해되는 모든 것을 버렸습니다. 그리고 뒤도 돌아보지 않고 앞만 보고 달려 나갔습니다.

신앙생활은 그렇게 해야 합니다. 정리해야 할 때 정리하지 못하면 그것이 나를 옭아매는 올무가 됩니다.

"너희가 만일 그 땅 거민을 너희 앞에서 몰아내지 아니하면 너희의 남겨둔 자가 너희의 눈에 가시와 너희의 옆구리에 찌르는 것이 되어 너희 거하는 땅에서 너희를 괴롭게 할 것이요"(민 33:55).

이스라엘 백성들에게 가나안 땅을 정복할 때 그 땅에 있는 모든 족속을 몰아내라고 명했습니다. 그렇지 않으면 남겨둔 자들이 너희 눈에 가시와 옆구리에 찌르는 것이 되어 괴롭게 할 것이라고 했습니다. 하나님이 우리에게 무엇을 말씀하실 때는 우리의 유익을 위해 말씀하십니다. 절대 손해 끼치는 일을 말씀하지 않으십니다. 그러므로 하나님 말씀에 순종하면 우리에게 그만큼 유익이 있습니다.

그런데 사탄은 우리가 순종하면 손해 본다고 생각하게 만듭니다. 순종하면 내가 하고 싶은 것을 못한다고 생각하게 만듭니다. 순종이 손해가 아니라 불순종이 손해입니다. 순종은 축복입니다. 순종할 때는 전폭적으로 해야 합니다. 앞뒤 다 재보고 계산한 뒤에 하면 할 수 없습니다. 하나님의 인격을 믿고 순종해야 합니다. 하나님이 진멸하라고 하셨으면 진멸해야 합니다. 남겨놓은 것, 숨겨놓은 것들이 문제가 됩니다. 담배, 술, TV, 핸드폰, 인터넷, 취미생활도 필요하다면 다 정리해야 합니다.

그러면 하나님께서 사울에게 이렇게 철저히 아말렉을 치라고 하신 이유는 무엇일까요? 두 가지 이유가 있습니다.

1. 죄에 대한 하나님의 진노를 보여주시는 것입니다.

"가서 죄인 아말렉 사람을 진멸하되 다 없어지기까지 치라"(18절).

아말렉이라는 단어 앞에 어떤 단어가 먼저 나옵니까? '죄인'이란 단어가 나옵니다. "죄인 아말렉을 진멸하되 다 없어지기까지 치라!" 이 말은 무슨 의미일까요?

하나님께서 죄를 어떻게 다루시는가를 보여주시는 것입니다. 하나님이 죄를 얼마나 싫어하시고 미워하시는지를 보여주시는 것입니다. 그러므로 사울은 지금 개인의 자격으로 아말렉을 치는 것이 아닙니다. 하나님의 대리인으로서 하는 것입니다. 하나님의 진노와 분노를 아말렉에 다 쏟아야 합니다. 그래야 이스라엘 백성들에게도 교훈이 됩니다. 죄는 하나라도 남겨놓으면 안 됩니다. 전부 없애야 합니다. 남겨놓으면 그것이 내 신앙을 좀 먹고 나를 쓰러뜨립니다. 하나님은 사울을 통해서 앞으로 죄를 지으면 하나님이 저렇게 행하신다는 것을 보여주셔야 했습니다. 그래서 전부 없애라고 하신 것입니다.

2. 이스라엘 백성들이 물들까 봐 그런 것입니다.

이스라엘 백성들이 가나안 땅에 들어가서 500-600년간 살면서 완전히 정복하지 못한 것이 있습니다. 가나안 백성들이 가졌던 문화, 종교, 습성을 완전히 정복하지 못했습니다. 가나안 땅에 들어가는 그날부터 이스라엘이 멸망해 포로로 잡혀가는 그날까지 가나안의 모든 것을 완전히 정복하지 못했습니다. 그래서 줄기차게 이스라엘을 괴롭혔던 일 중의 하나는 가나안 사람들이 섬기던 신들이었습니다. 이들이 섬기던 신, 이들이 믿던 종교가 이스라엘을 두고두고 괴롭힙니다. 이 일로 인해 이스라엘이 얼마나 고난을 당했는지 모릅니다. 왜 이런 일이 생겼습니까?

하나님께 100% 순종하지 않았기 때문입니다. 가나안 땅을 정복하러 갈 때 그 땅에 있는 가나안 족속을 전부 없애라고 하셨는데, 말을 듣지 않고 일부를 살려두었기 때문입니다. 이 살려둔 사람들이 힘이 세지고, 나라가 커지니까 들고 일어난 것입니다. 이스라엘 종교에 영향을 미친 것입니다. 이 일로 인해서 끝없는 우상 숭배와 싸우는 장면이 열왕기, 역대기 성경에 나옵니다. 불쌍하다고, 숫자가 적다고 남겨둔 족속들이 이스라엘의 신앙을 위태롭게 만들었습니다. 죄는 남겨두면 안 됩니다. 뭐가 아깝다고 남겨둡니까? 마음에 감동이 올 때, 작정했을 때 전부 없애야 합니다. 한 번만 깨끗이 정리하면 됩니다.

하나님은 사무엘 선지자를 통해서 이렇게 말씀하십니다.

"사무엘이 가로되 여호와께서 번제와 다른 제사를 그 목소리 순종하는 것을 좋아하심같이 좋아하시겠나이까 순종이 제사보다 낫고 듣는 것이 숫양의 기름보다 나으니 이는 거역하는 것은 사술(邪術)의 죄와 같고 완고한 것은 사신 우상에게 절하는 죄와 같음이라 왕이 여호와의 말씀을 버렸으므로 여호와께서도 왕을 버려 왕이 되지 못하게 하셨나이다"(22-23절).

사울은 제사를 핑계대고 양과 소를 남겼다고 했지만, 하나님은 순종이 제사보다 낫다고 하십니다. 그것이 예배가 아닙니다. 하나님은 어떤 사람의 예배를 받으십니까? 평소 하나님께 순종하는 자의 예배를 받으십니다. 지금 주신 하나님의 말씀에는 불순종하면서 하나님을 예배한다는 것은 있을 수 없는 일입니다. 하나님이 받지 않으십니다. 평소에는 불순종하면서 예배의 자리에만 왔다고 해서 하나님이 받으시는 것이 아닙니다. 하나님은 순종하는 자의 예배를 받으십니다.

또 듣는 것이 숫양의 기름보다 낫다고 했습니다. 하나님께 아무리 귀한 것을 드린다고 한들 그것이 하나님을 기쁘시게 하지 못한다는 말입니다. 하나님의 말씀을 잘 듣는 것, 이것은 어떤 귀한 것을 바치는 것보다 더 귀한 일입니다. 듣고 순종하는 것이 하나님이 가장 기뻐하시는 삶입니다. 꼭 대놓고 우상 숭배를 해야지 우상 숭배가 아닙니다. 하나님의 말씀에 순종하지 않고 완고한 것, 자기 고집과 자기주장을 내세우는 것이 우상 숭배입니다. 자아라는 우상을 섬기기 때문입니다.

하나님의 말씀을 듣고도 안 들은 것처럼 간주하는 것, 이는 안 듣는 것입니다. 말씀을 듣는 순간에는 '아, 저것은 내게 말씀하시는 것이다'라고 생각하다가도 '에이, 나만 그러나? 다른 사람들도 다 그러는데 뭐!' 하면서 안 들은 것으로 또는 못 들은 것으로 간주하는 것도 불순종입니다.

순종을 미루는 것 역시 불순종입니다. 순종은 감동이 있을 때 지금 순종하는 것이지 나중에 하는 것이 아닙니다. 이렇게 불순종이 계속되다 보면 어떤 일이 생깁니까? 우리 영이 손상을 받아서 둔해집니다. 나중에는 듣지 못하고, 보지 못하고, 깨닫지 못하게 되는 것입니다. 말씀에 순종하면 어떤 일이 생깁니까? 영이 깨끗해져서 분별력이 생깁니다. 지혜가 임합니다. 성령의 인도하심에 민감하게 됩니다. 항상 영적으로 깨어 있어서 순종함으로 하나님의 기쁨이 되시길 바랍니다.

사람도 환경도 두려워질 때

삼상 15:24-35

경기하는 사람들이 늘 하는 말이 있습니다. 싸울 때는 기선 제압이 가장 중요하다는 것입니다. 일단 기선을 제압하면 상대방이 겁먹고 두려움에 빠진다는 것입니다. 그러면 그 경기는 이긴 것이나 다름없다는 것입니다. 사람이 일단 두려움에 빠지면 전의를 상실하기 때문입니다. 평소에 운동을 잘하는 사람도 두려움에 사로잡히면 아무것도 보이지 않고, 들리지 않고, 생각나지 않는다는 것입니다.

영적인 일도 마찬가지입니다. 신앙생활을 잘하다가도 어느 날 갑자기 담대함을 잃으면서 두려움이 찾아옵니다. 두려움이 찾아오면 하나님도 보이지 않고 생각나지 않습니다. 판단력이 흐려집니다. 자꾸 뒤로 물러나게 됩니다. 두려움을 극복하지 못하면 승리의 삶을 살 수 없습니다. 사울 왕이 무너진 이유도 이런 두려움에 있습니다. 사무엘 선지자가 사울 왕에게 "왜 하나님의 명령에 순종하지 않았는가?" 하고 책망하듯이 말하자 사울은 이렇게 대답합니다.

"사울이 사무엘에게 이르되 내가 범죄하였나이다 내가 여호와의 명령과 당신의 말씀을 어긴 것은 내가 백성을 두려워하여 그 말을 청종하였음이니이다"(24절).

백성이 너무 두려워서 그들의 말을 들을 수밖에 없었다는 것입니다. 30절에서는 사울이 얼마나 백성들과 장로들을 두려워했는지 보여줍니다.

"사울이 가로되 내가 범죄하였을지라도 청하옵나니 내 백성의 장로들의 앞과 이스라엘의 앞에서 나를 높이사 나와 함께 돌아가서 나로 당신의 하나님 여호와께 경배하게 하소서"(30절).

자신이 죄지은 것을 인정하면서도 회개하기보다는 그래도 "나를 백성들과 장로들 앞에서 높여 나로 그들 앞에서 부끄러움을 당치 않게 하소서" 하고 애원하고 있습니다. 백성들이 얼마나 무서웠으면 그럴까요? 백성들에게서 인기가 떨어질까 무서워하고, 지지도가 하락할까 봐 무서워하는 사울입니다.

참 이상한 것은 사울이 하나님 앞에 범죄한 것을 인정하면서도 그로 인해 하나님께 받을 심판에 대해서는 무서워하지 않았다는 것입니다. 좀 이상하지 않습니까? 적어도 하나님을 아는 사람이라면 이렇게 말해야 합니다. "내가 이렇게 큰 죄를 범했으니 나는 죽어 마땅한 사람입니다. 하나님이 두렵습니다. 나의 죄를 용서해 주십시오." 그런데 "내가 범죄하였을지라도 백성들 앞에서는 나를 높여주십시오" 하는 것입니다. 하나님보다 사람이 더 무서웠던 것입니다. 아니 사람이 그렇게 무서우면서 왜 하나님은 무섭지 않았을까요? 천지를 지으시고, 만물을 다스리시고, 폭풍과 지진과 바람을 마음대로 주관하시고, 온 우주를 다스리시고, 사람의 생명을 죽이기도 하시고 살리기도 하시는 하나님을 더 무서워해야 하지 않겠습니까?

미국을 보십시오. 태풍이 한 번 지나가니까 한 도시가 사라졌습니다. 9·11테러보다 더 무서운 힘을 가진 분이 하나님이십니다. 이 하나님 앞에 죄를 지었으니 얼마나 두려운 일입니까? 그런데 하나님이 무섭다는 말은 안 합니다. 대신 백성들이 무섭다는 것입니다. 왜 그랬을까요?

백성들은 당장 눈에 보이니까 무서웠지만 하나님은 보이지 않으니까 무서워하지 않은 것입니다. 본문 말씀을 보면서 사울이란 사람에 대해 두 가지를 생각하게 되었습니다.

1. 왜 그렇게 사람의 인기에 치우치는 삶을 살게 되었는가?

상담학적으로 접근해 보면 사람의 평가, 사람의 여론에 지나치게 흔들리는 사람은 자라면서 가족이나 부모의 사랑을 충분히 받지 못한 사람인 경우가 많습니다. 주변 사람들로부터, 특히 부모로부터 인정받고 사랑받고 자란 아이들은 주위 여론에 그렇게 좌우되지 않습니다. 충분히 사랑받았기 때문입니다. 그런데 이런 사랑이 부족할 때 다른 사람의 사랑으로 이것을 채우려고 합니다. 다른 사람에게서 인정받는 것으로 해결하려고 합니다. 그래서 사람의 칭찬이나 판단, 여론에 민감하게 됩니다. 이런 사람일수록 제일 두려운 것이 인정받지 못하는 것, 인기를 잃어버리는 것입니다. 사울의 모습을 보면 이런 모습이 많이 보입니다.

성경은 사울의 어렸을 때의 삶에 대해 구체적으로 말하고 있지 않기 때문에 잘 알 수 없지만, 사울의 삶을 보면 이것을 짐작할 수 있습니다. 사울은 자기중심이 없고 여론에 지나치게 약했습니다. 이런 사람은 사역을 하기 전에 먼저 하나님께 치유 받고 나서 사역하는 것이 좋은데, 그런 치유 과정을 겪지 않은 것 같습니다. 그러다 보니 하나님의 뜻에 의해 움직이기보다 사람들의 여론에 따라 움직이게 됩니다. 사람들의 반대 여론에 부딪쳐 싸울 힘이 없기 때문입니다. 오히려 사람들의 반대에 직면하기보다 하나님께 불순종하는 편이 낫겠다고 생각한 것입니다.

여기서 예수님 생각이 났습니다. 예수님은 세상에 살면서 가장 많은 반대에 부딪쳤던 분이시기 때문입니다.

예수님은 3년 사역하시는 동안 수많은 반대에 부딪쳤습니다. 매일같이 반대자들을 만났고 조직적이고 집단적인 반대자들과 부딪친 적이 한두 번이 아닙니다. 특히 바리새인과 사두개인들, 산헤드린 지도자들, 수많은 백성들에게 비난받았고 거절당하셨습니다. 심지어는 십자가에 달려 죽는 순간까지 조롱하는 자들, 반대자들의 비난을 받았습니다. 그런데 예수님은 한 번도 이들을 두려워하거나 이들의 비위를 맞추기 위해서 하나님의 말씀에 불순종한 일이 없습니다. 오히려 백성들이 반대할 것을 알면서도 각오하고 하나님의 일을 하셨습니다. 열등감에 사로잡히지도 않고, 반대자들 때문에 할 일을 못하신 적도 없고, 타협하거나 포기하는 삶을 살지도 않으셨습니다. 어떻게 예수님이 그럴 수 있을까요?

예수님은 자신이 '하나님의 사랑받는 사람'이라는 자의식이 충만했기 때문입니다. 사람들이 남의 비위를 맞추려 하는 이유는 사랑받고 싶고 인정받고 싶어서입니다. 그런데 예수님 안에는 이런 마음이 충만했습니다. '나는 하나님의 사랑받는 존재다. 나는 하나님의 기쁨이다.' 예수님의 평생에 이런 자의식이 있었습니다. 그렇기에 따로 인정받거나 사랑받기 위해서 사람의 비위를 맞출 필요가 없었습니다. 언제 이런 확신이 있었을까요? 요단 강에서 세례 받고 올라오실 때입니다. 이때 하늘에서 소리가 났습니다.

"예수께서 세례를 받으시고 곧 물에서 올라오실새 하늘이 열리고 하나님의 성령이 비둘기같이 내려 자기 위에 임하심을 보시더니 하늘로서 소리가 있어 말씀하시되 이는 내 사랑하는 아들이요 내 기뻐하는 자라 하시니라"(마 3:16-17).

이 하나님의 음성이 예수님의 일생 동안 예수님을 붙잡아 주었습니다. '나는 아버지께 사랑받고 있고 아버지의 기쁨이 된다. 그러니 따로 사랑받기 위해, 인정받기 위해 사람들의 비위를 맞출 필요가 없다. 하나님의 뜻을 행하기만 하면 된다.'

내적 치유를 해보면 사람들이 예수님을 만나면서 대개 이런 음성들을 듣거나 고민하던 문제에 대한 해답을 얻는 것을 볼 수 있습니다. 어떤 한 사람이 있었습니다. 열등감도 심하고 비교의식도 심합니다. 남의 말에 쉽게 휘둘리기도 잘합니다. 무엇보다 감정의 기복이 너무 심합니다. 너무 쉽게 절망하고, 우울하고, 낙심하고, 좌절합니다. 늘 어떤 생각에 사로잡혀 있느냐 하면 '아무도 날 사랑하지 않는다. 모두들 내가 사라지길 바란다. 사는 게 싫다. 사는 게 두렵다' 라는 생각에 잡혀 있습니다.

그런데 내적 치유 시간에 예수님을 초청하자 예수님이 오셔서 안아주시고 말씀해 주십니다. '너는 내게 참 귀한 존재다. 내가 너를 사랑한다. 너는 내게 꼭 필요한 사람이다.' 주님이 이런 말씀을 해주시자 너무 큰 감동이 되었습니다. 이날 이후로 이런 생각들이 사라지고 자유함이 왔습니다. 얼마나 기뻐하는지 모릅니다.

이런 치유가 필요한데 사울은 이런 치유를 못 받은 것 같습니다. 사람들이 나를 싫어할까 봐, 사람들에게 인기가 떨어질까 봐 사람들의 비위를 맞추고 있습니다. 혹시 이런 비슷한 증상들이 있으신 분은 예수님을 만나 치유 받으시기 바랍니다.

2. 두려움의 원인은 무엇인가?

믿는 자들에게 두려움이 임할 때는 언제입니까? 왜 전능하신 하나님을 믿는 자들이 두려움에 사로잡혀 있을까요? 기도하지 않으면 두려움에 사로잡힙니다. 성령으로 충만하지 않으면 역시 두려움에 사로잡히기 쉽습니다. 기도와 두려움은 아주 깊은 관계가 있습니다. 기도하지 않으면 평안이 사라집니다. 두려움이 임합니다. 불안해지기 시작합니다. 자신이 없습니다. 그런데 기도하고 성령 충만하면 두려움이 없어집니다. 담대함이 생깁니다. 하나님의 평강이 나를 지배합니다.

사도행전에 보면 얼마 전까지만 해도 겁쟁이였던 제자들이 담대해진 모습으로 나옵니다. 사람이 바뀌었습니다. 이유가 무엇입니까? 기도 때문입니다. 한 예를 들어보겠습니다.

> "가로되 우리가 이 이름으로 사람을 가르치지 말라고 엄금하였으되 너희가 너희 교를 예루살렘에 가득하게 하니 이 사람의 피를 우리에게로 돌리고자 함이로다 베드로와 사도들이 대답하여 가로되 사람보다 하나님을 순종하는 것이 마땅하니라"(행 5:28-29).
> "저희가 옳게 여겨 사도들을 불러들여 채찍질하며 예수의 이름으로 말하는 것을 금하고 놓으니 사도들은 그 이름을 위하여 능욕 받는 일에 합당한 자로 여기심을 기뻐하면서 공회 앞을 떠나니라 저희가 날마다 성전에 있든지 집에 있든지 예수는 그리스도라 가르치기와 전도하기를 쉬지 아니하니라"(행 5:40-42).

위협에도 굴하지 않고, 채찍질해도 기뻐하면서 나가 전도하는 능력이 어디서 왔을까요? 바로 앞장 사도행전 4장에서 볼 수 있습니다.

> "빌기를 다하매 모인 곳이 진동하더니 무리가 다 성령이 충만하여 담대히 하나님의 말씀을 전하니라"(행 4:31).

이들이 모여서 기도했기 때문입니다. 기도하는데 성령이 임하고 성령으로 충만해지면서 이들 안에 있던 두려움이 다 사라졌습니다. 담대함이 생겼습니다. 높은 자리에 있는 사람들이 다시는 예수님을 전하지 말라고 했는데도 매를 맞으면서 전하고 있습니다. 기뻐서 전하고 있습니다. 전혀 굴하지 않는 모습들을 볼 수 있습니다.

믿는 자의 힘이 무엇입니까? 기도입니다. 기도 없이는 아무것도 할 수 없습니다. 기도하지 않으면 두려움이 찾아옵니다. 기도하지 않으니까 사람이 두렵습니다. 직장 상사들이 두렵습니다. 친구들이 무섭습니다. 안 믿는 사람들이 무섭습니다. 여론이 무섭습니다. 그래서 하나님이 기뻐하시지 않는 줄 알면서도 사람이 무서워 어쩔 수 없이 따르게 되는 것입니다. 기도하지 않았기 때문입니다. 기도하지 않으면 상황이 커 보입니다. 환경이 무서워 보입니다. 도저히 정복할 수 없을 것같이 보입니다. 상황보다 환경보다 더 큰 하나님은 보이지 않고 두려움만 보입니다. 하나님은 기도하는 자들에게만 자신의 응답을 보여주시기 때문입니다.

> "모세가 홍해에서 이스라엘을 인도하매 그들이 나와서 수르 광야로 들어가서 거기서 사흘 길을 행하였으나 물을 얻지 못하고 마라에 이르렀더니 그곳 물이 써서 마시지 못하겠으므로 그 이름을 마라라 하였더라 백성이 모세를 대하여 원망하여 가로되 우리가 무엇을 마실까 하매 모세가 여호와께 부르짖었더니 여호와께서 그에게 한 나무를 지시하시니 그가 물에 던지매 물이 달아졌더라 거기서 여호와께서 그들을 위하여 법도와 율례를 정하시고 그들을 시험하실새"(출 15:22-25).

이스라엘 백성들이 모세의 인도를 따라 애굽을 떠나 광야로 들어갔습니다. 그런데 광야를 가다 보니 물이 없습니다. 어렵게 물을 얻었는데 물이 써서 마실 수 없습니다. 상황은 여기까지입니다. 똑같은 상황입니다. 그런데 이 상황을 해결하는 방법은 두 가지로 나뉩니다. 백성들은 원망했습니다. 두려움에 사로잡혔습니다. '우리는 이제 죽었다. 우리는 이제 끝났다' 하면서 절망하고 원망했습니다. 이때 모세는 어떻게 했습니까? 하나님께 부르짖었습니다. 그랬더니 하나님께서 모세에게 옆에 있는 한 나무를 지시하셨습니다. 그것을 물에 던지자 물이 달아져 마실 수 있었습니다.

해답은 멀리 있는 것이 아닙니다. 바로 옆에 해답이 있었습니다. 그런데 기도하지 않는 자들에게는 이것이 보이지 않습니다. 하나님은 기도하는 자들에게만 해답을 보여주십니다. 모세에게 보여주셨습니다. 처한 상황은 같습니다. 그러나 반응은 다릅니다. 기도하는 자들은 절망하지 않습니다. 하나님을 바라봅니다. 기도하지 않는 자들은 두려움에 빠져 원망합니다. 하나님을 바라보지 못합니다. 제아무리 유능한 사람이라도 기도하지 않으면 두려움에 사로잡히게 되어 있습니다. 그래서 하나님은 두려움을 이기는 방법으로 기도라는 무기를 주셨습니다.

아침에 일어나서 하루 일을 시작하기 전에 기도하고, 저녁에 자기 전에 기도해야 합니다. 가끔 아이 엄마들이 이런 말을 합니다. 밤에 아기들이 자다 놀래서 자지러지게 운다는 것입니다. 그 통에 엄마도 아빠도 자지 못해서 생활에 지장이 많다는 것입니다. 자기 전에 꼭 기도하고 재워 보십시오. 악몽을 꾸지도 않고 놀래지도 않습니다. 아이들에게도 하나님의 평강이 임합니다. 젖먹일 때, 우유 먹일 때 기도하고 먹여 보십시오. 체하지도 않고 소화도 잘 시키는 것입니다. 아침저녁으로, 순간순간 기도할 때 하나님이 도와주십니다.

사람이 하나님보다 더 무서워 보일 때, 환경이 더 무서워 보일 때, 어떤 사건이 더 크게 보일 때 기도하십시오. 문제와 사건 속에서 가려졌던 하나님이 보이고 해답이 보입니다. 무엇보다 두려움이 사라지고 평강이 임하는 것을 보게 됩니다. 기도하지 않으면 모든 것이 두렵습니다. 실수할까 두렵고, 인간관계가 깨질까 두렵고, 새로운 일을 시도하기 두렵고, 사람이 두렵게 느껴집니다.

사울은 한때 하나님의 신이 임하고 신령한 체험을 했던 사람입니다. 두려울 것이 없었던 사람입니다. 그런데 어느 날부터 그에게 두려움이 찾아왔습니다. 두려움에 사로잡혔습니다. 기도하지 않았고 기도하지 않기 때문입니다. 한번 두려움에 사로잡히게 되면 모든 것이 무섭습니다. 밤이 무섭고, 밤에도 불 켜놓고 자야 합니다. 엘리베이터 타는 것도 무섭고, 밤길 가는 것도 무섭고, 혼자 있어도 무섭습니다. 주변에 깜짝깜짝 놀라는 사람들이 많습니다.

두려움은 육신적인 신자가 갖는 전형적인 특성입니다. 두렵기 때문에 눈치 보게 됩니다. 불안이 있습니다. 반면에 담대함은 성령 충만한 사람들의 공통적인 특징입니다. 담대함은 평안에서 옵니다. 성경에 보면 기도하는 사람들은 담대함을 얻었다는 것을 알 수 있습니다.

"하나님은 우리의 피난처시요 힘이시니 환난 중에 만날 큰 도움이시라 그러므로 땅이 변하든지 산이 흔들려 바다 가운데 빠지든지 바닷물이 흉용하고 뛰놀든지 그것이 넘침으로 산이 요동할지라도 우리는 두려워 아니하리로다(셀라) 한 시내가 있어 나뉘어 흘러 하나님의 성 곧 지극히 높으신 자의 장막의 성소를 기쁘게 하도다 하나님이 그 성중에 거하시매 그 성이 요동치 아니할 것이라 새벽에 하나님이 도우시리로다"(시 46:1-5).

땅에 지진이 나든지, 산이 흔들려 바다 가운데 빠지든지, 카트리나 같은 태풍이 몰려와 난리가 난다 해도 두려워하지 않는 이유는 무엇입니까? 5절에 보면 '새벽에 하나님이 도우시리로다' 라는 표현이 있습니다. 새벽에 일어나 기도하기 때문입니다.

기도하는 사람은 아무리 상황이 어렵고 환경이 심각해도 두려워하지 않습니다. 하나님의 평강이 그 안에 있기 때문이요, 기도할 때마다 문제보다 더 큰 전능하신 하나님을 만나기 때문입니다. 위대한 하나님의 사람들은 특별한 사람이 아니라 기도하는 사람들이었습니다. 여호수아와 갈렙도, 모세도, 다윗도 다 인생의 수많은 어려움들을 겪은 사람들입니다. 그러나 그들이 위대한 하나님의 사람이 된 것은 기도하는 사람들이었기 때문입니다. 기도는 기적의 통로입니다. 기도는 능력의 젖줄입니다. 기도는 인간이 손을 놓은 그 자리에 하나님이 일하시게 하는 방법입니다. 기도가 죽으면 내 생각이 앞서기 시작하고, 조급해지기 시작하고, 하나님의 도움이 중단되기 시작합니다. 그래서 기도하지 않는 사람은 두려움에 빠지게 됩니다.

보이는 사람보다 보이지 않는 하나님이 더 위대하신 분입니다. 교만 중에 가장 큰 교만은 기도하지 않는 교만입니다. 기도하는 한 사람이 기도하지 않는 한 나라보다 더 강합니다. 기도하지 않으면 사람들이 지나가는 말로 한마디 한 것이 상처가 되고 서운해집니다. 기도하지 않으면 마음이 지옥같이 됩니다. 천국생활을 원하는 자들은 기도해야 합니다. 기도생활만이 우리 삶을 천국으로 바꾸어 줍니다.

하나님이 보시는 것은 사람이 보는 것과 다릅니다

삼상 16:1-13

아주 오래된 얘기입니다만 어떤 목사님이 대통령하고 면담 약속이 있어서 청와대를 들어가게 되었습니다. 자가용이 없어서 평소 하던 대로 택시를 타고 청와대 앞에서 내려 들어가려는데 경비들이 막더랍니다. 그래서 "나, 오늘 대통령하고 약속하고 왔다. 들여보내 달라"고 했더니 경비들이 위아래를 훑어보더니 안 믿더랍니다. 이유는 한 가지, 그동안 대통령을 만나러 오는 사람이 혼자서 걸어온 사람은 없었다는 것입니다. 한참을 기다린 후에야 비서실에 전화해서 확인하고 들어가게 되었다고 합니다.

이것을 보면 사람은 외모로 평가하는 데 익숙해 있습니다. 사람들이 자기 내면이야 어떻든 외적으로 꾸미려는 이유가 바로 여기에 있습니다. 사람은 외모를 보고 판단하기 때문입니다. 그런데 하나님은 진실로 사람 차별을 안하십니다. 어떤 사람이든지 하나님은 받아주시고 동일하게 은혜를 주십니다. 그렇다면 왜 하나님은 사람을 차별하지 않으실까요? 하나님은 사람을 외모로 보지 않고 마음을 보시기 때문입니다. 본문에 보면 하나님이 버리시는 사람과 쓰시는 사람이 대조되어 나와 있습니다. 사울은 하나님이 버리신 사람이요, 다윗은 하나님이 쓰시는 사람입니다.

이 둘 사이에 어떤 차이가 있는지 살펴보겠습니다. 1절을 보면 하나님이 사무엘 선지자에게 하시는 말씀이 있습니다.

"내가 이미 사울을 버려 이스라엘의 왕이 되지 못하게 하였거늘 네가 그를 위하여 언제까지 슬퍼하겠느냐 너는 기름을 뿔에 채워가지고 가라 내가 너를 베들레헴 사람 이새에게 보내리니 이는 내가 그 아들 중에서 한 왕을 예선하였음이니라"(1절).

이 말씀을 읽으면서 참 두렵게 느껴졌습니다. 1절 후반절에 있는 말씀 때문입니다.

"이는 내가 그 아들 중에서 한 왕을 예선하였음이니라."

하나님이 사울을 버리시면서 바로 한 사람을 택하여 세우신다고 말씀하십니다. 한번 버리시면 뒤도 돌아보지 않습니다. 바로 다른 사람을 세우는 것입니다. 다시 기회가 없습니다. 사무엘 선지자가 사울을 버린 것을 슬퍼하면서 마음을 정리하지 못하자 하나님이 바로 책망하십니다. "내가 이미 사울을 버렸거늘 네가 언제까지 그를 위하여 슬퍼하겠느냐? 내가 버렸는데 왜 네가 그 사람에게 미련을 가지느냐? 너도 마음을 정리하고 돌아서라"라고 말씀하십니다.

우리 하나님은 참 좋으신 하나님입니다. 우리의 허물과 연약함에도 불구하고 기다려 주십니다. 실수했을 때 다시 기회를 주십니다. 연약해서 범죄했을 때도 역시 책망하지 않고 기다려 주십니다. 주어진 직분을 잘 감당하지 못해도 바로 정리하지 않고 기다려 주시면서 회복할 기회를 주십니다. 하나님의 인내와 기다림은 사람과는 비교할 수 없습니다. 오래 참고 기다려 주십니다. 그러나 의도적인 불순종을 반복할 때, 알면서도 죄지을 때, 기회를 주어도 회복하지 않을 때, 하나님의 말씀 듣기를 거절할 때 도저히 희망이 없다고 생각하시면 버리십니다. 대신 한번 버리시면 다시 돌아보지 않으십니다. 완전히 정리하십니다.

우리의 신앙생활에서 이런 날은 오지 않아야 합니다. 본문을 보십시오. 하나님이 사울을 버리면서 바로 정리하십니다. 마음도 떠나버립니다. 정을 떼버리는 것입니다. 조금의 기간도 두지 않습니다. 바로 다른 사람으로 채우시는 것입니다. 어떤 미련도 없습니다. 버리기로 한 순간 바로 다른 사람을 세우시는 것입니다. 여기서 보면 사람을 세우고 버리는 것이 전적으로 하나님 손에 달려 있음을 알 수 있습니다. 사울을 버리시면서 동시에 하나님은 사울을 대신할 사람을 미리 택하셨습니다. 미리 뽑아 버렸습니다. 하나님이 버리셨다는 것을 어떻게 알 수 있습니까?

첫째, 하나님이 주신 직분을 감당치 못하게 하십니다.
주신 직분을 빼앗아 버립니다. 그러면 아무리 사람이 하려고 해도 할 수 없습니다. 사울을 버리면서 하나님이 하시는 일도 마찬가지로 더 이상 왕이 되지 못하게 하는 것입니다. 직분을 가져가 버리면 사람이 아무리 하고 싶어도 할 수 없습니다. 사람은 자리에 따라 권한이 주어지기 때문입니다. 능력이 많으면 뭐합니까? 그 능력을 발휘할 자리가 없으면 일할 수 없는 것입니다. 그래서 하나님이 버리시면 먼저 직책을 가져가 버리십니다. 일할 수 있다는 것, 직책을 주셨다는 것이 얼마나 귀한 일입니까? 우리를 쓰신다는 사인입니다. 직책에 감사하며 일하시기 바랍니다.

둘째, 하나님이 버리실 때 나타나는 현상은 하나님의 신이 떠납니다. 하나님이 버리시면 하나님의 신이 더 이상 임하지 않습니다.

"여호와의 신이 사울에게서 떠나고 여호와의 부리신 악신이 그를 번뇌케 한지라"(14절).

사울에게 임했던 하나님의 신이 떠나버립니다. 하나님의 신이 떠나면서 악신이 마음대로 사울을 농락하기 시작합니다. 악신이 임하여 사울을 번뇌케 했습니다. 하나님의 신이 떠나면서 사울에게 찾아온 것은 번뇌였습니다. 그에게는 평안이 없었습니다. 기쁨도 없었습니다. 고민과 걱정과 염려와 근심이 머릿속에 가득 찼습니다. 영어 성경으로 보니 '번뇌'란 말을 이렇게 해석해 놓았습니다.
'Terrorized him.'

사울 안에 두려움이 가득 찼다는 말입니다. 하나님을 떠나고 하나님이 주신 직분을 떠나면 날아갈 것 같고, 자유할 것 같고, 쉼을 얻을 것 같았지만, 하나님이 떠난 사울 안에 이런 것은 없었습니다.

대신에 번뇌와 고민, 불안, 두려움만 가득 찼습니다. 저는 이 본문을 보면서 사울의 남은 인생이 예상되었습니다. 그의 인생은 결코 행복하지 않았다는 것입니다.

물론 우리가 뒤에서 계속 발견하게 되는 것이지만 하나님의 신이 떠난 사울의 인생은 비참했습니다. 누구도 믿지 못했고, 충신들을 적으로 보고 죽이려 했고, 다윗이 자기를 죽이려 한다는 악한 생각에 사로잡혀서 죽는 날까지 두려움에 떨어야 했습니다. 사리 판단이 안 되고 분별력을 잃어버렸습니다. 사울의 삶을 보면서 이렇게 사는 것은 사는 것이 아니다, 차라리 죽는 것이 낫겠다는 생각이 들 정도입니다.

셋째, 사람들이 떠납니다.

하나님이 버리시면 사람들도 떠나기 시작합니다. 충신들, 믿음직한 사람들이 하나둘 떠납니다. 사무엘 선지자가 그를 떠납니다. 그 위대한 영적 지도자가 그를 떠납니다. 사울의 일생에 가장 큰 손실은 사무엘이 떠났다는 것입니다.

위대한 하나님의 사람을 잃는 것은 믿는 자에게 가장 큰 손실입니다. 이스라엘의 역대 왕들 중에서 위대한 지도자라는 소리를 들었던 사람들의 배후에는 항상 위대한 영적 지도자들이 있었다는 것을 알아야 합니다. 그런데 이런 지도자를 잃어버립니다. 다윗과 같은 충성된 부하를 잃습니다. 나중에는 아들 요나단도 마음이 떠납니다. 돕는 사람, 함께할 사람, 목숨도 버릴 수 있을 만큼 충성된 사람들이 다 떠나기 시작합니다. 사람이 자산입니다. 하나님이 쓰시는 사람을 보면 꼭 필요한 사람들을 하나님이 붙여주십니다. 억지로 구하지 않아도 사람들이 찾아옵니다. 보통 사람들은 인덕이 있다고 말하는데, 인덕은 저절로 생기는 것이 아닙니다. 하나님이 사랑하는 사람에게 붙여주시는 것입니다. 쓰시려면 사람이 있어야 할 것 아닙니까? 그래서 하나님은 꼭 좋은 사람들을 붙여주십니다.

사람들이 우리 교회를 부러워하는 것이 있습니다. 좋은 부교역자들이 많다는 것입니다. 저도 그렇게 생각하는데, 이분들이 광고를 내서 만난 것이 아닙니다. 이력서 보고 심사해서 뽑은 것이 아닙니다. 여기저기 수소문해서 찾은 것이 아닙니다. 하나님이 다 붙여주신 것입니다. 개척해서 한창 힘들고 어려울 때, 어떤 비전도 희망도 보이지 않을 때 스스로 찾아와서 함께 고생하고 싶다고 해서 함께 일하게 된 것입니다. 제가 있어 달라고 한 것도 아니고 그렇게 말할 입장도 못 되었습니다. 자기들이 찾아와 함께하고 싶다고 한 것입니다. 얼마나 감사한 일인지 모릅니다.

사울은 하나님의 버림을 받으면서 하나님만 떠난 것이 아니라 영적 지도자도 떠나고, 사람도 떠나고 다 떠난 것입니다. 이것이 불순종하는 자들이 맞는 비극입니다. 그러면 순종하려는 자들에게는 하나님이 어떻게 행하십니까? 2절에서 그 비결을 발견할 수 있습니다.

"사무엘이 가로되 내가 어찌 갈 수 있으리이까 사울이 들으면 나를 죽이리이다 여호와께서 가라사대 너는 암송아지를 끌고 가서 말하기를 내가 여호와께 제사를 드리러 왔다 하고"(2절).

순종하려 하면 하나님이 방법도 알려주십니다.

"제사드리러 왔다고 말하고 암송아지를 끌고 가라 하면 의심받거나 생명의 위협을 받지 아니하리라."

우리가 하나님께 순종하려고만 하면 언제든지 길이 있고 방법도 있다는 것을 알 수 있습니다. 불순종하려는 자들에게는 아무것도 보여주시지 않지만, 순종하려는 자들에게는 하나님께서 방법을 말씀해 주십니다. 순종에는 길이 있습니다.

무엇을 하다가 이것이 분명 하나님의 뜻인데 길이 막히고 방법이 없으면 기도하십시오. 하나님께 순종하려는 사람에게는 하나님이 지혜를 주십니다. 제가 사역하면서 배운 것이 있습니다. 일단 하나님이 기뻐하시는 일은 '예' 하고 보는 것입니다. 그런 다음에 방법이 떠오르지 않고 막히면 기도합니다. 그러면 하나님께서 반드시 열어 주십니다. '예' 하고 기도하면 하나님이 길을 열어주십니다. 그런데 '아니오!' 부터 하고 덤비면 잘 안 됩니다. 안 된다고 생각하는 사람, 안하려는 마음이 있는 사람에게는 아무것도 열어 주지 않습니다.

순종에 대해서 한 가지 더 배울 것이 있습니다.

"이새를 제사에 청하라 내가 너의 행할 일을 가르치리니 내가 네게 알게 하는 자에게 나를 위하여 기름을 부을지니라"(3절).

이 본문을 보면서 그런 생각이 듭니다. "뭐 이리 복잡하게 말씀하실까? 그냥 간단히 가서 이새의 아들 다윗에게 '기름 부어라!'

하면 끝납니다. 그 한마디만 하면 될 것 가지고 제사를 준비하고, 이새를 청하고, '내가 네게 알게 하는 자에게 기름 부으라' 이렇게 말씀하실까?"

하나님은 모든 것을 한번에 다 말씀하시지 않는다는 것입니다. 우리가 순종하는 지점까지 말씀하시고, 그곳까지 가면 그다음 단계까지 말씀하십니다. 항상 그런 것은 아니지만 대개는 그렇습니다. 본문 말씀도 보면 단계적입니다. 먼저, 기름을 준비하게 합니다. 제사에 가게 합니다. 이새와 그 가족들을 청하게 합니다. 3절을 다시 보십시오. 단계적입니다. '이새를 제사에 청하라 → 내가 너의 행할 일을 가르치리니(이새를 제사에 청하는 일을 하고 나면 그다음 행할 일을 가르친다는 말씀입니다) → 내가 네게 알게 하는 자에게 기름을 부을지니라!'

그 위대한 하나님의 종 사무엘에게도 하나님은 한번에 말씀하지 않으시고 단계적으로 말씀하십니다. 하물며 우리에게야 오죽하시겠습니까? 하나님은 우리가 순종하는 만큼 인도하시고, 순종하는 만큼 말씀하십니다. 사람의 영적 성장도는 우리가 순종하는 정도에 비례합니다. 순종하는 이하로 성장할 수 없습니다. 얼마 전까지만 해도 저는 치유 사역에 별 관심이 없었습니다. 병자를 고치면 좋겠다는 생각은 했지만 제가 직접 이 일을 하리라고는 생각지 않았습니다. 더구나 귀신을 쫓아낸다는 것은 생각도 못했던 일입니다.

그런데 불신자들을 전도하려다 보니 이런 치유 현상이 나타나면 좋겠다는 생각을 하게 되고, 이 일을 위해 기도하기 시작했습니다. 그랬더니 하나님께서 길을 열어주셔서 지금은 이런 일들을 자연스럽게 하고 있습니다. 하나님께 순종하니 순종하는 데까지 인도해 주십니다. 순종하는 만큼 영적으로 성장하는 것입니다. 제가 그 일에 순종하지 않았다면 지금도 이런 일을 못했을 것입니다. 순종하는 만큼 신앙이 성장한다는 것을 꼭 기억하시기 바랍니다.

6-13절은 하나님이 사람을 택하실 때 무엇을 보시는가를 알 수 있는 장면입니다.

이새와 그 아들들을 제사에 초대한 사무엘은 이새의 아들들을 하나씩 면접하기 시작했습니다. 먼저 장자 엘리압이 지나갔습니다. 그 외모를 보고 사무엘도 반해 버렸습니다. 너무나 기뻐서 소리쳤습니다. "여호와의 기름 부으실 자가 과연 그 앞에 있도다!"

사무엘은 무엇을 보고 이렇게 감탄했을까요? 7절을 보면 사무엘은 엘리압의 용모와 신장을 보았습니다. 외모와 키를 본 것입니다. 아마 훤칠한 키에 미남형의 얼굴이었던 것 같습니다. 사무엘 선지자도 반할 정도입니다. 그런데 하나님은 아니라고 하십니다.

"여호와께서 사무엘에게 이르시되 그 용모와 신장을 보지 말라 내가 이미 그를 버렸노라 나의 보는 것은 사람과 같지 아니하니 사람은 외모를 보거니와 나 여호와는 중심을 보느니라"(7절).

내가 이미 버렸다는 말씀을 주목하시기 바랍니다. '이미', 그러니까 이 일(면접)이 있기 전에 이미 하나님께서 그를 테스트해 보시고 버리셨다는 것입니다. 저는 여기서 의문을 가지지 않을 수 없었습니다. 보통 사람을 뽑을 때 어떻게 합니까? 각종 서류와 이력서를 보고 면접을 합니다. 문제를 내고 대화를 해봅니다. 어떤 능력이 있는지 필요하면 실기 테스트를 해봅니다.

그런데 여기서는 그냥 한번 지나가기만 하고 면접이 끝났습니다. 이런 허망한 면접이 어디 있습니까? 어떻게 말 한 마디도 해보지 않고, 서류 하나 보지 않고 한번 지나간 것으로 사람을 뽑을 수 있습니까? 황당한 면접입니다. 그런데 7절의 '이미'란 말에 답이 있습니다.

"내가 이미 그를 버렸노라!"

그러면 하나님이 언제 엘리압을 테스트해 보셨을까요? 이미 해보신 것입니다. 평소 그의 삶을 보면서 그 마음이 바른지 아닌지를 테스트해 보신 것입니다. 세상에서는 평소 어떻게 살았든지 면접 시에만 잘하면 통과됩니다. 대답 잘하고, 좋은 인상 주고, 이목구비가 화려하면 합격입니다. 이런 것으로 봤다면 엘리압도 통과했을 것입니다.

그런데 하나님의 면접은 다릅니다. 하나님은 평소의 삶을 보십니다. 하나님 앞에 섰을 때, 예배 자리에 왔을 때 결정되는 것이 아니라는 말씀입니다. 평소 삶에서 하나님의 인정을 받아야 합니다. 하나님 앞에서 마음이 정직하고 성실해야 하는데, 엘리압은 하나님 앞에서 마음이 바르지 못했던 것입니다. 사람은 속일 수 있지만 하나님은 속일 수 없습니다. 왜 그렇습니까? 하나님은 마음을 보시기 때문입니다. 사람은 겉을 보지만 하나님은 내면을 보시기 때문입니다. 하나님은 사람의 중심, 마음을 보시고 그를 쓰실 것인지 말

것인지를 결정하십니다. 하나님은 우리의 하루하루 삶을 주목해 보십니다. 무엇을 하든지, 어디에 있든지 하나님 앞에 바른가를 보십니다. 여기서 합격해야 합니다.

이렇게 둘째에서 일곱째 아들까지 다 지나갔지만, 하나님의 응답은 없습니다. 외모는 걸출했지만 마음이 바르지 않기 때문입니다. 그래서 사무엘이 묻습니다.
"네 아들들이 다 여기 있느냐?"
이새가 대답합니다.
"아닙니다. 말째가 있는데 그가 양을 지키나이다."
'그는 지금 양을 지키고 있습니다' 라고 현재 진행형으로 대답했습니다. 아버지도 막내아들 다윗이 지금 뭐하고 있는지 알고 있습니다.
여기서 한번 상상해 보십시오. 평소 이 집안에서 양을 칠 때는 어떤 일이 있었을까요? 평소에도 양 떼를 지키라고 보내면 아들들이 다 가지만 형들은 다윗 막내에게 맡기고 낮잠 자고 논 것입니다. 이날도 아버지가 제사에 부른다고 하니 평소에 하던 대로 다윗에게 양을 맡기고 자기들만 온 것입니다. 늘 그래 왔으니까 이상할 것이 하나도 없습니다. 내 일이 아니라고, 아버지의 일이라고 대충하려는 마음이 있었습니다. 잔꾀를 부리고 머리를 씁니다. 빠져나갈 궁리를 합니다. 막내에게 다 맡기고 가버렸습니다. '우리가 이렇게 많은데 다 있을 필요가 있나? 한 사람만 고생하면 되지' 하는 마음이 있었는지 모릅니다. 다른 형들도 다 그렇게 했습니다.

그런데 다윗은 이때까지도 양을 지키고 있었습니다. 충성되고 성실하고 어리석을 만큼 진실합니다. 욕심도 없는 것 같습니다. 사무엘 선지자가 와서 식사에 초대했다면 뭔가 있는 것 아닙니까? 평생 한번 있을까 말까 한 기회입니다. 이것은 분명 하나님의 특별한 부르심이 있는 것입니다. 출세의 좋은 기회입니다. 그런데도 형들만 가고 다윗은 여기서 양을 치고 있습니다. 원망하거나 불평하지도 않았습니다. "왜 형들은 다 가고 나만 양 치라고 하느냐? 나도 가야겠다. 돌아가면서 합시다"라는 말을 하지 않고 혼자 그저 성실히 양을 치고 있는 것입니다. 세상에서 이런 사람은 바보입니다. 이용해먹기 좋습니다. 놀림 받기 십상입니다.

그런데 하나님은 이런 삶을 보고 계셨습니다. 형들이 잔머리 굴리고 요령 피우는 것을 보면서 이미 내가 저들을 버렸다고 하셨습니다. 하나님의 일을 맡겨도 잔꾀부리고, 남에게 맡기고 적당히 할 것입니다. '내 일도 바쁜데 거기다 하나님 일까지 어떻게 하나?' 이런 마음이었을 것입니다. 그러자 하나님이 보시고 이미 '아니다!' 라고 판정하셨습니다.

12절을 보면 다윗을 묘사하는데, 다른 구절과는 다른 표현이 몇 가지 나옵니다.

'빛이 붉고.' 밖의 뙤약볕에서 양을 치다 보니 피부가 붉어진 것입니다.

'눈이 빼어나고.' 살아 있는 눈빛, 초롱초롱한 눈빛을 말하는 것입니다. 이런 사람을 두고 눈에서 빛이 난다고 합니다.

'얼굴이 아름답다.' 외모가 화려했다는 말씀이기보다는 보기에 좋았다는 말씀입니다.

형 엘리압과 비교해 보면 엘리압은 용모와 신장, 즉 외모와 키만 보았습니다. 이들의 눈빛이 어떠했다는 기록이 성경 어디에도 없습니다. 외모는 화려한데 눈빛은 흐리멍덩한 눈빛이었는지도 모릅니다. 그런데 다윗에게서는 이런 것과는 다른 것을 보았습니다. 눈빛이 살아 있고, 열심히 일한 흔적을 보았습니다. 피부가 깨끗하고 깔끔한 모습은 없었지만 그에게는 살아 있는 눈빛이 있었습니다. 하나님의 눈에 어떤 사람이 더 멋지게 보이겠습니까? 12절 하반절에는 하나님이 사무엘에게 하시는 말씀이 있습니다.

"이가 그니 일어나 기름을 부어라."

"This is the man!" 정관사를 붙여서 말했습니다. "이가 그다!" 하나님이 이미 다윗을 마음에 두고 계셨음을 보여주는 구절입니다. 평소 다윗의 삶을 보면서 하나님이 마음에 정해두신 것입니다. 하나님이 마음에 두신 사람이 사무엘 앞을 지나가자 하나님이 소리치십니다.

"이가 바로 그 사람이다. 가서 기름 부어라!"

하나님의 부르심은 구체적입니다. 감정적이지 않고 즉흥적이지 않습니다. 하나님은 우리의 즉흥적인 헌신을 보고 부르시는 것이 아니라 평소의 지속적인 삶을 보고 쓰십니다. 특히 마음을 보십니다. 그래서 하나님의 일을 할 때는 마음을 바르게 하는 것이 좋습니다. 다음의 시편 말씀은 우리가 어떤 마음으로 하나님 앞에서 일해야 하는지를 보여줍니다.

"기쁨으로 여호와를 섬기며 노래하면서 그 앞에 나아갈지어다……감사함으로 그 문에 들어가며 찬송함으로 그 궁정에 들어가서 그에게 감사하며 그 이름을 송축할지어다"(시 100:2, 4).

하나님의 신에
감동된 사람은

삼상 16:14-23

며칠 전 어떤 형제에게서 목회자들에게 점심을 대접하겠다는 연락을 받고 나갔습니다. 그런데 그 형제는 직장이 있어서 돈을 버는 사람도 아니고 점심을 대접받기에 상당히 부담스런 위치에 있는 사람이었습니다. 그래서 제가 물었습니다.

"아니, 다른 사람도 아니고 형제가 대접한다니까 부담되네. 무슨 일 있어? 갑작스런 기도제목이라도 있어?"

그러자 아니라는 것입니다. 그저 오래전부터 식사 대접을 한번 하고 싶은 마음이 있었는데 미루고 있다가 이제야 하게 되었다는 것입니다. 이 형제는 식사 대접을 받아야 할 사람이 아니라 저희들이 사줘야 할 형편에 있는 사람입니다. 이런 사람이 대접한다고 하면 먹는 사람이 부담됩니다. 그래서 가깝고 싼 데로 가자고 했더니 미리 다 예약했다고 하면서 예약한 식당으로 가자는 것입니다. 궁금해서 물었습니다.

"왜 갑자기 그런 생각이 들었느냐?"

그러자 "하나님께서 그런 감동을 주셔서 그냥 순종하는 것"이라고 했습니다. 그래서 감사히 먹고 기도해 주었습니다. 그러면서 제가 한 가지 느낀 것이 있습니다. 하나님의 일하시는 방법입니다.

우리 가운데서 하나님은 어떤 방법으로 일하실까요? 많은 다양한 방법들이 있지만 공통적인 통로가 있습니다. 그것은 감동을 통해서 일하신다는 것입니다. 하나님은 어떤 일을 하실 때 사람들에게 감동을 주십니다. 하고 싶은 소원을 주십니다. 그래서 사람들이 자원해서 하도록 이끄십니다. 물론 불순종하면 할 수 없지만 하나님은 감동을 주셔서 일하신다는 것을 알아야 합니다. 오늘도 하나님은 무슨 일을 하실 때 먼저 감동을 주십니다. 예수님을 영접하고 하나님의 성령이 들어와 계시면 그다음부터 하나님의 성령께서 주시는 감동이 있습니다. 이 감동을 따라서 신앙생활을 하면 되는 것입니다.

본문의 바로 앞 구절인 13절에서 우리는 한 가지 중요한 사실을 발견할 수 있습니다.

> "사무엘이 기름 뿔을 취하여 그 형제 중에서 그에게 부었더니 이 날 이후로 다윗이 여호와의 신에게 크게 감동되니라"(삼상 16:13).

다윗이 사무엘에게 기름 부음을 받고 나서 나타난 현상 중 한 가지는 무엇입니까? 여호와의 신에 크게 감동되었다는 것입니다. 하나님의 신에 감동되어서 하나님의 신이 원하시는 일을 하게 되는 것입니다. 하나님이 우리 안에서 일하시는 방법이 이것입니다. 하하나님은 감동을 통해 일하게 하십니다. 감동을 주셔서 스스로 하게 하십니다. 자원해서 하게 하십니다. 하고자 하는 마음을 주십니다. 이 감동에 순종하지 않으면 때로는 부담이 되기도 합니다. 그러나 기본적으로 하나님은 우리에게 감동을 주셔서 일하게 하십니다.

사탄은 그렇게 하지 않습니다. 사탄은 의무감으로 일하게 합니다. 책임감을 강조합니다. 협박하여 일하게 합니다. 안하면 무슨 일을 당할 것 같은 공포 분위기를 느끼기도 합니다. 그래서 어쩔 수 없이 하게 합니다. 마지못해 하게 합니다. 감동으로 일하는 것과 의무감으로 일하는 것은 다릅니다. 감동이란 무엇일까요? 제가 몇 가지 예를 들어보겠습니다.

요즘 우리 교회는 주방의 변화로 인한 소문이 자자합니다. 주방을 보는 사람들마다 속이 다 후련하다는 말을 합니다. 왜냐하면 주방이 변했기 때문입니다. 얼마 전 '1:1:1 사역의 날'에 몇 사람이 주방 일을 맡겠다고 자원했습니다. 그리고 이 사람들이 자기들끼리 모여서 상의하고 주방을 치우기로 했습니다. 이후부터 일주일에 한 번씩 청소를 하는 것 같았습니다. 그 뒤로 주방이 확 달라졌습니다. 넓어졌고 더 깨끗해졌습니다. 환해졌습니다. 주방을 보는 사람마다 달라졌다고 한마디씩 합니다.

또 쓰레기가 깨끗이 정리되어 있습니다. 물론 성도들이 평소에도 잘 치웁니다만 역시 팀 사역의 날에 몇 사람이 쓰레기 정리를 자원해서 일하기 시작한 것입니다. 그 뒤로 쓰레기통들이 더 깨끗해졌고 깔끔해졌습니다.

생각해 보십시오. 이것을 누가 시킨다고 하겠습니까? 하라고 해서 하겠습니까? 시켜서 했다면 하면서 즐겁겠습니까? 계속 지속되겠습니까? 성도들이 성령에 감동되어서 즐겁게 일한 것입니다. 이것이 하나님이 일하시는 방법입니다.

궁금해서 성경에서 '감동'이라는 단어만 검색해 보았습니다. 찾아보니 모두 30번 나오는데 공통점이 있습니다. 하나님께서 무슨 일을 하시려고 할 때 먼저 사람들에게 감동을 주셔서 하게 하신다는 것입니다. 몇 가지 예만 들어보겠습니다. 성막을 지을 때 모습을 출애굽기에서는 이렇게 말하고 있습니다.

"무릇 마음이 감동된 자와 무릇 자원하는 자가 와서 성막을 짓기 위하여 그 속에서 쓸 모든 것을 위하여, 거룩한 옷을 위하여 예물을 가져 여호와께 드렸으니"(출 35:21).
"마음에 감동을 받아 슬기로운 모든 여인은 염소털로 실을 낳았으며"(출 35:26).
"또 그와 단 지파 아히사막의 아들 오홀리압을 감동시키사 가르치게 하시며"(출 35:34).

사람들의 마음에 감동을 주셔서 연구하게 하시고, 헌신하게 하시고, 가르치게 하시고, 수고하게 하시고, 봉사하게 하신 것입니다. 그러니 다들 즐거움으로 일한 것입니다. 영적인 리더를 세울 때도 역시 마음에 감동된 사람을 세웁니다. 모세가 죽기 전 후계자를 세울 때 기준이 무엇이었습니까? 하나님의 신에 감동된 사람이어야 한다는 것이었습니다.

> "여호와께서 모세에게 이르시되 눈의 아들 여호수아는 신에 감동된 자니 너는 데려다가 그에게 안수하고"(민 27:18).

요즘은 교회에서 리더들을 세울 때 이런 것을 보지 않고 다른 것만 보기에 문제가 되는 것 같습니다. 감동이 없이 머리로만 일하려 하고 지식으로만 일하려고 하니 일하면서 사람들과 부딪치는 것입니다. 감동 있는 자는 사람들을 감동시켜서 일하게 합니다.

혹시 이런 질문을 하는 분이 있을지도 모르겠습니다.

"목사님, 저는 신앙생활을 해도 아무런 감동이 없는데 어떻게 해야 합니까?"

아마 그런 분은 지금 마음이 상해 있거나, 시험에 들었거나, 아주 힘든 시간을 지내고 있는지도 모릅니다. 아니면 영적으로 아주 메마르고 건조한 상태일 수 있습니다. 그런 때는 잠시 쉬면서 충전의 시간을 가지는 것이 좋습니다. 하나님께 감동을 회복시켜 달라고 기도해야 합니다. 감정이 메마르면 감동도 죽습니다.

감동이란 말을 할 때 알아야 할 것이 하나 더 있습니다. 하나님의 감동에 순종할 때 평안과 기쁨이 있다는 것입니다. 서두에서 말씀드렸던 그 형제 이야기를 한 번 더 해보겠습니다. 그는 하나님이 주시는 감동에 순종했습니다. 그러면서 손해 봤다고 생각하거나 억울해하거나 속상해하지 않았습니다. 왜 그럴까요? 하나님이 주시는 감동에 순종하면 거기에는 기쁨이 있기 때문입니다. 평안이 있습니다.

성경을 잘 보면 하나님이 주시는 감동에 순종한 자들은 이런 것들을 누리고 살았습니다.

"저희가 옳게 여겨 사도들을 불러들여 채찍질하며 예수의 이름으로 말하는 것을 금하고 놓으니 사도들은 그 이름을 위하여 능욕 받는 일에 합당한 자로 여기심을 기뻐하면서 공회 앞을 떠나니라 저희가 날마다 성전에 있든지 집에 있든지 예수는 그리스도라 가르치기와 전도하기를 쉬지 아니하니라"(행 5:40-41).

당시 최고의 종교회의기관이던 예루살렘 공회가 사도들에게 복음을 전하지 못하게 하고 채찍질했지만, 사도들은 복음 전하라고 하신 하나님의 감동에 순종하면서 말할 수 없는 기쁨을 맛보았습니다. 이 기쁨을 견딜 수 없어서 날마다 복음을 전했습니다. 성전에 있든지 집에 있든지 예수 그리스도를 전하고 가르쳤습니다.

그렇습니다. 하나님의 감동에 순종하는 자들의 삶에는 기쁨이 있습니다. 하나님이 주시는 감동에 순종하지 않는 사람은 어떨까요? 불편합니다. 평안하지 않습니다. 기쁨이 없습니다. 우리는 본문에서 하나님이 주시는 감동이 있는 사람과 그 감동을 잃어버린 사람을 만나게 됩니다. 하나님이 주시는 감동이 있는 사람은 다윗이고, 하나님이 주신 감동을 잃어버린 사람은 사울입니다.

먼저 사울을 보십시오. 사울은 과거 하나님의 신이 임했던 사람입니다. 하나님의 신이 임할 때는 역시 하나님의 감동도 임했습니다.

"사울이 이 말을 들을 때에 하나님의 신에게 크게 감동되매"(삼상 11:6).

사울에게도 하나님의 신이 감동할 때가 있었습니다. 한때는 이 감동에 순종해서 놀라운 일들이 일어났습니다. 하나님께서 사울을 통해 영광 받으시는 때가 있었습니다. 그런데 어느 날부터 이 감동이 사라지기 시작했습니다. 어떻게 이 감동을 잃어버렸습니까? 불순종함으로 잃어버렸습니다. 반복되는 불순종 때문입니다. 하나님이 주신 감동에 순종하지 않고 내 주장, 내 고집, 내 생각을 따라가면서 하나님의 감동이 사라지기 시작한 것입니다. 나중에는 하나님의 신이 사울을 떠나고 맙니다. 이렇게 해서 성령이 떠나고 하나님의 감동이 사라진 사울에게 찾아온 것이 무엇입니까? 본문에서 알 수 있는 것은 두 가지입니다.

첫째는, 기쁨과 평안을 잃어버렸다는 것이요,

둘째는, 근심, 두려움, 번뇌가 찾아왔다는 것입니다.

하나님의 신이 떠나간 빈자리에 악신이 와서 자리를 잡은 것입니다. 하나님의 신이 머물러 있을 때 사울은 번뇌하지 않았습니다. 두려워하지 않았습니다. 그에게는 담대함이 있었고 평안이 있었습니다. 그런데 하나님의 신이 떠난 다음 그에게 남은 것은 번뇌였습니다. 악한 영이 들어온 것입니다. 하나님의 신, 곧 성령님은 우리 안에 들어오시면 우리의 짐, 상처, 아픔을 가져가십니다. 자유케 하십니다. 치유하시고 쉼을 주십니다.

그런데 악한 영들이 들어오면 번뇌하게 만듭니다. 염려, 걱정, 두려움이 가득 차게 만듭니다. 악한 영이 들어왔으니 악한 것들이 가득 차 있을 수밖에 없지 않겠습니까? 가만히 생각해 보면 신앙생활의 축복이라는 것이 별것 아닙니다. 성령의 감동이 있고, 성령의 감동에 순종하는 것이 축복입니다. 우리가 성령 충만하지 않으면 악한 것들이 우리를 괴롭힐 수 있습니다. 우리가 성령의 감동에 순종하지 않으면 성령의 감동이 중단되고 우리의 자아와 주장, 고집이 들어와 우리를 힘들게 할 수 있습니다.

본문을 보면서 놀란 것은 사울의 신하들도 악한 영들이 와서 왕을 번뇌케 만든다는 것을 알았다는 것입니다.

"사울의 신하들이 그에게 이르되 보소서 하나님의 부리신 악신이 왕을 번뇌케 하온즉"(15절).

신하들도 악신이 임해서 그런다는 것을 대번에 알았습니다.
"보소서, 하나님의 부리신 악신이 왕을 번뇌케 한즉."
왕이 이런 번뇌에 빠진 것은 스스로 그런 것이 아니라 악신이 와서 그렇게 만들었다는 것을 그들도 인정했습니다. 게다가 16절을 보면 이것에 대한 해법까지도 알고 있었습니다. 아마 오래전부터 이런 일들에 대해서 전해 내려오는 비법이 있다는 것을 알고 있었던 것 같습니다. 해법이 무엇이었습니까?

"원컨대 우리 주는 주의 앞에 모시는 신하에게 명하여 수금 잘 탈 줄 아는 사람을 구하게 하소서 하나님의 부리신 악신이 왕에게 이를 때에 그가 손으로 타면 왕이 나으시리이다"(16절).

악기 잘 타는 사람을 데려다 음악을 연주하게 하면 왕이 나을 것이란 말입니다. 이들도 찬양의 능력을 알고 있는 것입니다. 찬양하면 악신이 임하지 못한다는 사실, 찬양하면 임했던 악신도 견디지 못하고 떠난다는 사실을 알고 있었습니다. 여기에 찬양의 능력이 있습니다. 생각해 보니 당연한 것이었습니다. 사람이 노래방에 가서 노래만 해도 스트레스가 해소된다는데, 하물며 하나님을 연주하고 찬양하면 얼마나 놀라운 일들이 일어나겠습니까?

얼마 전 어떤 자매에게 악한 영이 들어가서 자매 목자에게 부탁하여 같이 기도실에서 쫓아내는데, 이 목자가 어떻게 쫓아내는 줄 잘 몰랐습니다. 그래서 둘이 앉아서 무작정 찬송을 수십 곡 했습니다. 한 시간 이상 한 것 같았습니다. 그랬더니 악한 영들이 숨어 있다가 견디지 못하고 나왔습니다. 제발 찬송 좀 그만하라고 했습니다. 그래도 계속하니까 결국 정체를 드러내고 묶여서 나갔습니다. 찬양만 해도 악한 영들이 견디지 못하고 나오는 것입니다.

찬양에는 능력이 있습니다. 직접 악기를 연주하며 찬양할 때 악한 영들이 더 이상 침범하지 못하는 것입니다. 실제로 이렇게 했을 때 놀라운 결과가 나타났습니다.

"하나님의 부리신 악신이 사울에게 이를 때에 다윗이 수금을 취하여 손으로 탄즉 사울이 상쾌하여 낫고 악신은 그에게서 떠나더라"(23절).

찬양하며 연주하자 악신이 떠났습니다. 찬양의 능력이 이것입니다. 고민이 많을 때, 번뇌로 잠 못 이룰 때, 까닭 없이 머리가 아플 때, 고통이 찾아왔을 때 찬양해 보십시오. 놀라운 일이 일어납니다. 어둠의 영이 떠나고 자유함이 옵니다. 본문 23절을 우리가 좀 더 자세히 볼 필요가 있습니다. 여기서 악한 영들에 대해 몇 가지 중요한 것을 알려주기 때문입니다.

첫째, 사울이 항상 24시간 내내 악신에게 잡혀 있었던 것은 아니라는 것을 알 수 있습니다. 악신이 임할 때가 있었다는 것을 알 수 있습니다. 23절에 "하나님이 부리신 악신이 사울에게 이를 때에"라고 되어 있기 때문입니다.

둘째, 악신이 임할 때는 어떤 형태로든 그 증상들이 나타났습니다. 악신이 임하는 것을 주변 사람들이 보고 알았기 때문입니다.

셋째, 찬양하며 연주할 때 악신이 힘을 잃는다는 것을 알 수 있습니다. 악신이 임할 그때 다윗이 수금(하프)을 취하여 연주하면 악신이 떠나고 사울이 나았습니다.

넷째, 이것은 일시적으로 떠난 것이지 완전히 떠난 것은 아니라는 것을 알 수 있습니다. 다음에 또 찾아오기 때문입니다. 그래서 악신이 올 때마다 이런 일을 해야 합니다.

어찌되었건 다윗이 연주하면 사울은 바로 상쾌해지고 나았다는 것입니다. 여기서 찬양의 능력을 봅니다만 동시에 우리는 또 하나의 능력을 봅니다. 누가 이 일을 하느냐가 중요한 것입니다. 다윗은 지금 하나님의 신에 감동된 사람입니다. 하나님의 신에 감동된 사람이 연주하고 찬양하면 무엇을 하겠습니까? 하나님을 높이는 찬양을 했을 것입니다.

또 하나 중요한 것은 하나님의 신에 감동되었기 때문에 자기가 원하는 찬양이 아니라 하나님이 주시는 감동을 따라 찬양하고 연주했다는 것입니다. 그냥 내가 좋아하는 곡을 부르고 연주하는 것과 하나님이 주시는 감동에 따라 곡을 선정하고 부르는 것은 아주 큰 차이가 있습니다. 찬양하는 사람들에게 있어 중요한 것은 이런 감동을 가지고 해야 한다는 것입니다. 그럴 때 거기에 능력이 있습니다. 사람들을 자유케 하는 힘이 있습니다. 똑같은 찬양이라도 이번 주가 다르고 다음 주가 다를 수 있습니다. 이번 주에는 이런 찬양을 통해 은혜 받았지만 다음 주에는 다른 찬양을 통해 은혜 받을 수 있습니다. 그러므로 찬양하는 사람, 리더들은 하나님의 감동에 붙들리는 연습이 필요합니다.

언젠가 집회 중에 기도회를 인도하는 시간이 되었습니다. 기도회를 인도하는데 마음속에 이때 찬양이 좀 필요한데, 반주자가 이 찬양 반주 좀 해주면 좋겠다는 생각이 들었습니다. 그런데 그 생각이 들자마자 바로 반주자가 제가 원하는 찬송을 연주하는 것입니다. '바로 이거다! 성령께서 지금 우리를 한마음으로 인도하시는구나!' 하는 생각이 들었습니다. 하나님께서 감동을 주신 것입니다. 그 감동에 따라 찬양할 때 능력이 있습니다.

당신은 하나님의 신에 감동된 사람들이 찬양할 때 그 가운데 하나님이 임재하신다는 것을 믿으십니까? 다윗이 찬양할 때 악신이 떠난 것은 그 찬양 가운데 하나님의 신이 임재하셨기 때문입니다. 당연한 것은 하나님의 신에 감동된 자가 악신이 임한 사람을 자유케 해주셨다는 것입니다. 우리 모두가 성령으로 충만해야 할 이유가 이것입니다. 내가 성령으로 충만할 때, 주변에서 고통당하는 자들을 자유케 할 수 있습니다.

당신 안에 하나님의 감동이 있기를 바랍니다. 그리고 성령의 감동에 의해 살아가십시오. 하나님의 감동이 없으면 감동이 올 때까지 기다리고, 감동 주시면 즉시 순종하십시오. 혹시 하나님의 감동을 잃어버렸다면 오늘 이 말씀을 통해서 회복하시기 바랍니다.

위대한 사람은
평소에 준비됩니다

삼상 17:20-40

　자연을 잘 관찰해 보면 모든 삶의 지혜가 다 들어 있고 인생의 원리가 다 있다는 것을 알 수 있습니다. 대부분의 위대한 발견은 자연에서 얻은 것들입니다. 예를 들어, 만유인력의 법칙은 사과나무 아래에서 나왔고, 피뢰침은 연 날리기를 하다가 발견한 것입니다. 미국의 벤자민 프랭클린은 천둥 번개가 칠 때마다 '참 요란도 하다'고 생각하며 하늘을 쳐다보았습니다. 연날리기를 무척 좋아했던 프랭클린은 연 꼭대기에 길이 30cm 정도의 쇠붙이를 달고, 아래쪽에는 명주 리본과 쇠붙이의 자물쇠를 연결해서 비 오는 날 실험을 하였습니다.

　그는 이 실험을 통해 벼락을 잡아 땅속으로 흘러 들어가게 하는 피뢰침을 만들었습니다. 이때가 1752년이었습니다. 프랭클린이 피뢰침을 만들기 전까지는 벼락 때문에 귀중한 생명을 잃거나 집이 파괴되는 일이 많았지만, 피뢰침을 발명한 뒤로는 높은 빌딩이나 건물, 비행기, 선박, 자동차 등에 설치해 벼락의 공포로부터 완전히 벗어났습니다.

또 증기기관차는 어려서부터 탄광에서 일하며 펌프를 움직이는 증기기관을 연구한 스티븐슨에 의해서 발명되었습니다. 그는 1814년 석탄을 실어 나르는 기관차를 발명, 탄광에서 항구까지 운행하는 데 성공했으며, 1825년 세계 최초의 철도용 기관차인 로코모션호를 발명하였습니다.

전기는 주전 600년경 그리스의 탈레스에 의해 발견되기 시작했는데, 그는 호박(琥珀)을 마찰하면 대전(帶電)하여 가벼운 물체를 흡인하는 것을 알고 있었습니다. 이것이 전기 현상의 최초 발견입니다. 그래서 이 호박을 의미하는 그리스어의 '엘렉트론'이 그 뒤에 전화(轉化)되어 '일렉트리시티'(electricity)라는 말이 유래된 것으로 전해집니다. 그러나 당시는 전기와 자기(磁氣)가 반드시 구별되어 있었다고는 볼 수 없습니다. 일상적인 생활을 하다가 얻은 아이디어들이 아주 중요한 도움을 주는 경우가 많습니다.

달리기를 할 때 신는 '스파이크화'라는 신발은 고양이나 호랑이가 에너지의 낭비 없이 달리고 또한 급히 정지할 수 있는 모습을 관찰하면서, 이 동물들의 발의 구조를 보면서 힌트를 얻어 나오게 되었습니다. 좁고 깊은 계곡에 와이어로프로 다리를 연결해 건설하는 것은 거미가 나무 사이에 줄을 쳐서 건너는 데서 힌트를 얻어서 발명하게 되었고, 열효율이 좋은 보일러는 인간의 심장과 동맥,

정맥의 혈관계를 보면서 힌트를 얻은 것입니다.

이 밖에도 많이 있습니다. 엉겅퀴 풀에서 아이디어를 얻어 벨크로(매직테이프)를, 오징어 발판에서 발판 접착판을, 호랑가시 나뭇잎을 보면서 톱(중국 선비)을 만들어 내게 된 것입니다.

앞서 말씀드린 것들의 공통점은 무엇입니까? 위대한 발견은 특별한 곳에서 된 것이 아니라 일상생활에서 된 것이라는 사실입니다. 위대한 하나님의 사람들이 만들어지는 곳도 특별한 곳이 아니라 일상생활에서입니다. 좋은 신학교를 들어가야 되는 것이 아닙니다. 좋은 기도원에서 만들어지는 것도 아닙니다. 유명한 교수님 아래서 만들어지는 것도 아닙니다. 성경에 보면 위대한 하나님의 사람이 만들어지는 곳은 신학교가 아니라 삶의 현장입니다.

우리 삶의 모든 현장은 내가 하나님의 사람으로 훈련되는 곳입니다. 그래서 평소의 삶에서 하나님의 인도하심을 받지 못하고, 평소의 삶에서 하나님의 사람으로 훈련되지 못하면 우리가 하나님의 사람으로 준비되는 데는 한계가 있는 것입니다.

살다 보면 우리가 별것 아니라고 가볍게 생각했던 그것이 나중에 위대한 하나님의 사람이 되는 데 결정적인 요인이 될 때가 많습니다. 모세가 하나님의 부르심을 받는 장면을 봐도 그렇습니다. 그는 양을 치다가 하나님의 산 호렙에 가고 싶었습니다. 오랜 시간을 걸쳐서 호렙 산에 왔습니다. 왔지만 보니 아무것도 없습니다. 마른 땅입니다. 광야입니다. 잡풀만이 여기저기 나 있는 곳입니다.

그런데 한 떨기나무에 불이 붙었는데 꺼지지 않습니다. 광야에서 흔하게 볼 수 있는 현상이기에 그냥 지나칠 수 있었습니다. 그런데 불이 붙었는데도 나무가 타지 않고 계속 불타오르는 장면을 보면서 궁금해서 보려고 다가갑니다. 그때 하나님이 모세를 부르십니다. "모세야, 모세야!" 여기서부터 그 위대한 모세가 등장하는 것입니다.

지극히 평범한 일에 관심을 갖고 다가가면서 모세의 인생이 달라지기 시작합니다. 과거에 저는 하나님의 부르심을 이렇게 생각한 적이 있습니다. 하나님이 쓰시려고 부르실 때는 굉장한 일을 체험한 후에 부름 받는다고 생각했습니다. 예를 들어, 죽을 병에 걸려서 죽어 가다가 기적적으로 나아서 하나님의 종이 되거나, 하늘에서 불이 떨어져 그 불을 받고 하나님의 종이 되거나, 기도하는 중에 신비한 일들을 보거나 경험한 다음에 하나님의 사람이 된다고 생각했습니다. 그렇게 부름 받으면 확실하겠지요. 그렇게 부름 받은 사람도 드물게 있습니다.

그런데 대부분은 그렇게 부름 받지 않습니다. 지극히 자연스럽게 부르심을 받습니다. 일상적인 일을 하다가 삶의 현장에서 부름 받습니다. 예를 들어, 베드로나 예수님의 제자들은 대부분 어부들이었습니다. 이들이 예수님의 부르심을 받을 때 고기잡이를 하고 있었습니다. 무슨 특별한 경험을 하고 제자가 된 것이 아닙니다. 아모스라는 선지자는 뽕나무 밭에서 일하다가 부르심을 받았습니다. 엘리사는 밭 갈고 있다가 부르심을 받았습니다. 예수님은 목수로 일하시다가 때가 되어 공생애 사역을 시작하셨습니다.

이것을 보면 하나님이 우리를 부르시는 장소는 신학교나 기도원이 아니라, 내가 현재 살고 있는 삶의 현장이라는 것을 알 수 있습니다. 평소 삶의 현장이 하나님의 사람이 만들어지는 곳이요, 하나님의 계획이 성취되는 곳입니다.

본문에 나오는 다윗의 경우가 그랬습니다. 본문의 배경은 이렇습니다. 다윗이 사무엘 선지자로부터 왕으로 세우겠다는 하나님의 약속을 받았습니다. 그리고 그 증거로 기름 부음을 받았습니다. 우리는 기름 부음을 받았으니 모든 것이 다 끝났다고 생각할지 모르지만, 기름 부음을 받은 것과 왕이 되는 것은 많은 시간의 차이가 있었습니다. 기름 부음을 받았지만 실제로 다윗이 왕이 된 것은 그 뒤로 몇 년이 흐른 뒤입니다. 기름 부음을 받은 것은 하나의 약속이지만 실제로 그렇게 되는 데는 시간이 필요했습니다.

본문을 가만히 순서대로 읽어 보면 아주 중요한 사실을 발견할 수 있는데, 하나님의 사람이 되기 위해서는 두 가지가 필요하다는 것입니다. 하나는 능력이요, 또 하나는 준비하는 삶입니다.

1. 위로부터 내려오는 것으로 하나님의 선택입니다.

하나님이 불러주시고 선택해 주셔야 합니다. 그러면 하나님이 불러주시는 것을 어떻게 알게 하십니까? 능력을 주십니다. 남들이 갖지 못하는 능력을 주십니다. 그래서 사람들이 오해하는 것이 있습니다. 능력만 받으면 모든 것이 다 되었다고 생각합니다. 오늘날도 하나님의 일을 하려고 하는 사람들이 능력 받기 위해 무진 애를 씁니다. 기도원에도 가보고, 산 기도도 가보고, 능력 있다는 분들 집회에도 가보고, 안수도 받아보고 합니다. 이렇게 해서라도 능력만 받으면 나를 무시하지 못할 것이라고 생각합니다.

물론 이렇게 해서 능력을 받는 경우도 있습니다. 그런데 이렇게 능력을 받으면 잘못되는 경우가 많습니다. 남들이 못 가진 능력을 나만 가졌으니 교만해지고 신앙이 변질되는 것입니다. 또 힘들게 어렵게 받았기 때문에 능력 받지 못한 사람들을 보면 열심히 믿지 않아서 그런다고 생각하거나 비판하는 경향이 있습니다.

그런데 능력은 어렵게 받는 것이 아닙니다. 쉽게 받습니다. 하나님은 우리 모두에게 능력 주길 원하십니다. 하나님은 우리가 능력 받기를 우리보다 더 원하고 계십니다. 우리에게 능력 주시는 것을 아까워하거나 인색해하지 않으십니다. 다만 우리가 그것을 어렵게 받을 뿐입니다. 하나님의 방법대로 받지 않고 내 방법대로 받으려 하기 때문입니다. 쉽게 주시는 것을 어렵게 받을 뿐입니다. 어쨌든 하나님의 사람이 되려면 능력이 있어야 합니다. 다윗은 하나님의 사람이 되라고 기름 부음을 받았습니다. 기름 부음을 받았다는 것은 능력을 받았다는 것입니다.

2. 능력보다 더 중요한 것이 있는데, 곧 평소의 삶입니다.

능력은 하나님이 주시는 것이지만 평소 삶은 내가 만들어 가는 것입니다. 하나님의 사람이 되기 위해서는 평소 삶에서 하나님의 사람으로 만들어져야 합니다. 이것이 안 되면 아무리 능력을 받아도 잘 풀리지 않습니다. 위대한 하나님의 사람들은 다 삶의 현장에서 만들어졌습니다. 다윗도 그랬습니다. 본문에서 우리는 다윗의 평소 모습을 보아야 합니다.

"다윗은 사울에게로 왕래하며 베들레헴에서 그 아비의 양을 칠 때에" (15절).

이때 다윗은 이미 왕으로 기름 부음을 받았습니다. 사울 왕의 눈에 들어 왕궁에 출입하며 왕의 총애를 받던 시절입니다. 인기가 올라가고 주목받기 시작한 상황입니다. 그런데도 평소에는 베들레헴에 있는 그 아버지 집에서 양을 치며 살았습니다. 그는 이렇게 말하지 않았습니다. "아버지, 제가 이제 왕궁에 출입하고 있고, 왕으로 세운다는 기름 부음도 받았는데 양치기가 뭡니까? 저는 이제 그만하겠습니다."

다윗은 왕궁과 집을 오가면서 열심히 양을 쳤습니다. 성실한 사람입니다. 겸손한 사람입니다. 교만하거나 게으르지 않습니다. 이것이 하나님의 사람들이 가져야 할 태도입니다.

"이새가 그 아들 다윗에게 이르되 네 형들을 위하여 이 볶은 곡식 한 에바와 이 떡 열 덩이를 가지고 진으로 속히 가서 네 형들에게 주고, 이 치즈 열 덩이를 가져다가 그들의 천부장에게 주고 네 형들의 안부를 살피고 증표를 가져오라"(17-18절).

아버지 이새가 다윗에게 심부름을 시키는 장면입니다. 다윗의 위로 일곱 형들이 있습니다. 그중 세 형들이 군대에 갔습니다. 그러면 넷째 형도 있고 다섯째도 있는데, 이 형들을 시키지 않았습니다. 다윗은 여덟째입니다. 형들을 제쳐놓고 막내 다윗에게 심부름을 시켰습니다. 왜 그랬을까요? 중요한 심부름 시킬 때 누구에게 시키고 싶습니까? 가장 성실하고 믿을 만한 사람에게 시킵니다. 다윗이 그만큼 믿을 만하고 성실했기 때문입니다. 그는 아버지에게 인정받고 있었습니다. 다윗이 어느 정도 성실했는가를 보십시오.

"다윗이 아침에 일찍이 일어나서 양을 양 지키는 자에게 맡기고 이새의 명한 대로 가지고 가서 진영에 이른즉"(20절).

다윗은 이 심부름을 하기 위해서 아침에 일찍 일어났습니다. 양을 믿을 만한 자에게 맡겼습니다. 아무에게나 안 맡기고 믿을 만한 사람을 찾아서 맡겼습니다. 무슨 일이든지 대충하지 않는다는 것을 알 수 있습니다. 이렇게 맡기고 아버지의 심부름을 했습니다.

그런데 이런 심부름의 과정이 하나님의 사람으로 준비되는 과정입니다. 재미있는 것은 이스라엘 초대 왕인 사울 왕도 아버지 심부름을 하다가 왕으로 하나님의 부르심을 받았고, 다윗도 심부름 하면서 하나님의 인도하심을 받았다는 것입니다. 생각해 보십시오. 심부름과 하나님의 일꾼 되는 것이 무슨 상관이 있습니까? 아무런 상관이 없어 보입니다. 그런데 이런 사소한 일이 하나님의 일꾼이 되는 결정적 요인이 됩니다. 부모가 시킨 심부름을 얼마나 잘 하느냐? 이것이 하나님의 사람으로 준비되는 과정입니다. 심부름을 하다가 두 명이나 왕으로 세움을 받았습니다.

하나님의 일도 그렇습니다. 하나님의 심부름을 하는 것입니다. 하나님이 하라고 하신 일을 그대로 하는 것입니다. 그러니 하나님도 심부름을 잘하는 사람을 눈여겨보십니다. 그러므로 부모님이 심부름을 시키면 잘하십시오. 기쁨으로 하십시오. 이런 것들이 다 하나님의 사람으로 준비되는 코스에 있는 것입니다. 하나님은 사람을 뽑으실 때 이런 것들을 통해서 사람을 시험해 보십니다.

"다윗이 곁에 섰는 사람들에게 말하여 가로되 이 블레셋 사람을 죽여 이스라엘의 치욕을 제하는 사람에게는 어떠한 대우를 하겠느냐 이 할례 없는 블레셋 사람이 누구관대 사시는 하나님의 군대를 모욕하겠느냐"(26절).

블레셋에서 골리앗이라는 사람이 나와서 하나님을 모욕하고 이스라엘 백성들을 조롱하는데, 사람들은 기골이 장대하고 거인인 골리앗을 보면서 기가 죽어 아무 말도 못하고 떨고 있습니다. 그런데 다윗은 바로 이렇게 말합니다. "이 할례 없는 블레셋 사람이 누구관대 사시는 하나님의 군대를 모욕하겠느냐."

이는 그냥 해본 말이 아닙니다. 평소 신앙이 그대로 표현된 것입니다.

"하나님은 살아 계신다."

"하나님은 아무도 이기지 못한다."

"우리가 하나님을 믿고 담대하게 나아가면 반드시 승리하게 된다."

이런 믿음을 가진 것입니다. 이런 믿음을 가지고 있었기에 다윗은 골리앗을 보면서도 기죽지 않은 것입니다. 이런 믿음은 어디서 나왔을까요? 역시 평소 경험에서 나온 것입니다.

"다윗이 사울에게 고하되 주의 종이 아비의 양을 지킬 때에 사자나 곰이 와서 양떼에서 새끼를 움키면 내가 따라가서 그것을 치고 그 입에서 새끼를 건져내었고 그것이 일어나 나를 해하고자 하면 내가 그 수염을 잡고 그것을 쳐 죽였었나이다 주의 종이 사자와 곰도 쳤은즉 사시는 하나님의 군대를 모욕한 이 할례 없는 블레셋 사람이리이까 그가 그 짐승의 하나와 같이 되리이다"(34-36절).

평소 양을 지킬 때 사자나 곰이 와서 양떼를 움키면 따라가서 싸워 새끼를 건져냈고, 대들면 싸워 이겼습니다. 비록 어린아이지만 다윗은 이런 경험을 통해 하나님이 함께하시면 상대가 얼마나 크고, 힘이 세고, 또 얼마나 무섭게 생겼든지 전혀 문제가 되지 않는다는 것을 터득한 것입니다. 자기는 약해도 하나님이 도와주시면 능치 못함이 없다는 것을 안 것입니다.

평소 주어진 임무에 성실하지 않았다면 이런 경험을 할 수 없었을 것입니다. 이런 일을 하도 많이 겪다 보니 이제는 아무리 무서운 동물들이 덤벼도 가볍게 쳐서 이기는 것입니다. 동물들도 이렇게 쳐서 잡았는데 입을 열어 저렇게 하나님을 모욕하고, 하나님을 조롱하는 사람이야 무슨 말이 더 필요하겠나 하고 생각한 것입니다.

생각해 보십시오. 동물들이 하나님을 비방하는 말을 했습니까? 하나님을 대적하는 말을 했습니까? 생존 본능에 의해서 양들을 잡아먹으려고 한 것뿐입니다. 그런데 이런 동물들도 다 이겼고, 물리쳤고, 하나님께서 이런 동물들 가운데서도 그를 지켜주셨습니다. 그렇다면 저렇게 입을 열어 하나님을 모욕하는 골리앗을 잡는 데 하나님이 도와주시지 않겠습니까? 다윗이 생각할 때 '저건 반드시 잡는다. 저건 반드시 이길 수 있다'는 확신이 든 것입니다.

그러니 다윗에게 골리앗은 사자나 곰 정도로밖에 안 보였을 것입니다. '이거 잡는데 뭐가 어렵겠어요?' 이런 믿음을 어디서 배웠을까요? 평상시 삶에서 배운 것입니다. 양을 지키면서 배운 것입니다. 한 마리 양도 빼앗기지 않겠다는 마음, 절대 물러나지 않겠다는 마음, 절대 포기하지 않겠다는 마음은 다 평소 양을 지키면서 생긴 것입니다. 사자와 싸울 때, 곰과 싸울 때 하나님의 도우심을 수없이 체험한 것입니다. 평소의 경험을 통한 믿음의 확신입니다.

형들은 왜 이런 믿음이 없었을까요? 평소에 이렇게 안 했다는 말입니다. 양 지키라고 하면 다윗에게 맡겨 놓고 다른 짓 하고, 낮잠 자고, 놀다가 집에 가곤 했다는 말입니다.

사자나 곰과 싸워볼 기회도 못 가졌고, 하나님의 도우시는 손길을 경험하지도 못했고, 약한 자가 강한 자를 어떻게 이길 수 있는

가도 경험하지 못한 것입니다. 그러다가 막상 골리앗을 만나니 겁이 덜컥 난 것입니다.

결정적일 때 쓰임 받지 못하는 것입니다. 그런데 다윗은 평소 훈련으로 결정적인 때 쓰임 받습니다. 우리도 평소 주어진 일을 성실히 감당하다가 하나님의 사람으로 준비됩니다. 우리가 하는 모든 것이 다 하나님의 일입니다. 하나님의 일꾼으로 준비되는 것입니다.

저는 대학교 때 교회에서 구역장을 맡겨 한 구역을 섬긴 적이 있습니다. 제가 원한 것이 아니라 목사님이 일방적으로 임명해 버린 것입니다. 교회에서 가장 먼 구역인데 할머니들이 대부분인 구역입니다. 더 이상 늘지도 않고, 줄지도 않는 구역입니다. 그래서 교회에서 안심하고(?) 맡긴 것 같습니다. 금요일마다 가서 예배드리고 설교해야 하는데, 이것이 가장 힘들었습니다. 저보다 연세는 많죠, 귀는 어둡죠, 피곤하니까 설교 시간이면 졸죠, 그래서 이 구역을 맡아서 하는 데 힘들었습니다.

그중에서도 설교가 제일 힘들었습니다. 한 번도 해본 경험이 없고, 어떻게 해야 할지도 모르니까 잠이 오지 않았습니다. 처음에는 학교 도서관의 종교란에 가서 유명한 목사님들의 설교를 복사해서 그것을 그대로 읽었습니다. 나중에는 설교들을 요약 정리해서 전했습니다. 이렇게 하다 보니 설교하는 데 약간 눈이 떠졌습니다. 어느 정도 지나서는 설교를 정리해서 제 나름대로 소화해서 전했습니다. 그러면서 한 주도 빠지지 않고 했습니다. 자전거를 타고 거기까지 가서 예배드리고 설교하고 왔습니다. 한때는 그런 생각도

들었습니다. '야, 이거 내가 목사 될 것도 아니고, 장로도 아닌데 좀 심한 것 아닌가?' 주변에서 아무리 둘러봐도 도시 교회에서 대학교 때 구역장하고 설교했다는 말은 못 들어보았습니다.

'나만 유별나게 이러는가? 내가 너무 지나치게 믿는가?' 하는 생각이 들었습니다. 그런데 지금 돌이켜보면 그때 제가 하나님의 사람으로 준비되고 있었습니다. 설교 훈련을 받았던 것입니다. 그때 성경 보는 눈이 열리기 시작한 것 같습니다. 지금도 가끔 그때 읽었던 책들이 기억나고 사역하는 데 많은 도움이 됩니다. 그래서 그런지 저는 설교하는 것이 상당히 재미있습니다. 부담될 때는 엄청 부담도 되지만 설교하는 것이 좋습니다.

또 한 해는 은퇴하신 목사님이 계시는 구역을 맡아서 했습니다. 이때 사모님이 기도해 주시는데, 평생 기도하시던 분이라 그런지 기도가 달랐습니다. 거기서 기도를 배운 것 같습니다. 또 저를 위해서도 기도를 많이 해주셨습니다. 그 기도의 힘을 지금도 누리는 것 같습니다.

당신이 다니는 직장, 학교, 일터, 가정, 이 모든 것이 하나님의 사람으로 만들어지는 훈련장이라는 것을 절대 잊지 마십시오. 집안일을 열심히 하고, 직장에서 열심히 업무 파악을 해서 일을 배우고, 학교에서 열심히 전공 공부를 하는 것 등등이 다 하나님의 사람으로 준비되는 시간입니다. 그 현장이 하나님이 부르시는 곳입니다. 잘 배우고, 제대로 배워 두시기 바랍니다. 위대한 하나님의 사람은 평소 삶에서 준비됩니다.

승리하는 삶
—약점에 집중하지 마십시오

삼상 17:41-49

얼마 전 우리 교회에서 선정한 신앙 도서인 《긍정의 힘》이란 책은 참 대단한 책이었습니다. 어떤 분은 이 책을 읽고 이렇게 말했습니다.

"저자가 아직 젊은 나이에 이런 책을 쓸 수 있다는 것이 대단하고, 이런 책을 읽을 수 있었다는 것이 행운이다."

그런 것 같습니다. 이 책 때문에 수많은 사람의 인생이 바뀌리라 생각되었습니다. 내용을 다 말할 수는 없지만 요지는 이것입니다. '사람은 자기가 생각하고 기대하는 만큼 인생을 만들어 간다. 조그만 것만 생각하고 기대하면 그렇게 되고, 큰 믿음, 큰 생각, 큰 꿈을 품고 기대하면 바라는 대로 된다'는 것입니다. 사람이 아무리 작고 가진 것이 없어도 그 사람의 생각이 크고 꿈이 위대하면 위대한 사람이 되는 것입니다.

이 말이 그대로 적용되는 것이 본문 말씀입니다. 본문에서 우리는 두 사람을 만나게 됩니다. 바로 다윗과 골리앗입니다. 이 두 사람은 모든 면에서 대조됩니다. 골리앗의 키는 2m 70cm가 넘는 큰 키입니다. 다윗은 한창 자라나는 아이입니다. 커봐야 160cm 정도 되었을 것입니다. 키만 1m 차이가 납니다.

또 덩치가 다릅니다. 골리앗은 거인이요, 다윗은 아이입니다.

전쟁 경험에서도 다릅니다. 골리앗은 어려서부터 용사입니다. 전쟁에 이골이 난 사람입니다. 싸움의 귀재입니다. 반면에, 다윗은 사람을 상대로 전쟁해 본 적이 없습니다.

무장에서도 다릅니다. 골리앗은 전신 무장을 했습니다. 온몸이 보호막입니다. 그런데 다윗은 갑옷도 입지 않았습니다. 사울 왕이 벗어준 갑옷도 불편하다고 입지 않았습니다. 완전 무장한 골리앗과 무방비 상태에 있는 다윗입니다.

무기에서도 차이가 납니다. 골리앗은 방패를 들었고, 갑옷을 입었습니다. 또한 창과 칼과 단창을 가졌습니다. 그런데 다윗은 칼도 없고, 물매하고 돌멩이 몇 개만 주머니에 집어넣었습니다. 이쯤 되면 더 이상 설명하지 않아도 누가 이길지 뻔합니다. 그런데 정반대의 결과가 나왔습니다. 소년 다윗이 이겼단 말입니다. 기막힌 일이 벌어진 것입니다.

이 사건을 먼 과거의 이야기로만 끝내면 안 되겠습니다. 우리의 사건이 되어야 합니다. 하나님은 우리에게도 이런 승리를 주기 원하시고, 이런 승리를 누리기 원하십니다. 본문에 나오는 승리의 원리를 찾아서 우리 삶에 적용한다면, 우리도 우리 앞에 놓여 있는 골리앗 같은 장애물을 이기고 승리할 수 있는 것입니다.

여기서는 골리앗과 다윗을 비교하면서 살펴보고자 합니다. 먼저 골리앗이 이런 탁월한 조건에도 불구하고 패배할 수밖에 없었던 원인을 살펴보겠습니다.

1. 교만 때문입니다.

"그 블레셋 사람이 둘러보다가 다윗을 보고 업신여기니 이는 그가 젊고 붉고 용모가 아름다움이라"(42절).

골리앗은 다윗을 보고 업신여겼습니다. 상대방을 깔보고 우습게 여겼습니다. 막대기를 들고 나온 어린 다윗을 보면서 상대가 안 된다고 생각했을 것입니다. 그러나 아무리 약해 보여도 일단 싸움에 나올 때는 나름대로 이유가 있는 것입니다. 뭔가 잘하는 것이 있으니까 나오지 그냥 나오지는 않을 것입니다. 그러면 신중해야 합니다. 주의해야 합니다. 우습게 보다가는 큰코다칩니다. 어떤 싸움이든지 상대방을 업신여기고 교만하면 이길 수 없습니다.

그런데 골리앗은 교만했습니다. 우리가 하나님 앞에서 교만하면 절대 승리할 수 없습니다. 겸손하고 늘 신중해야 합니다. 악한 마귀는 그렇게 호락호락한 상대가 아닙니다. 늘 기도하고 깨어 있어야 이길 수 있습니다.

2. 저주했습니다.

"블레셋 사람이 다윗에게 이르되 네가 나를 개로 여기고 막대기를 가지고 내게 나아왔느냐 하고 그 신들의 이름으로 다윗을 저주하고"(43절).

골리앗의 언어생활을 볼 수 있는 장면입니다. "나를 개로 여기고"라는 표현을 보십시오.

왜 골리앗은 많고 많은 표현 중에서 '개'라는 표현을 사용해 자신을 나타냈을까요? 평소 자신에 대한 이미지가 그랬기 때문입니다. 자기가 자기를 보는 시각이 그랬습니다. 하지만 다윗은 그러지 않았습니다. 또 하나, 골리앗은 다윗을 조롱하면서 그 신들의 이름으로 다윗을 저주했습니다. 이것도 문제입니다. 저주를 좋아하는 사람은 저주를 받습니다. 아무리 적이지만 함부로 저주하는 것은 좋지 않습니다. 이 말씀은 평소 골리앗이 이런 저주를 잘 사용했다는 것을 암시해 줍니다.

반면에, 다윗을 보면 한 번도 저주한 적이 없습니다. 제가 사무엘상부터 역대하까지 잘 찾아봤는데 다윗에 관계된 기록에서 스스로 입을 열어 저주했다는 기록이 없습니다. 아무리 어려운 상황에 처해도 다윗은 저주하지 않았습니다. 아마 어린 나이였지만 저주의 영향력이 얼마나 큰지를 알았던 것 같습니다. 아니면 비록 원수지만 싸움의 대상으로 싸울 뿐이지 저주까지 하고 싶지는 않았던 것 같습니다. 저주에 대해서 찾아보다가 당연한 한 가지 사실을 발견했습니다. 저주를 좋아한 사람들은 저주를 받았다는 것입니다.

이것이 성경의 원리입니다.

비판하기를 좋아하면 비판 받게 되고, 정죄를 좋아하면 정죄 받게 되고, 축복하기를 좋아하면 축복 받게 되는 것입니다. 사울 왕이 그랬습니다. 그는 백성들을 저주했습니다.

"이날에 이스라엘 백성이 피곤하였으니 이는 사울이 백성에게 맹세시켜 경계하여 이르기를 저녁 곧 내가 내 원수에게 보수하는 때까지 아무 식물이든지 먹는 사람은 저주를 받을지어다 하였음이라"(삼상 14:24).

사울은 전쟁 중에 백성들에게 맹세시키고 이를 어기면 저주를 받을 것이라고 선언했습니다. 참 짧은 생각입니다. 이 백성들이 누구입니까? 자기 백성 아닙니까? 자기 백성들이고 자기를 섬기는 사람들입니다. 백성 없는 왕이 어디 있습니까? 이 저주가 누구에게 돌아갑니까? 자기 백성에게 돌아갑니다. 그런데 저주를 해버립니다. 물론 의도는 압니다. 자신의 명령을 엄격히 지키게 하려고 했을 것입니다. 그러나 이렇게 저주하더니 결국 자신이 비참하게 죽었습니다.

그런데 더욱 놀라운 사실은 사울의 가문을 연구해 보면 이런 저주가 가문 대대로 이어지고 있다는 것입니다. '시므이' 라는 사람은 사울의 가문에 속한 사람입니다. 아버지는 '게라' 라는 사람입니다. 사울이 죽은 다음 시므리가 또 다윗 왕을 저주합니다. 사무엘하 16장을 보면 다윗을 저주하는 장면이 나오는데 고약하게 저주합니다.

"다윗 왕이 바후림에 이르매 거기서 사울의 집 족속 하나가 나오니 게라의 아들이요 이름은 시므이라 저가 나오면서 연하여 저주하고"(삼하 16:5).
"다윗과 그 종자들이 길을 갈 때에 시므이는 산비탈로 따라가면서 저주하고 저를 향하여 돌을 던지며 티끌을 날리더라"(삼하 16:13).

나중에 다윗은 이 사건을 회상하면서 이렇게 말합니다.

"바후림 베냐민 사람 게라의 아들 시므이가 너와 함께 있나니 저는 내가 마하나임으로 갈 때에 독한 말로 나를 저주하였느니라"(왕상 2:8).

사울이 저주하기를 좋아하니 그 후손들도 저주하기를 좋아합니다. 이것도 유전이 되는가 봅니다. 그래서 그런지 사울의 가문은 전부 끝이 안 좋았습니다. 일찍 죽거나 비참하게 죽은 사람이 많습니다. 이는 부메랑 효과 같습니다. 공중에 부메랑을 던지면 결국 내게로 다시 돌아오는 것과 같습니다. 저주를 던지면 이것도 다시 돌아옵니다. 그런데 놀라운 것은, 다윗은 이런 저주를 현장에서 들으면서도 한 번도 같이 저주하지 않았다는 것입니다.

3. 내가 한다고 했습니다.

"또 이르되 내게로 오라 내가 네 고기를 공중의 새들과 들짐승들에게 주리라"(44절).

골리앗은 내가 하겠다는 표현을 많이 씁니다.
"내가 너를 공중의 새들과 들짐승에게 주리라!"
골리앗도 섬기는 신이 있었습니다. 그런데 그 신의 이름으로 저주는 했지만 그 신의 힘을 의지하거나 믿지는 않았습니다. 자기 힘을 믿었습니다. "내가 한다. 내가 죽이겠다"라고 선언했습니다. 이것이 골리앗의 특징입니다.

그러면 이제 다윗을 보십시오. 많은 차이를 발견하게 됩니다.

1. 여호와의 이름으로

"다윗이 블레셋 사람에게 이르되 너는 칼과 창과 단창으로 내게 오거니와 나는 만군의 여호와의 이름 곧 네가 모욕하는 이스라엘 군대의 하나님의 이름으로 네게 가노라"(45절).

"너는 칼과 창과 단창으로 내게 오거니와 나는 만군의 여호와의 이름, 그것도 네가 모욕하는 하나님의 이름으로 네게 가노라!"
다윗은 하나님의 이름을 의지했습니다. 하나님의 이름, 하나님의 능력을 아는 자는 하나님의 이름으로 무엇을 하는 것을 부끄러워하지 않습니다. 비록 사람들이 하나님의 이름을 모욕할지라도 그 이름을 믿고 나아갑니다. 하나님을 모르는 자들은 당연히 하나님을 모욕할 수 있습니다. 그럴지라도 우리가 하나님의 이름으로 나아갈 때 모욕당한 그 하나님이 모욕을 바꾸어 찬송이 되게 하시고, 승리하게 하십니다.

특별히 이 구절에서 다윗은 두 번이나 여호와의 이름, 곧 하나님의 이름이란 말을 하면서 자신이 혼자 나가 싸우는 것이 아니라 하나님의 이름으로 하고 있다는 것을 말하고 있습니다. 이것이 왜 중요할까요? 무슨 일이든지 하나님의 이름으로 할 때 하나님의 개입이 있기 때문입니다. 하나님의 돌보심이 있기 때문입니다. 하나님의 이름으로 할 때 하나님의 능력이 나타납니다. 성경에는 이런 약속들이 많이 나와 있습니다.

"또 누구든지 내 이름으로 이런 어린아이 하나를 영접하면 곧 나를 영접함이니"(마 18:5).

"두세 사람이 내 이름으로 모인 곳에는 나도 그들 중에 있느니라"(마 18:20).

"믿는 자들에게는 이런 표적이 따르리니 곧 저희가 내 이름으로 귀신을 쫓아내며 새 방언을 말하며"(막 16:17).

"너희가 내 이름으로 무엇을 구하든지 내가 시행하리니 이는 아버지로 하여금 아들을 인하여 영광을 얻으시게 하려 함이라"(요 14:13).

"내 이름으로 무엇이든지 내게 구하면 내가 시행하리라"(요 14:14).

"보혜사 곧 아버지께서 내 이름으로 보내실 성령 그가 너희에게 모든 것을 가르치시고 내가 너희에게 말한 모든 것을 생각나게 하시리라"(요 14:26).

"너희가 나를 택한 것이 아니요 내가 너희를 택하여 세웠나니 이는 너희로 가서 과실을 맺게 하고 또 너희 과실이 항상 있게 하여 내 이름으로 아버지께 무엇을 구하든지 다 받게 하려 함이니라"(요 15:16).

"내가 진실로 진실로 너희에게 이르노니 너희가 무엇이든지 아버지께 구하는 것을 내 이름으로 주시리라"(요 16:23).

다윗이 하나님의 이름으로 나아갈 때 하나님이 그 싸움에 개입하시고 도와주시는 것입니다.

2. 믿음의 선언입니다.

"오늘 여호와께서 너를 내 손에 붙이시리니 내가 너를 쳐서 네 머리를 베고 블레셋 군대의 시체로 오늘날 공중의 새와 땅의 들짐승에게 주어 온 땅으로 이스라엘에 하나님이 계신 줄 알게 하겠고"(46절).

믿는 자들이 믿음으로 선언하는 말에는 역사하는 능력이 있습니다. 반드시 이루어집니다. 다윗은 지금 조금 후에 어떤 일이 이루어질지 선언하고 있습니다. 46-47절을 보십시오.

1) 오늘 여호와께서 너를 내 손에 붙이시리니

2) 내가 너를 쳐서 네 머리를 베고

3) 블레셋 군대의 시체로 오늘날 공중의 새와 땅의 들짐승에게 주어

4) 온 땅으로 이스라엘에 하나님이 계신 줄 알게 하겠고

5) 여호와의 구원하심이 칼과 창에 있지 아니함을 이 무리로 알게 하리라

6) 전쟁은 여호와께 속한 것인즉 그가 너희를 우리 손에 붙이시리라.

다윗의 말 속에서 우리가 발견하는 것은 무엇입니까?

첫째, 부정적이거나 어두운 말이 하나도 없다는 것입니다.

골리앗을 보면서 어떤 부정적인 말도 하지 않았습니다. "야, 너 중무장했구나! 힘들겠구나! 너는 뭘 먹어서 그리 크냐? 한번에 안 되겠네" 등등의 말을 하지 않았습니다.

둘째, 희망과 기대로 가득 차 있습니다.

하나님께서 이 싸움을 이기게 하시고 하나님의 능력을 블레셋 사람들에게 알리려는 마음으로 가득 차 있습니다. 패배는 생각도 하지 않습니다. 질 수도 있습니다. 그런데 만약에 지면 내가 어떻게 하겠다는 말도 없습니다. 질 것은 생각도 안하는 것 같습니다. 하나님은 우리의 기대만큼 채우신다는 말이 있습니다. '우리가 얼마나 하나님에 대한 기대와 희망으로 가득 차 있느냐?' 이것이 내

게 얼마나 채워주실 것인가에 대한 하나님의 응답을 기대하는 것입니다.

《긍정의 힘》이란 책을 읽어봐도 같은 말입니다. 사람은 자기가 말하는 대로 되고, 자기가 생각하는 대로 되고, 꿈꾸는 만큼 이루어진다는 것입니다. 그러니 다윗이 그렇게 승리할 수밖에 없었던 것입니다.

셋째, 하나님의 도우심에 대한 확신이 있습니다.

45-47절에 '여호와' 또는 '하나님' 이란 표현이 무려 6번 나옵니다. '여호와께서 하실 것이다. 여호와께서 너를 내 손에 붙이실 것이다.' 골리앗은 자기가 한다고 했지만, 다윗은 하나님이 하신다고 했습니다. 하나님께 맡기고, 하나님의 일하심을 기대했습니다.

하이라이트는 본문의 48-49절에 있습니다. 이 장면을 한번 잘 보십시오.

48절을 보면, 먼저 블레셋 사람 골리앗이 가까이 다가왔습니다. 걸어온 것 같습니다. 앞에는 방패 든 사람이 서 있으면서 서서히 다윗을 향해 가까이 옵니다. 목표는 다윗입니다. 다윗을 바라보고 옵니다. 다윗은 어떻게 할까요? 아주 다른 두 가지 특징을 보여주고 있습니다.

먼저, 다윗은 걸어간 것이 아니고 뛰어갔습니다.

얼마나 적극적이고 담대한 행동입니까? 아주 신속하게 이동한 것입니다. 이것을 보면 다윗은 일말의 의심도, 회의도, 고민도, 주저함도 없어 보입니다. 그저 하나님을 믿고, 맡기고, 달려 나갑니다. 눈치 보지도 않고, 주저하지도 않고, 뒤돌아보지도 않습니다. 재빠르게 달려 나가면서 공격 준비를 합니다.

믿음이란 것이 무엇입니까? 모든 것을 맡기는 것입니다. 자신을 하나님의 손에 던져 버리는 것입니다. 이제는 하나님이 알아서 하시게 하는 것입니다.

다음으로, 골리앗의 목표와 다윗의 목표가 달랐습니다.

골리앗은 다윗을 목표로 나왔습니다. 48절에서는 골리앗이 '다윗을 만나기 위해 나왔다'라고 기록하고 있습니다. 그런데 다윗에 대해서는 다윗이 '블레셋 사람들을 만나기 위해 적진을 향해 빨리 달려갔다'라고 기록하고 있습니다. 다윗의 목표는 골리앗이 아니었습니다. 골리앗은 당연히 잡으리라 믿고 그 뒤에 서 있는 블레셋 사람들을 전부 칠 생각을 하고 간 것입니다. 목표가 다릅니다. 골리앗 한 사람 잡는 것이 목표가 아니었습니다. 이렇게 대담할 수 있을까요? 이렇게 적극적일 수 있을까요?

다윗은 이렇게 블레셋 군대를 향해 달려가면서 그 군대 앞에 서 있는 골리앗을 향해 손에서 물매를 꺼내 돌멩이를 넣고 돌려서 던진 것입니다. 그때 골리앗이 한방에 넘어지고 죽어 버렸습니다. 다윗은 가서 골리앗의 칼을 빼서 목을 쳤습니다.

영화로 만들어진 장면을 보면, 골리앗이 먼저 창을 던지고 다윗은 피하고 나서 그다음에 다윗이 공격한 것으로 되어 있는데, 성경 말씀은 다릅니다. 골리앗은 칼 한 번 빼보지 못하고, 창 한 번 잡아

보지 못하고 나오다가 그냥 당한 것입니다. 힘 한 번 못 쓰고 당했습니다. 최신 장비로 무장했지만 한 번도 써보지 못했습니다. 골리앗은 너무 커서 빨리 뛸 수 없었을 것입니다.

반면에, 다윗은 작기 때문에 빨리 달릴 수 있었습니다. 그는 자신이 작다는 것을 충분히 활용했습니다. 이것을 보면 작은 것은 약점도 되지만 강점도 된다는 것을 알 수 있습니다. 사용하기 나름입니다. 다윗이 그렇게 적극적이고 담대할 수 있었던 비결이 무엇입니까? 자기 약점에 집중하지 않았다는 것입니다.

내가 작다는 것에 집중하지 않았습니다. 어리다는 것에 집중하지 않았습니다. 무기가 부족하다는 사실에 집중하지 않았습니다. 무장이 안 되었다는 사실에도 집중하지 않았습니다. 오직 하나님께만 집중했습니다. 또 골리앗이 크다는 사실에도 집중하지 않았습니다. 우리 하나님이 더 크다는 것에만 집중했습니다.

우리가 승리하기 위해서 필요한 것이 무엇인지 아십니까? 우리 자신의 약점에 집중하지 않는 것입니다. 한계에 집중하지 않는 것입니다. 누구나 약점이 있고 누구나 실수도 합니다. 누구나 기억하기 싫은 과거가 있습니다. 그러나 어떤 사람은 이런 것들에 매여서 앞으로 나아가지 못하고 있는 반면, 어떤 사람들은 이런 것들을 과감히 떨쳐버리고 하나님이 주실 새로운 미래를 향해 달려갑니다. 당신은 어떤 유형의 사람입니까?

자기 손에는 칼이 없었더라

삼상 17:50-58

사람들이 입버릇처럼 하는 말이 있습니다. "나는 가진 게 없어서 뭘 못한다"라는 말입니다. "돈이 없어서 못한다. 배운 게 없어서 못한다. 기술이 없어서 못한다. 최신 장비가 없어서 못한다"라는 말입니다. 이런 사람들은 없는 것만 바라보는 사람들입니다. 없는 것만 바라보는 사람들은 늘 할 수 없다는 말만 합니다. 뭐가 없어서 못한다는 말만 합니다.

그러나 아무리 가진 것이 없어도 있는 것을 바라보는 사람은 없어서 못한다는 말을 하지 않습니다. 아직도 내게 이것이 남아 있기 때문에 나는 할 수 있다고 말합니다. 우리가 보기에 가진 게 별로 없는데도 인생의 경주에서 이기는 사람들은 없는 것보다 있는 것에 주목하는 사람들입니다.

본문에 나오는 다윗이 대표적인 사람입니다. 본문에 나오는 다윗은 가진 것이 없다고 생각하는 오늘 우리에게 얼마나 많은 위로와 힘을 주는지 알 수 없습니다. 없어도 승리할 수 있는 방법을 알려주고 있기 때문입니다.

"다윗이 이같이 물매와 돌로 블레셋 사람을 이기고 그를 쳐 죽였으나 자기 손에는 칼이 없었더라"(50절).

읽기만 해도 감동이 되는 구절입니다. 다윗이 물매와 돌로 블레셋 사람을 이기고 그를 쳐죽였으나 자기 손에는 칼이 없었습니다. 전투에서 완전 무장한 상대방을 이겼는데 아이러니하게도 자기 손에는 칼이 없었습니다. 칼도 없이 싸움에서 이긴 것입니다. 마치 총도 없이 전쟁에서 승리했다는 말과 같습니다. 다윗이 골리앗을 죽였다는 소문을 들은 사람들이 물었을 것입니다. "다윗이 어떻게 이겼대? 무엇으로 골리앗을 잡았대?" "물매와 돌로 이겼다는군!"

사람들이 이것을 이해하겠습니까? 이것은 마치 최신 무기로 완전 무장한 적을 상대해서 싸우는데 새총으로 이겼다는 말과 같습니다. 창으로 이긴 것도 아닙니다. 칼로 이긴 것도 아닙니다. 최신 무기로 이긴 것도 아닙니다. 아주 낡은 무기로 이겼습니다. 물매와 돌로 이겼습니다. 얼마나 웃기는 장면입니까? 싸움에 진 골리앗도 창피할 일입니다.

사람들이 물을 것 아닙니까?
"아니, 골리앗이 어떻게 졌는데?"
"돌에 맞아 죽었대!"
이거 웬 창피입니까? 칼에 죽은 것도 아니고 창에 죽은 것도 아닙니다. 아이가 던진 돌에 맞아 죽었으니 어디 가서 말도 못할 것입니다.

"자기 손에는 칼이 없었더라."

자기 손에 칼이 없었으면 누구 손에 있었습니까? 골리앗의 손에는 있었습니다. 골리앗의 손에서 칼을 빼앗아 그를 쳤습니다. 다윗이 자기 손에 칼이 없었다면 누구 손으로 이겼다는 말입니까? 하나님의 손으로 이겼다는 말입니다. 보이는 무기는 없었지만 보이지 않는 무기인 하나님의 손이 함께 있었습니다.

생각해 보십시오. 다윗이 아무리 물매를 잘 던진다 하더라도 갑옷과 투구로 완전무장한 골리앗을 잡는다는 것은 쉬운 일이 아닙니다. 그것도 이마를 맞춘다는 것은 성공 확률이 매우 적습니다. 그런데 한방에 적중했고, 한방으로 골리앗이 쓰러졌습니다. 누가 하신 것입니까? 하나님이 하신 것입니다. 하나님이 도와주셨습니다. 하나님을 믿고 나간 사람이 인간의 최신 장비로 무장한 사람을 이겼습니다. 하나님이 함께하시면 안 될 것 같은 싸움이 됩니다. 성경에는 이런 예가 아주 많이 나옵니다.

여호수아 6장에 보면, 이스라엘 백성들이 여리고 성을 정복하는 장면이 나옵니다. 그런데 여기서도 이상합니다. 희한한 전략을 통해 여리고 성을 정복합니다. 전략이라는 것이 이렇습니다. 제사장들이 앞에 서서 법궤를 메고 이스라엘 백성들은 뒤를 따르고, 아침마다 성을 한 바퀴씩 도는 것입니다. 이렇게 6일간 한 다음에 7일째는 성벽을 일곱 바퀴 돈 뒤에 크게 소리를 지르는 것입니다. 그러면 성벽이 무너진다는 것입니다.

당시 여리고 성은 견고하기로 소문이 난 성입니다. 어지간한 무기로는 정복할 수 없는 성입니다. 그래서 여리고 백성들도 성문을 굳게 잠그고 들어가 숨어 있습니다. 그러면 어떻게 해볼 도리가 없습니다. 그런데 이 견고한 성을 정복하기 위해 성을 13바퀴 돌고 나서 함께 소리를 지르는 것입니다. 이게 말이나 됩니까? 최신 무기를 동원해도 이길까 말까 한 싸움에서 성을 13바퀴 돌고 함께 소리를 지르면 무너진다는 것입니다. 그런데 이런 소설 같은 명령에 이스라엘 백성들이 순종합니다. 하라는 대로 다 돌고 마지막에 크게 소리를 지릅니다. 어떤 일이 벌어졌을까요? 여호수아 6장에 이렇게 기록되어 있습니다.

> "이에 백성은 외치고 제사장들은 나팔을 불매 백성이 나팔 소리를 듣는 동시에 크게 소리 질러 외치니 성벽이 무너져 내린지라 백성이 각기 앞으로 나아가 성에 들어가서 그 성을 취하고"(수 6:20).

성이 무너졌습니다. 과학자들이 연구한 바에 의하면, 이 성은 안에서 밖으로 무너졌다는 것입니다. 이 말은 안에서 지진으로 무너졌다는 것을 말해 줍니다. 성을 향하여 이스라엘 백성들이 외치는 순간 안에서 지진이 일어난 것입니다. 누가 하셨습니까? 하나님이 일을 이루신 것입니다. 하나님의 명령에 순종할 때 하나님이 하신 것입니다. 무기가 없어도, 최신 장비가 없어도 얼마든지 전쟁에서 이길 수 있음을 보여준 장면입니다.

우리가 지는 것은 무기가 없어서가 아니라, 하나님을 의지하지 않기 때문입니다. 또 이런 경우도 있었습니다. 기드온이 미디안 사람들과 전쟁할 때는 이보다 더했습니다.

"삼백 명을 세 대로 나누고 각 손에 나팔과 빈 항아리를 들리고 항아리 안에는 횃불을 감추게 하고 그들에게 이르되 너희는 나만 보고 나의 하는 대로 하되 내가 그 진 가에 이르러서 하는 대로 너희도 그리하여 나와 나를 좇는 자가 다 나팔을 불거든 너희도 그 진 사면에서 또한 나팔을 불며 이르기를 여호와를 위하라, 기드온을 위하라 하라 하니라 기드온과 그들을 좇은 일백 명이 이경 초에 진 가에 이른즉 번병의 체번할 때라 나팔을 불며 손에 가졌던 항아리를 부수니라 세 대가 나팔을 불며 항아리를 부수고 좌수에 횃불을 들고 우수에 나팔을 들어 불며 외쳐 가로되 여호와와 기드온의 칼이여 하고 각기 당처에 서서 그 진을 사면으로 에워싸매 그 온 적군이 달음질하고 부르짖으며 도망하였는데 삼백 명이 나팔을 불 때에 여호와께서 그 온 적군으로 동무끼리 칼날로 치게 하시므로 적군이 도망하여"(삿 7:16-22).

이스라엘이 무엇을 가지고 이겼습니까? 나팔, 항아리, 횃불, 함성을 가지고 이겼습니다. 역대 전쟁 역사에서 항아리 갖고 이겼다는 말 들어보았습니까? 무기도 안 되는 것으로 이긴 것입니다. 이런 코미디 같은 명령을 듣고 순종하는 믿음, 이것이 하나님으로 하여금 일하시게 한 것입니다. 이런 일들은 성경에 수없이 많이 나옵니다.

삼손은 블레셋이라는 나라와 싸울 때 나귀 턱뼈를 가지고 적 일천 명을 죽였습니다. 모세는 지팡이 하나로 홍해를 가르고, 바위를 두드려 샘물이 나게 했습니다. 수많은 기적이 모세의 지팡이를 통해서 나왔습니다. 사무엘상 7장 1절에는 사무엘 선지자가 이스라엘을 미스바에 모이라 하고 온 이스라엘 백성이 함께 기도할 때 블레셋 사람들이 공격해 왔습니다. 전쟁이 벌어졌습니다. 그런데 이스라엘은 칼 한 번 쓰지 않고 이겼습니다. 사무엘이 기도하자 하늘에서 우레가 내려와 블레셋 군대를 쳤습니다. 블레셋 사람들은 혼비백산해서 도망갔습니다.

어떤 한국 할머니가 미국에 이민을 갔는데 시민권을 얻기 위해서 인터뷰를 해야 했습니다. 그런데 할머니가 영어를 할 줄 알아야지요. 열심히 기도하고 갔는데 인터뷰하는데 갑자기 영어 방언이 나오는 것입니다. 간단하게 통과되었습니다.

우리가 승리하지 못하는 것은 무기가 없어서가 아닙니다. 상대방이 강해서가 아닙니다. 우리 숫자가 작아서도 아닙니다. 믿음이 없어서입니다. 하나님은 믿음으로 하나님을 의지하고 나가는 사람을 외면하지 않으십니다. 우리가 가진 게 없다는 것이 문제가 아닙니다. 하나님 손에 붙들리지 못한 것이 문제입니다. 저는 이 장면들을 보면서 이런 생각을 해보았습니다. '아니, 하나님은 그 좋은 아이디어를 다 놔두시고 왜 하필 이런 코미디 같은 방법을 사용하셨을까?' 누가 봐도 그럴 듯한 방법을 사용하시면 좋지 않습니까? 설득력 있고 이성적인 방법을 쓰면 모두가 수긍할 텐데 왜 이런 바보 같은 방법을 쓰셨을까요?

우리의 자아를 깨뜨리기 위해서입니다. 우리의 이성을 초월해서 역사하시는 하나님을 알려주시기 위해서입니다. 하나님을 알아가는 데 이성이 도움이 될 때도 있지만, 때로는 이성을 버려야 신앙이 보입니다. 이성만 가지고는 하나님을 제대로 알 수 없습니다. 그래서 우리의 이성으로는 도저히 납득되지 않는 일들을 하라고 명령하시는 것입니다. 여기서 예로 든 사람들이 다 이성이 없는 사람들이 아닙니다. 정신 이상자들이 아닙니다. 다 멀쩡한 사람들이고, 정상적인 사람들입니다. 그러나 하나님이 말씀하셨을 때는 모든 것을 내려놓고 순종합니다. 하나님은 더 위대하신 분이라는 것을 알기 때문입니다. 그 순종이 승리를 가져온 것입니다.

우리는 너무 자주 내가 없다는 사실에 절망합니다. 돈도 없고, 실력도 없고, 학력도 없고, 가진 것도 없고, 기술도 재능도 없다고 절망합니다. 우리가 없는 것을 나열하기 시작하면 끝이 없습니다. 그런 측면에서 보면 다윗도 없는 것 투성이입니다. 골리앗과 비교해 보십시오. 갑옷도 없습니다. 투구도 없습니다. 무기도 없습니다. 방패도 없습니다. 전쟁 경험도 없습니다. 키도 작습니다.

그런데 다윗은 없는 것에 집중하지 않았습니다. 오히려 있는 것을 바라보았습니다. 그에게는 목자의 제구가 있고 돌이 있습니다. 하나님이 함께 하십니다. 승리할 것에 대한 믿음이 있습니다. 가진 것에만 집중했습니다. 그랬더니 이겼습니다. 내게 없는 것이 문제가 아닙니다. 하나님이 주시면 됩니다. 하나님이 내 편이면 됩니다. 모든 것을 다 잃어버렸다고 해도 하나님을 잃어버리지 않으면 모든 것을 다 가진 것입니다. 하나님 안에 모든 것이 있기 때문입니다. 하나님은 필요하다고 생각하시면 얼마든지 주실 것입니다.

다윗은 칼이 없었는데 어떻게 골리앗을 잡을 수 있었습니까? 골리앗이 가진 것을 빼앗아서 죽일 수 있었습니다.

"하나님이 그 기뻐하시는 자에게는 지혜와 지식과 희락을 주시나 죄인에게는 노고를 주시고 저로 모아 쌓게 하사 하나님을 기뻐하는 자에게 주게 하시나니"(전 2:26).

하나님이 기뻐하시는 자가 되면 어떤 일이 있다고 했습니까? 지혜와 지식과 희락을 주신다고 했습니다. 또 이어지는 구절을 보십시오. 죄인들에게는 노고를 주셔서 열심히 일해 모아 쌓게 하신 다음에 하나님이 기뻐하는 자에게 주신다고 했습니다. 이 세상의 모든 것이 하나님의 자녀를 중심으로 돌아간다는 사실을 아십니까? 하나님은 이 세상의 모든 것들을 하나님의 자녀들에게 유리하게 만들어 주십니다. 지금은 아닌 것 같고, 지금은 불리한 것 같고, 지금은 반대로 돌아가는 것 같습니까?

하나님이 기뻐하시는 사람이 되면 모든 것은 달라집니다. 모든 것이 다 나를 중심으로 변화됩니다. 우리가 가져야 할 것은 믿음의 확신입니다. 51절 하반절에 나오는 블레셋 군대의 어리석음에 빠져서는 안 됩니다.

"다윗이 달려가서 블레셋 사람을 밟고 그의 칼을 그 집에서 빼어 내어 그 칼로 그를 죽이고 그 머리를 베니 블레셋 사람들이 자기 용사의 죽음을 보고 도망하는지라"(51절).

잘 보십시오. 다윗이 죽인 사람은 몇 명입니까? 한 명입니다. 블레셋 전체 군사 중에 오직 한 사람이 죽었을 뿐입니다. 그냥 싸우면 분명 이길 수 있습니다. 지금 이스라엘은 오합지졸입니다. 전쟁 준비가 제대로 되어 있지 않았습니다. 무기가 아주 빈약합니다. 숫자로 보나, 무기로 보나, 군사력으로 보나 이스라엘은 상대가 안 됩니다. 유명한 장수 하나 죽었지만 전부 패배한 것은 아닙니다. 전열을 정비해서 싸우면 되는 것입니다. 그런데 다 도망갑니다.

왜 그럴까요? 골리앗의 죽음을 보고 자기가 죽었다고 생각하기 때문입니다. 한 명이 죽었는데 다 죽었다고 생각하는 것입니다. 바보 같은 사람들입니다. 상식적으로 계산해도 그렇습니다. 몇만 명의 군인 중 한 사람이 죽었을 뿐입니다. 한 사람이 죽었는데 모두 죽은 것처럼 도망갑니다.

저는 가끔 우리가 이렇게 살고 있지 않나 하는 생각을 해봅니다. 우리의 모습 같습니다.

한 가지 실패했다고 다 실패했다고 생각하는 것입니다.

한 가지 어려움을 당했다고 다 포기해 버리는 것입니다.

'이젠 모두 끝났다! 죽었다! 졌다' 라고 생각하는 것입니다.

우리가 살다 보면 중요하게 생각하는 어떤 일에서 실패할 수 있습니다. 그로 인해 손실이 클 수 있습니다. 그러나 모든 것을 다 잃어버린 것은 아닙니다. 아직도 가진 게 많고, 아직도 남아 있는 것이 많습니다. 사랑하는 가족이 있고, 건강이 있고, 나를 위해 기도해 주는 사람들이 있고, 하나님이 있습니다. 내가 포기하지 않는다면 우리 앞에 얼마든지 열린 세상이 있습니다. 다시 마음을 추스르고 도전하면 얼마든지 승리할 수 있습니다. 그런데 잃어버린 한 가지 사실에 너무 집중한 나머지 갖고 있는 것조차 보지 못하는 것입니다. 아직도 잃어버린 것보다 가진 게 더 많은데도 말입니다.

설령 더 많은 것을 잃어버렸다고 합시다. 가진 게 별로 없다고 합시다. 그래도 승리할 수 있습니다. 믿음만 있다면 아무것도 없어도 능히 승리할 수 있습니다. 우리는 전능하신 하나님의 자녀입니다. 우리 아버지는 하늘과 땅을 창조하신 아버지이십니다.

어떤 목사님이 미국에 가서 나이아가라 폭포를 구경했습니다. 너무 멋있어서 혼잣말로 말했습니다.

"아버지, 멋있어요. 하나님 아버지, 정말 놀라워요."

그러자 어떤 백인 관광객이 "예수 믿느냐?"라고 묻더랍니다. 그래서 목사라고 했더니, 그러면 우리 교회 와서 설교 한 번 해달라고 하더랍니다. 졸지에 설교 부탁을 받고 그 교회를 가보니 환영 플래카드가 붙어 있는데 '오늘의 설교자 – 나이아가라 폭포 주인의 아들' 이라고 써 있더랍니다.

우리가 누구입니까? 나이아가라 폭포를 만드신 하나님의 아들입니다. 에베레스트를 만드시고, 태평양을 만드시고, 그 깊이와 길이를 아시고 물의 양을 아시는 하나님 아버지의 자녀입니다. 그 하나님이 나를 기뻐하신다면 무엇이 문제되겠습니까? 문제는 우리가 없다는 핑계를 대고 하나님께 나아가지 않는 것입니다. 하나님이 기뻐하시는 사람이 되지 못하는 것이 문제입니다. 잠언에 분명히 말씀하고 있습니다. "하나님이 기뻐하시는 자에게 준다."

우리가 하나님의 기뻐하시는 자가 되면 없는 것이 문제되지 않습니다. 못 가진 것이 문제되지 않습니다. 우리를 기뻐하시는 하나님 아버지께서 모든 것을 넉넉히 채워주실 것이기 때문입니다. 없는 것이 약점이 아닙니다. 없는 것은 하나님의 은혜 받을 조건이 되는 것입니다. 없기 때문에 하나님이 채우시는 더 큰 은혜를 경험할 수 있습니다.

어느 교회에 갔더니 이제 개척한 교회인데 없는 게 없습니다. 모(母) 교회에서 사준 자체 건물과 모(母) 교회에서 보내준 성도들이 60명은 넘어 보였습니다. 온갖 시설물들이 다 갖추어져 있었습니다. 개척 교회인데도 믿을 수 없을 만큼 모든 것을 다 가지고 있었습니다. 제가 가서 강의하면서 그랬습니다.

"이 교회는 너무 많은 것을 가지고 있어서 참 안타깝다. 하나님께서 기도를 통해 하나씩 채워주시는 기쁨을 맛볼 기회가 없어서 안됐다."

성도들이 웃더라고요. 우리는 개척 초기에 아무것도 없었습니다. 1년 동안 대학 채플실에서 예배드리면서도 우리 것이라곤 하나도 없었습니다. 1년 뒤 상가를 얻어 나가려니까 너무 막막했습니다. 아무것도 없으니까, 전혀 없으니까 어디서부터 시작하고, 무엇부터 구입해야 할지 캄캄했습니다. 기도 리스트를 만들어 놓고 기도했습니다. 예를 들면 '앰프 필요합니다. 전세비 5천만 원 필요합니다. 커튼, 주방, 마이크, 강대상, 의자, 사무실, 책상, 히터, 에어컨, 컴퓨터, 복사기 등등' 이 모든 리스트를 만들어 놓고 기도했습니다. 하나님이 하나하나 채워주시는데 기막히게 채워주셨습니다.

정말 믿을 수 없는 일들이 많이 일어났습니다. 하나씩 채워질 때마다 감사가 되고 힘이 났습니다. 그때마다 하나님께 찬송 부르고 영광 돌렸습니다.

지금도 그때를 생각하면 감동이 됩니다. 잊을 수가 없습니다. 처음부터 다 가지고 시작했으면 그런 기쁨은 맛보지 못했을 것입니다. 이런 간증, 설교도 할 수 없었을 것입니다. 그때 깨달은 것이 무엇인지 아십니까? '기도할 수 있다는 것이 엄청난 재산'이라는 것입니다. 목록 만들어 놓고 기도만 하면 하나님이 하나하나씩 다 채워 주시는 것입니다. 그런데 많은 사람들이 기도는 하지 않고서 하나님이 채워주시지 않는다고 원망하고 싸우고 다투고 시기하는 것입니다. 그래서 야고보는 일찍이 이런 문제를 지적했습니다.

"너희 중에 싸움이 어디로, 다툼이 어디로 좇아 나느뇨 너희 지체 중에서 싸우는 정욕으로 좇아 난 것이 아니냐 너희가 욕심을 내어도 얻지 못하고 살인하고 시기하여도 능히 취하지 못하나니 너희가 다투고 싸우는도다 너희가 얻지 못함은 구하지 아니함이요 구하여도 받지 못함은 정욕으로 쓰려고 잘못 구함이니라"(약 4:1-3).

기도하면 주시는데 기도하지 않으면서 남이 더 가지면 시기하고 다투고 싸우는 것입니다. 기도하지 않기 때문에 이런 일이 생기는 것입니다.

"너희가 얻지 못함은 구하지 아니함이요."

기도해야 합니다. 기도할 수 있다는 것이 얼마나 큰 재산입니까? 그러니 모든 것을 잃어버렸다고 해도 기도를 잃어버리지 않았다면 우리는 아직 부자인 것입니다. 스스로 가난하다고 말하지 마십시오. 아무것도 없다고 하지 마십시오. 하나님이 계시고, 기도할 수 있는 입술이 있습니까? 그렇다면 당신은 부자입니다. 지금 내 손에 잡히는 것이 아무것도 없다고 해도 기도하고 있다면 하나님이 조만간 채워주실 것이기 때문입니다.

판권
소유

위대한 사람은 평소에 준비됩니다

2014년 1월 2일 인쇄
2014년 1월 6일 발행

지은이 | 김영주
발행인 | 이형규
발행처 | 쿰란출판사

주소 | 서울특별시 종로구 이화동 184-3
TEL | 02-745-1007, 745-1301, 747-1212, 743-1300
영업부 | 02-747-1004, FAX / 02-745-8490
본사평생전화번호 | 0502-756-1004
홈페이지 | http://www.qumran.co.kr
E-mail | qrbooks@gmail.com
　　　　　qrbooks@daum.net
한글인터넷주소 | 쿰란, 쿰란출판사

등록 | 제1-670호(1988.2.27)

책임교열 | 신영미 · 박신영

값 13,000원

ISBN 978-89-6562-539-1 93230

* 이 출판물은 저작권법에 의해 보호를 받는 저작물이므로 무단 복제할 수 없습니다.
* 잘못된 책은 교환해 드립니다.